高速铁路桥梁-轨道
变形映射与行车安全

勾红叶 著

科学出版社
北京

内 容 简 介

本书面向"交通强国，铁路先行"、"一带一路"倡议、高铁"走出去"等国家重大战略需求，紧密结合复杂条件下我国高速铁路桥梁-轨道运维领域的焦点难题，系统地研究了桥梁-轨道-列车变形映射与安全评价理论及方法。全书首先构建了高速铁路桥梁结构竖向和横向变形与轨面几何形态的映射模型，建立了含层间联结失效长时影响的桥梁-轨道变形映射通用模型，阐明了几何形位交互影响与传递机理；在此基础上，揭示了桥梁变形与车辆动力响应的映射关系，提出了多指标桥上行车安全评价准则。全书结构有条有理，阐述深入浅出，重视基础理论，突出关键内容，展示创新观点，服务国家重大战略。

本书为高速铁路桥梁-轨道结构设计、施工和运维提供了关键技术支撑，可供高等院校、科研院所、铁路勘察设计单位以及各铁路局相关人员参考使用。

图书在版编目（CIP）数据

高速铁路桥梁-轨道变形映射与行车安全/勾红叶著. —北京：科学出版社，2020.12

ISBN 978-7-03-066633-8

Ⅰ.①高… Ⅱ.①勾… Ⅲ.①高速铁路–桥梁工程–轨道(铁路)–变形–研究 ②高速铁路–桥梁工程–轨道(铁路)–行车安全–研究 Ⅳ.①U448.13

中国版本图书馆 CIP 数据核字（2020）第 214175 号

责任编辑：朱小刚 / 责任校对：王 瑞
责任印制：罗 科 / 封面设计：陈 敬

科 学 出 版 社 出版
北京东黄城根北街 16 号
邮政编码：100717
http://www.sciencep.com

四川煤田地质制图印刷厂 印刷
科学出版社发行 各地新华书店经销
*

2020 年 12 月第 一 版 开本：720×1000 B5
2020 年 12 月第一次印刷 印张：14 1/2
字数：290 000

定价：139.00 元
（如有印装质量问题，我社负责调换）

前　言

平顺性是衡量高速铁路运营品质的灵魂,桥梁-轨道系统的形位保持是保障线路平顺性、维持高速列车安全平稳运行的核心关键问题。随着高速铁路网的扩展以及"走出去"战略的逐步实施,处于特殊地质条件、高寒高海拔地域等复杂环境中的高速铁路里程越来越长,线下基础结构变形日趋复杂。受列车循环加载、材料收缩徐变效应、邻线施工等因素影响,高速铁路桥梁不可避免地产生桥墩沉降、墩顶侧偏、梁端转角、梁体错台、基础冻胀变形和徐变上拱等多种不可恢复的、随时空变换长期存在且持续发展的附加变形。若不掌握桥梁-轨道变形协调、映射传递与控制机理,势必导致轨道几何状态恶化和结构"动力型"不平顺,进而通过轮轨动力作用影响列车安全舒适运行。因此,在高速铁路"以桥代路"大背景下,为提升运营期形位异常诱发的高速铁路安全风险管控水平,亟须解决桥梁-轨道变形映射机理与行车安全评价这一基础共性难题,合理确定相应的安全限值和评价准则,从高速铁路桥梁的角度保障列车安全舒适运行,具有重要的理论和现实意义。

全书共8章:第1章绪论,介绍我国高速铁路发展历程和研究现状;第2章介绍高速铁路桥梁结构竖向变形与CRTS Ⅰ型轨道几何形态的映射解析通用模型;第3章介绍高速铁路桥梁结构横向变形与CRTS Ⅰ型轨道几何形态的映射解析通用模型;第4章介绍反映层间变形传递机制和联结失效长时影响的桥梁-CRTS Ⅱ型轨道变形映射模型;第5章介绍关键参数对轨道平顺性的影响机理,定量化研究形位变化、结构不连续和刚度不均匀对轨道不平顺的映射影响机制;第6章介绍高速铁路列车-轨道-桥梁耦合振动分析方法;第7章介绍关键因素对高速列车时频域动力学性能的影响机制;第8章介绍基于桥梁附加变形的多指标桥上行车安全评价准则。

在本书撰写过程中,感谢中国国家铁路集团有限公司、中国铁路上海局集团有限公司、中铁第四勘察设计院集团有限公司、中铁大桥勘测设计院集团有限公司、中国铁路成都局集团有限公司、中铁二院工程集团有限责任公司、四川交大工程检测咨询有限公司等单位的专家、学者给予本书部分研究成果的指导和评价。感谢研究生李文昊、梁浩、陈萱颖、陈子豪、刘畅、刘雨等协助本人完成书稿的整理工作。本书先后得到了国家自然科学基金面上项目(51878563)、国家自然科学基金青年科学基金项目(51108382)、四川省应用基础研究重点项目(2018JY0549)、四川省应用基础研究面上项目(2018JY0294)的支持,在此表示衷心的感谢。

全书内容充实,层次清晰,图文并茂,可参考性强,可供从事高速铁路桥梁-轨道结构全生命周期运维的科研人员和工程技术人员参考,具有较高的学术研究价值和工程实用价值。

由于作者水平有限,本书疏漏或者不足之处在所难免,恳请广大读者批评指正,作者将十分感激并将在今后的研究中不断改进与完善。

作 者

2020 年 8 月 20 日

目 录

前言
第1章 绪论 ·· 1
  1.1 我国高速铁路发展历程 ··· 1
  1.2 桥梁-轨道变形映射问题的提出 ····································· 2
  1.3 国内外高速铁路桥梁结构变形限值规定 ····························· 4
    1.3.1 日本高速铁路桥梁结构变形限值规定 ······················· 4
    1.3.2 德国高速铁路桥梁结构变形限值规定 ······················· 5
    1.3.3 国内高速铁路桥梁-轨道结构变形限值规定 ················· 5
  1.4 国内外研究现状 ·· 9
    1.4.1 高速铁路基础结构变形与轨面几何形态的拓扑关系 ········ 9
    1.4.2 层间结构联结失效对轨道不平顺的影响 ·················· 10
    1.4.3 长期服役条件下桥上行车安全性 ························· 11
  1.5 本书内容 ·· 13
第2章 桥梁结构竖向变形与 CRTS I 型轨道几何形态的映射模型 ····· 14
  2.1 桥梁结构竖向变形导致钢轨变形机理分析 ························ 14
  2.2 基本假定 ·· 15
  2.3 坐标系建立及变换 ·· 15
  2.4 轨道板模型 ··· 16
    2.4.1 单个扣件力作用下轨道板变形 ··························· 17
    2.4.2 多个扣件力作用下轨道板变形 ··························· 19
    2.4.3 桥梁结构竖向变形作用导致轨道板变形 ················· 20
    2.4.4 轨道板变形总量 ··· 20
  2.5 钢轨模型 ·· 22
    2.5.1 钢轨力学分析 ·· 23
    2.5.2 钢轨模型建立 ·· 24
  2.6 桥梁结构竖向变形映射至轨面的解析表达式 ····················· 25
  2.7 典型竖向变形模式与轨面几何形态的映射模型 ·················· 26
    2.7.1 桥墩沉降与钢轨变形的映射模型 ························· 26
    2.7.2 梁体竖向错台与钢轨变形的映射模型 ··················· 27

2.7.3 梁端竖向转角与钢轨变形的映射模型 ················· 29
 2.8 解析模型编程求解流程 ······································ 30
 2.9 单元板式无砟轨道与桥梁结构的有限元模型 ················ 31
   2.9.1 结构构造及参数取值 ······································ 31
   2.9.2 有限元模型的建立 ·· 33
 2.10 竖向变形映射模型的验证 ···································· 34
   2.10.1 映射模型与有限元模型的对比验证 ······················· 34
   2.10.2 映射模型与室内试验的对比验证 ························· 41
 2.11 本章小结 ·· 44
第3章 桥梁结构横向变形与 CRTS I 型轨道几何形态的映射模型 ···· 46
 3.1 桥梁结构横向变形导致钢轨变形机理分析 ···················· 46
 3.2 基本假定 ·· 46
 3.3 轨道板模型 ·· 47
 3.4 钢轨模型 ·· 51
 3.5 桥梁结构横向变形映射至轨面的解析表达式 ·················· 51
 3.6 典型横向变形模式与轨面几何形态的映射模型 ················ 52
   3.6.1 梁端横向转角与钢轨变形的映射模型 ····················· 52
   3.6.2 梁体横向错台与钢轨变形的映射模型 ····················· 53
 3.7 解析模型编程求解流程 ······································ 54
 3.8 横向变形映射模型与有限元模型的对比验证 ·················· 54
   3.8.1 梁体横向错台 ·· 55
   3.8.2 梁端横向转角 ·· 58
 3.9 本章小结 ·· 60
第4章 含层间联结失效长时影响的桥梁-CRTS II 型轨道变形映射模型 ···· 61
 4.1 桥梁结构竖向变形引起轨道不平顺机理分析 ·················· 61
 4.2 层间联结失效的影响分析 ···································· 62
 4.3 基本假定及坐标系的建立 ···································· 63
 4.4 底座板模型 ·· 65
   4.4.1 底座板力学分析 ·· 65
   4.4.2 底座板模型建立 ·· 67
 4.5 轨道板模型 ·· 69
   4.5.1 轨道板力学分析 ·· 70
   4.5.2 轨道板模型建立 ·· 71
 4.6 钢轨模型 ·· 74
   4.6.1 钢轨力学分析 ·· 75

  4.6.2 钢轨模型建立 ·· 76
 4.7 桥梁结构模型 ··· 79
  4.7.1 桥墩沉降引起的梁体竖向变形 ··· 80
  4.7.2 梁体竖向错台引起的梁体竖向变形 ··· 80
  4.7.3 梁端竖向转角引起的梁体竖向变形 ··· 81
 4.8 层间相互作用力 ··· 81
  4.8.1 扣件力 ··· 81
  4.8.2 砂浆弹簧力 ·· 82
  4.8.3 接触弹簧力 ·· 83
 4.9 桥梁附加变形与轨道不平顺的映射通用解析模型 ························· 84
 4.10 解析模型编程求解流程 ··· 85
 4.11 桥梁结构及纵连板式无砟轨道有限元模型 ··································· 87
  4.11.1 参数取值 ·· 87
  4.11.2 有限元模型的建立 ··· 88
 4.12 桥梁-轨道变形映射通用解析模型的验证 ······································· 89
  4.12.1 无层间联结失效时解析模型与有限元模型的对比 ···················· 90
  4.12.2 层间联结失效时映射解析值与有限元模型计算值的对比 ······· 96
  4.12.3 层间联结失效时映射解析值与轨道高低不平顺实测值的对比 ···· 102
 4.13 本章小结 ··· 103
第 5 章 关键参数对轨道平顺性的影响机理 ·· 105
 5.1 桥梁结构附加变形幅值对桥梁-轨道变形映射的影响 ················· 105
  5.1.1 桥墩沉降幅值对桥梁-轨道变形映射的影响 ···························· 105
  5.1.2 梁体竖向错台幅值对桥梁-轨道变形映射的影响 ···················· 110
  5.1.3 梁端竖向转角幅值对桥梁-轨道变形映射的影响 ···················· 115
 5.2 桥梁跨度对桥梁-轨道变形映射的影响 ··· 120
 5.3 梁端悬出长度对桥梁-轨道变形映射的影响 ································· 121
 5.4 扣件竖向刚度对桥梁-轨道变形映射的影响 ································· 124
 5.5 砂浆层竖向刚度对桥梁-轨道变形映射的影响 ····························· 127
 5.6 板底脱空对桥梁-轨道变形映射的影响 ··· 130
  5.6.1 板底脱空位置对桥梁-轨道变形映射的影响 ···························· 130
  5.6.2 板底脱空长度对桥梁-轨道变形映射的影响 ···························· 135
 5.7 层间离缝对桥梁-轨道变形映射的影响 ··· 137
  5.7.1 层间离缝位置对桥梁-轨道变形映射的影响 ···························· 137
  5.7.2 层间离缝长度对桥梁-轨道变形映射的影响 ···························· 142
 5.8 扣件弹条断裂对桥梁-轨道变形映射的影响 ································· 144

  5.8.1 扣件弹条断裂位置对桥梁-轨道变形映射的影响 ················· 145
  5.8.2 扣件弹条断裂个数对桥梁-轨道变形映射的影响 ················· 149
 5.9 本章小结 ··· 151

第6章 **高速铁路列车-轨道-桥梁耦合振动分析方法** ·································· 154
 6.1 车辆模型及运动方程 ··· 154
  6.1.1 车辆动力学模型 ··· 154
  6.1.2 受力分析 ·· 156
  6.1.3 车辆运动方程 ·· 160
 6.2 桥梁有限元模型 ·· 162
 6.3 轨道结构振动模型 ··· 165
 6.4 轮轨相互作用分析模型 ··· 167
  6.4.1 轮轨接触几何关系 ·· 167
  6.4.2 轮轨法向力计算 ··· 168
  6.4.3 轮轨蠕滑力计算 ··· 169
 6.5 列车-轨道-桥梁耦合振动方程 ·· 170
 6.6 基于SIMPACK与ANSYS的列车-轨道-桥梁耦合振动
   分析模型 ··· 171
  6.6.1 车辆多体动力学模型 ··· 171
  6.6.2 桥梁-轨道模型 ··· 176
  6.6.3 SIMPACK中列车-轨道-桥梁耦合振动的实现 ························· 177
 6.7 系统激励 ··· 179
  6.7.1 轨道随机不平顺 ··· 180
  6.7.2 轨道附加不平顺 ··· 181
 6.8 列车运行安全性和舒适性评价指标 ··· 183
 6.9 本章小结 ··· 184

第7章 **关键因素对高速列车时频域动力学性能的影响** ···························· 185
 7.1 桥梁附加变形对车辆时域动力学性能的影响 ································· 185
  7.1.1 桥墩沉降对车辆时域响应的影响 ·· 187
  7.1.2 梁端转角对车辆时域响应的影响 ·· 188
  7.1.3 梁体错台对车辆时域响应的影响 ·· 189
  7.1.4 徐变上拱对车辆时域响应的影响 ·· 190
 7.2 桥梁附加变形对车辆频域动力学性能的影响 ································· 191
 7.3 不同车速和不同车型对车辆动力学性能的影响 ······························ 193
  7.3.1 桥墩沉降 ·· 194
  7.3.2 梁端转角 ·· 195

	7.3.3 梁体错台 ·············· 196

    7.3.3 梁体错台 ·· 196
    7.3.4 徐变上拱 ·· 198
 7.4 层间联结失效对车辆动力学性能的影响 ························ 199
 7.5 本章小结 ··· 201

第8章 多指标高速铁路桥梁服役安全评价准则 ························ 203
 8.1 高速铁路桥梁附加变形与行车安全的映射关系 ················ 203
    8.1.1 桥墩沉降与车辆响应变化量的定量映射关系 ············ 203
    8.1.2 徐变上拱与车辆响应变化量的定量映射关系 ············ 207
 8.2 基于参数讨论法的桥梁附加变形安全阈值 ······················ 209
    8.2.1 桥墩沉降阈值 ··· 210
    8.2.2 徐变上拱阈值 ··· 211
    8.2.3 梁端转角和梁体错台阈值 ································ 212
 8.3 基于桥梁附加变形的多指标桥上行车安全评价准则 ············ 212
 8.4 本章小结 ··· 213

参考文献 ·· 214

第1章 绪　　论

　　高速铁路以其速度快、运能大、能耗低、污染轻等一系列的技术优势，适应了现代社会经济发展的新需求，逐步为世界各国所重视。对于可称为高速列车的"高速"，在不同国家和不同时代是不断发展变化的。日本政府第 71 号令规定"列车在主要区间以 200km/h 以上速度运行"为高速铁路，联合国欧洲经济委员会在 1985 年规定"客运专线 300km/h，客货混线 250km/h"为高速铁路，国际铁路联盟(UIC)规定"新线 250km/h 以上，既有线改造 200km/h 以上的铁路称为高速铁路"。在我国，高速铁路是指原有线路经直线化、轨距标准化等改造，运营速度达到 200km/h 以上，或者通过修建专门"高速新线"，运营速度达到 250km/h 以上的铁路系统。

　　高速铁路作为新时代亮丽的"中国名片"，既是国家"交通强国，铁路先行"、"一带一路"倡议、高铁"走出去"等重大战略发展的需要，也是国家战略技术储备和核心科学问题前沿探索的客观驱动。

　　截至 2020 年底，我国已建成高速铁路运营总里程达 3.79 万公里，约占全球高速铁路网的 70%。随着"八纵八横"高速铁路网建设全面展开以及"走出去"战略的逐步实施，高速列车-轨道-桥梁时变系统正面临着特殊地质条件、地震活跃带、高寒高海拔地域等各种复杂运营环境的严峻挑战。科学维护复杂条件下高速铁路桥上行车安全是新时期高速铁路发展的重大战略需求之一。

1.1　我国高速铁路发展历程

　　我国高速铁路建设经过 20 世纪 90 年代的研究论证和初期试验，最终以国务院在 2004 年召开的两次关于铁路的重要会议并通过《中长期铁路网规划》与《研究铁路机车车辆有关问题的会议纪要》为标志，迎来了中国高速铁路发展的真正起点。自此，中国高速铁路进入快速发展时期。

　　中国第一条真正意义上的高速铁路，是在 2003 年建成运营的秦沈客运专线，全线设计时速达到 200~250km/h。自 2005 年起，随着我国铁路基本建设投资逐年提高，中国高速铁路建设取得了举世瞩目的巨大成就。2007 年 4 月 18 日，中国铁路第六次大提速正式实施，在京哈、京沪、京广等干线大量运行具有自主知识产权的时速 200~250km/h 的"和谐号"高速动车组列车，这标志着中国铁路一举进入高速时代。

由于我国经济发展迅速，国家在 2008 年又对《中长期铁路网规划》进行了调整。2008 年 8 月 1 日，中国第一条具有世界先进水平，运营时速 350km/h 的京津城际铁路正式开通运营。京津城际高速铁路正线全长 113.54 公里，其中约 86%为高架线路，是中国第一条时速 300km/h 以上的城际高速铁路，也是中国首条高速铁路客运专线。

2009 年 12 月 26 日，世界上里程最长、时速 350km/h 的武广高速铁路开通运营，该铁路全长 1068.6 公里，是中国第一条长距离干线的高速铁路。

2010 年 2 月 6 日，中国中西部第一条高速铁路——郑西高速铁路正式投入运营，这是中国《中长期铁路网规划》中"四纵四横"徐州至兰州高速铁路的重要组成部分。7 月 1 日，上海至南京城际高速铁路通车运营，该铁路是目前中国开通运营的站点最密集、站间距最小、行车密度最高的高速铁路。11 月 15 日，当今世界一次建成线路里程最长、技术标准最高、速度最快的高速铁路——京沪高速铁路全线铺通，并于 2011 年 6 月 30 日正式投入运营。

2012 年 10 月 8 日，世界上首条穿越高寒地区的高速铁路，也是中国东北地区第一条高速铁路——哈大高速铁路开始全线试运营，并于 2012 年底正式开通。2012 年，我国有 1.3 万公里时速达 250~350km/h 的客运专线建成投产，以"四纵四横"为骨架的快速客运网基本形成，标志着中国铁路全面进入高速时代，高速铁路作为战略性新兴产业得到优先发展。

为顺应新的环境形势，国家发展和改革委员会、交通运输部及中国国家铁路集团有限公司等部门在 2016 年 7 月开展了新一轮《中长期铁路网规划》修编工作，并经由国务院批准印发，提出了 2025 年以及面向 2030 年的发展目标，指明了未来我国铁路发展方向，开启了"十三五"及更长远时期铁路建设的新征程。《中长期铁路网规划》提出"八纵八横"高速铁路和普通干线铁路规划布局，通过干线铁路建设，进一步改善交通运输条件，推动区域国土开发向纵深实施。

当今的中国已成为世界上高速铁路发展最快、系统技术最全、集成能力最强、运营里程最长、运行速度最高、在建规模最大的国家。习近平总书记指出，我国自主创新的一个成功范例就是高铁，从无到有，从引进、消化、吸收再创新到自主创新，现在已经领跑世界。要总结经验，继续努力，争取在"十四五"期间有更大发展。

1.2 桥梁-轨道变形映射问题的提出

我国高速铁路桥梁占比普遍较高(平均占比 58%，最高达 94.2%)，高铁线路在覆盖地域逐渐扩大的同时，运营环境也日趋复杂[1,2]。在长期服役过程中，桥梁结构受到列车循环加载、材料收缩徐变效应、极端温度、紧邻既有高速铁路桥梁施工、地面堆载等多种因素作用[3,4]，将不可避免地产生桥墩沉降、墩顶侧偏、梁体错台、徐变上拱、基础冻胀变形等多种不可恢复的累积变形[4-6]。加之复杂服役条件下轨道结构产生的离缝、上拱、板底脱空等病害现象[7-9]，若不掌握桥梁-轨道变形协调、映射传递与控制机理并采取相关措施进行整治，势必导致轨道几何形态恶化和结构"动力型"不平顺，进而通过轮轨动力学作用影响列车安全舒适运行。

高速铁路桥梁附加变形，即指以上随时空变换长期存在且持续发展的桥梁变形[10-16]，是影响轨面几何形态极其关键的因素之一，也是高速铁路长期安全运营需要考虑的关键核心问题。如图 1-1 所示，京津城际高速铁路武清段发生了 19.6～27.5mm 的差异沉降，逼近扣件的最大调高量 30.0mm，大大超出我国 5.0mm 的限值标准[1]；且基础沉降仍会随着时间的推移而增大，引起轨道几何不平顺。在主余震地震序列作用下，桥墩倾斜随地震次数增加基本呈增大趋势，余震导致的残余变形累积效应不可忽略[10]。京沪、武广、沪宁、哈大等多条高速铁路都不同程度出现了徐变上拱引起的桥上周期性高低不平顺问题，有的还处于持续发展中[17]。杭甬高速铁路宁波特大桥桥墩由于邻近场地大量弃土堆载而发生横向侧偏 14.6mm，超过了相关技术规程的允许值 8mm，导致桥上轨道结构精调出现问题[3]。

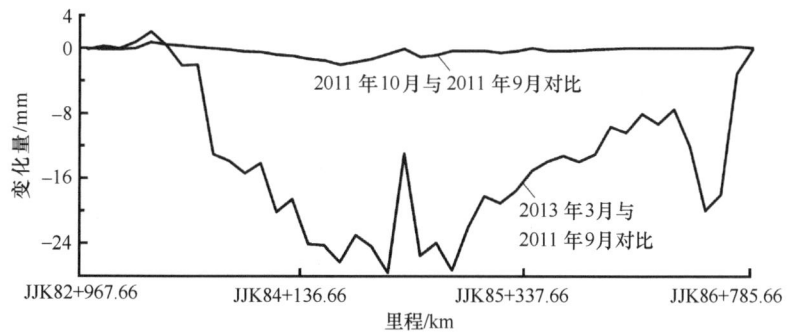

图 1-1　京津城际高速铁路武清段轨道沉降对比曲线[1]

在高速铁路桥梁复杂变形条件下，从桥梁的曲面，到轨道的曲面，最后映射至列车动力学响应曲面，这是集空间-时间-变形度量三者于一体的多参数相关性分析的动态映射过程。由于桥梁附加变形引起的车体垂向加速度与轮轨垂向力变化量的波形相似，桥梁附加变形还与车辆动力学指标变化量之间存在一定的定量映射关系，尚为未知。

因此，针对桥梁-轨道变形传递不清晰、不量化、难控制，桥梁附加变形与车辆动力学指标变化量间的定量映射关系尚为未知，基于桥梁变形指标体系的高速铁路桥梁服役安全评价方法不完善等技术瓶颈，研究桥梁附加变形对轨道平顺性与行车安全性的影响机理，合理确定相应的安全限值和评价准则，从高速铁路桥梁的角度保障列车安全舒适运行，具有重要的理论和现实意义。

1.3 国内外高速铁路桥梁结构变形限值规定

1.3.1 日本高速铁路桥梁结构变形限值规定

日本铁道综合技术研究所[18]从高速列车运营安全性、运营舒适性和地震时的运营安全性三个方面出发，针对列车通过桥上轨道附加不平顺区域时的列车动力学响应问题，制定了竖向及水平向(横向)的桥梁梁端变形限值。

高速列车运营安全性的评价指标主要为脱轨系数、轮重减载率和轮轴横向力，见表 1-1。基于表 1-1 中高速列车运营安全性评价指标，通过列车-桥梁耦合动力学分析确定高速列车正常运行时的梁端转角限值见表 1-2。

列车运行舒适度通常以车体振动加速度为评价指标，分综合乘坐舒适度和瞬时乘坐舒适度，基于乘坐舒适度确定的梁端转角限值见表1-3。

表 1-1 日本高速列车运营安全性评价指标

设计响应值工况	脱轨系数	轮重减载率	轮轴横向力/kN
考虑轨道变形	0.8	0.8	—
不考虑轨道变形	0.3	0.37	40

表 1-2 日本高速列车基于运营安全性确定的梁端转角限值

最高设计速度/(km/h)	竖向/rad		水平向/rad	
	平行位移	折叠位移	平行位移	折叠位移
210	4.0‰	4.0‰	2.0‰	2.0‰
260	3.0‰	3.0‰	1.5‰	2.0‰
300	2.5‰	2.5‰	1.0‰	1.0‰
360	2.0‰	2.0‰	1.0‰	1.0‰

表 1-3 日本高速列车基于乘坐舒适度确定的梁端转角限值

最高设计速度/(km/h)	竖向/rad		水平向/rad	
	平行位移	折叠位移	平行位移	折叠位移
210	4.0‰	4.0‰	2.5‰	2.5‰
260	3.0‰	3.5‰	2.0‰	2.0‰
300	2.5‰	3.0‰	1.5‰	1.5‰
360	2.5‰	2.5‰	1.0‰	1.0‰

针对路桥过渡段梁端错位及梁端转角对列车运行安全性的影响问题，日本铁道综合技术研究所在《铁道结构物等设计标准及其解释(抗震设计)》[18]中规定，将车轮与钢轨之间的垂直相对位移15mm、横向力98kN、轮重值294kN三者共同作为目标值进行检算。

1.3.2 德国高速铁路桥梁结构变形限值规定

德国桥上无砟轨道结构技术规程[19]中，有关桥梁变形限值的相关规定如下：为减小桥梁结构梁端转角与梁端悬出长度对无砟轨道结构状态的影响，梁端支座截面的转角限值为单线桥 0.3‰rad，双线桥 0.5‰rad；设有纵向坡度的桥梁结构，由活动支座的纵向移动引起的梁缝两侧钢轨支撑点竖向相对位移不大于1mm；由支座的构造间隙和温度变形(固定支座到钢轨支点横向间距内的温度变化)造成伸缩缝两侧钢轨支点的横向错位不大于±1mm；列车荷载作用下的桥梁支座竖向下沉不大于 0.5mm；为减小预应力混凝土桥梁徐变上拱对桥上无砟轨道几何形态的影响，必须使桥梁徐变变形基本完成后再铺设无砟轨道。无砟轨道铺设完成后，预应力混凝土梁徐变上拱值控制不超过 $L/5000$ (L 为跨度)。

1.3.3 国内高速铁路桥梁-轨道结构变形限值规定

我国《高速铁路设计规范》(TB 10621—2014)[20]以及《高速铁路无砟轨道线路维修规则》(TG/GW 115—2012)[21]对高速铁路桥梁-轨道结构变形限值做出了如下规定。

1. 梁体竖向挠度设计限值

在 ZK 竖向静活载作用下，梁体竖向挠度设计限值见表 1-4。

表 1-4 梁体竖向挠度设计限值

设计速度/(km/h)	跨度范围/mm		
	$L \leqslant 40\text{m}$	$40\text{m} < L \leqslant 80\text{m}$	$L > 80\text{m}$
250	$L/1400$	$L/1400$	$L/1000$
300	$L/1500$	$L/1600$	$L/1100$
350	$L/1600$	$L/1900$	$L/1500$

注：①表中限值适用于3跨及以上的双线简支梁；3跨及以上一联的连续梁，梁体竖向挠度限值按表中数值的1.1倍取用；1跨一联的连续梁、2跨及以下的双线简支梁，梁体竖向挠度限值按表中数值的1.4倍取用。②单线简支梁或连续梁，梁体竖向挠度限值按相应双线桥限值的60%取用。③表中的 L 为简支梁或连续梁检算跨的跨度。

2. 梁体竖向残余徐变变形限值

轨道铺设完成后，预应力混凝土梁的竖向残余徐变变形限值见表 1-5。

表 1-5 预应力混凝土梁竖向残余徐变变形限值

桥上轨道类型	桥梁结构跨度范围/mm	
	$L \leqslant 50\text{m}$	$L > 50\text{m}$
有砟轨道	20	20
无砟轨道	10	$L/1500$，20

3. 梁体横向变形限值

在列车横向摇摆力、离心力、风力和温度作用下，梁体的水平挠度应小于或等于计算跨度的 1/4000；在列车横向摇摆力、离心力和温度作用下，高速铁路无砟轨道桥梁相邻梁端两侧的钢轨支点横向相对位移不应大于 1mm。

4. 梁端竖向转角限值

在 ZK 竖向静活载作用下，无砟轨道桥梁梁端竖向转角限值应符合表 1-6 的规定，竖向转角示意图见图 1-2。

表 1-6 无砟轨道桥梁梁端竖向转角限值(单位：rad)

位置	梁端悬出长度≤0.55m	0.55m＜梁端悬出长度≤0.75m
桥台与桥梁之间	$\theta \leqslant 1.5‰$	$\theta \leqslant 1.0‰$
相邻两孔梁之间	$\theta_1+\theta_2 \leqslant 3.0‰$	$\theta_1+\theta_2 \leqslant 2.0‰$

图 1-2 无砟轨道桥梁梁端竖向转角示意图

5. 梁端水平转角限值

墩台横向水平刚度应满足行车条件下列车安全性和旅客乘车舒适度要求，并应对最不利荷载作用下墩台顶横向弹性水平位移进行计算。在列车竖向静活载、横向摇摆力、离心力、风力和温度的作用下，墩顶横向水平位移引起的桥面处梁端水平转角如图 1-3 所示，并应符合下列规定：设计时速 200km 及以上的铁路桥梁，梁端水平转角不应大于 1.0‰rad；设计时速 160km 及以下且跨度小于 40m 的铁路桥梁，梁端水平转角不应大于 1.5‰rad；跨度大于等于 40m 的铁路桥梁，梁端水平转角不应大于 1.0‰rad。梁端水平转角计算应考虑以下荷载作用：竖向静荷载、曲线上列车的离心力、列车的横向摇摆力，以及列车、梁及墩身风荷载或 40%的风荷载与 50%的桥墩温差组合作用，取较大者；水中墩的水流压力作用；地基基础弹性变形引起的墩顶水平位移。

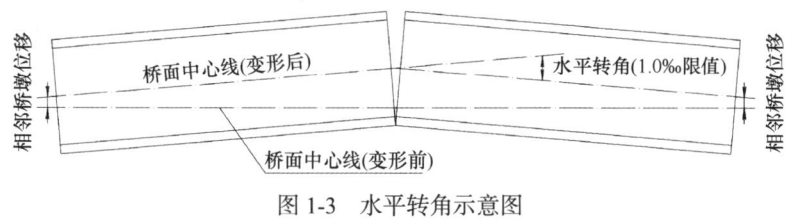

图 1-3 水平转角示意图

6. 墩台基础工后沉降限值

墩台基础的沉降应按恒载计算，无砟轨道静定结构工后沉降量不应超过表 1-7 规定的限值。墩台基础沉降计算值不含区域沉降。

表 1-7 无砟轨道静定结构墩台基础工后沉降限值

桥上轨道类型	沉降类型	限值
无砟轨道	墩台均匀沉降量	20mm
	相邻墩台沉降差	5mm

注：超静定结构相邻墩台沉降差除应满足上述规定，还应考虑沉降差对结构产生的附加应力的影响。

7. 轨道几何形态评价指标限值

不同设计速度线路桥上无砟轨道静态及动态几何尺寸容许偏差管理值不超过表 1-8～表 1-11 规定的限值。

表 1-8 200～250km/h 线路无砟轨道静态几何尺寸容许偏差管理值(10m 弦)

项目	作业验收	经常保养	临时补修	限速(160km/h)
轨距/mm	1 −1	4 −2	6 −4	8 −6
水平/mm	2	5	8	10
高低/mm	2	5	8	11
轨向(直线)/mm	2	4	7	9
扭曲(基长 3m)/mm	2	4	6	8
轨距变化率	1/1500	1/1000	—	—

注：①高低和轨向偏差为 10m 及以下弦测量的最大矢度值。②扭曲偏差不含曲线超高顺坡造成的扭曲量。

表 1-9 250～350km/h 线路无砟轨道静态几何尺寸容许偏差管理值(10m 弦)

项目	作业验收	经常保养	临时补修	限速(200km/h)
轨距/mm	1 −1	4 −2	5 −3	6 −4
水平/mm	2	4	6	7
高低/mm	2	4	7	8
轨向(直线)/mm	2	4	5	6
扭曲(基长 3m)/mm	2	3	5	6
轨距变化率	1/1500	1/1000	—	—

注：①高低和轨向偏差为 10m 及以下弦测量的最大矢度值。②扭曲偏差不含曲线超高顺坡造成的扭曲量。

表 1-10 200～250km/h 线路无砟轨道动态几何尺寸容许偏差管理值

项目	经常保养	舒适度	临时补修	限速(160km/h)
偏差等级	Ⅰ级	Ⅱ级	Ⅲ级	Ⅳ级
轨距/mm	4 −3	6 −4	8 −6	12 −8
水平/mm	5	8	10	13
扭曲(基长 3m)/mm	4	6	8	10
高低(波长 1.5～42m)/mm	5	8	11	14
轨向(波长 1.5～42m)/mm	5	7	8	10
高低(波长 1.5～70m)/mm	6	10	15	—
轨向(波长 1.5～70m)/mm	6	8	12	—
车体垂向加速度/(m/s^2)	1.0	1.5	2.0	2.5
车体横向加速度/(m/s^2)	0.6	0.9	1.5	2.0
轨距变化率(基长 3m)/‰	1.0	1.2	—	—

表 1-11 250～350km/h 线路无砟轨道动态几何尺寸容许偏差管理值

项目	经常保养	舒适度	临时补修	限速(200km/h)
偏差等级	Ⅰ级	Ⅱ级	Ⅲ级	Ⅳ级
轨距/mm	4 −3	6 −4	7 −5	8 −6

续表

项目	经常保养	舒适度	临时补修	限速(200km/h)
水平/mm	5	6	7	8
扭曲(基长 3m)/mm	4	6	7	8
高低(波长 1.5~42m)/mm	4	6	8	10
轨向(波长 1.5~42m)/mm	4	5	6	7
高低(波长 1.5~70m)/mm	7	9	12	15
轨向(波长 1.5~70m)/mm	6	8	10	12
复合不平顺/mm	6	8	—	—
车体垂向加速度/(m/s^2)	1.0	1.5	2.0	2.5
车体横向加速度/(m/s^2)	0.6	0.9	1.5	2.0
轨距变化率(基长 3m)/‰	1.0	1.2	—	—

8. 轨面不平顺限值

ZK 静活载作用下梁体扭转引起的轨面不平顺限值,在一段 3m 长的线路范围内一线两根钢轨的竖向相对变形量不应大于 1.5mm。

1.4 国内外研究现状

1.4.1 高速铁路基础结构变形与轨面几何形态的拓扑关系

数量巨大的"以桥代路"式高速铁路基础结构系统主要由桥梁、底座板、砂浆层、轨道板、钢轨组成,因其运营环境的复杂性、材料的多样性、结构分布的空间效应以及服役过程的时间效应,揭示基础结构变形与轨面几何形态的非线性拓扑关系,明确不同层位、不同时段的多维状态是确保竖向多层、纵向异性的基础结构和列车始终处于安全服役状态的关键环节[17]。

在有砟轨道累积沉降与轨道几何形态的拓扑关系方面,广井生馬[22]采用统计分析及理论推导方法提出了轨道下沉与轨道高低不平顺之间的统计关系表达式。高建敏等[23,24]采用数学统计分析方法建立了有砟轨道结构累积下沉与轨面高低不平顺的长期发展预测模型。

在高速铁路无砟轨道不平顺谱方面,实测结果表明,无砟轨道及桥梁结构单元长度在实测谱中有清晰表现,这意味着基础结构变形与轨道几何不平顺有较为明确的映射关系[25,26]。国内已有 973 课题(如"高速铁路基础结构动态性能演变及服役安全研究")等开始关注,但均属起步研究阶段,国内外在映射关系方面的理论分析和试验研究还相当缺乏[1]。

在高速铁路基础结构变形与轨道几何形态的拓扑关系方面,翟婉明院士团队[27,28]推导了桥上铺设单元板式无砟轨道、纵连板式无砟轨道条件下桥墩沉降与钢轨变形映射关系的解析表达式。勾红叶等[29-31]构建了高速铁路桥梁结构变形与轨面几何形态的映射线性解析模型,探索了桥梁结构变形模式、幅值和层间结构力学特性等对钢轨变形最值及变形区域长度的影响规律。蒋丽忠等[32]基于势能驻值原理,推导了桥墩沉降与CRTS II型板式无砟轨道的变形映射关系微分方程。蔡小培等[15,33-37]通过建立板式无砟轨道-路基空间耦合有限元模型和路基冻胀变形传递模型,研究了不同程度的路基冻胀变形对钢轨几何变形和层间接触等的影响规律,明确了轨面变形特征和路基不均匀沉降之间的映射关系。Yang等[38]基于ABAQUS建立了车桥耦合动力学模型,研究了桥墩不均匀沉降情况下轨道的动力学响应以及列车运行安全性。何春燕等[39]对不同沉降量对应的钢轨变形数据进行了最小二乘多项式拟合,指出路桥过渡段发生不均匀沉降后的钢轨变形可通过函数式进行描述。Yau[16]采用增量迭代法分析了基础沉降引起的桥上轨面变形,研究了高速列车过桥时的车桥耦合振动动力学响应。Xiong等[40]研究了桥梁膨胀、伸缩等变形下,钢轨变形的发展规律,并对两者之间的对应关系进行了分析。Chen等[39-43]建立了CRTS II型多跨简支梁桥精细化有限元模型,研究了桥墩沉降与钢轨变形的映射关系,并通过列车-轨道-桥梁耦合振动仿真分析得出桥墩沉降对车体垂向加速度指标的影响最为显著。

以上桥梁-轨道变形映射关系的研究大多停留在基础沉降等单一变形模式,并不能推广应用于其他桥梁变形模式,且未考虑层间离缝或板底脱空等界面耦合作用方式演变对映射关系的影响。因此,有必要建立应用于不同桥梁附加变形模式的通用映射模型,将层间联结失效的函数表达和非线性接触状态判定等问题纳入映射关系考虑中。

1.4.2 层间结构联结失效对轨道不平顺的影响

轨道几何不平顺不是严格的平稳随机过程[44],世界各国普遍基于综合检测列车的动态轨道不平顺数据,利用轨道不平顺波形图、累积分布和不平顺谱等方法[45],通过从波长和幅值两个角度统计分析其轨道不平顺特征[46,47]。在列车高速运行区段,其长波不平顺对列车运行状态影响较为明显;而在列车低速运行区段,其局部的短波不平顺影响较为严重,易激励起较大轮轨力,对列车运行安全影响较大。赵国堂等[45]采用波形图、不平顺谱等方法,以综合检测列车测得的动态轨道不平顺数据为基准,分析了哈大高速铁路轨道不平顺在路基冻胀情况下的发展规律。研究表明:对于路基地段,轨道不平顺波长等于轨道板跨度;对于桥梁地段,轨道不平顺波长等于桥梁跨度。Xu 等[48]通过建立一种轨道不平顺反演模型,以车体加速度、轮轨力、车轮卸载率和脱轨系数限值为基准,推算出了轨道不平顺限值,结果表明:对于 350km/h 的高速铁路,为满足乘车舒适度和避免轮轨碰撞,轨道不平顺幅度不应大于 5.18mm 和 5.32mm。

由于轨道不平顺易受到层间结构界面联结状态的影响,国内外学者研究了层间联结失效对轨道变形、轨道动力学性能的影响,以及在列车、温度循环作用下,层间结构劣化的演变规律。

北京交通大学高亮团队[49-51]针对 CRTS Ⅰ 型和 CRTS Ⅱ 型板式无砟轨道,建立了考虑层间病害影响的无砟轨道精细化有限元仿真模型,研究了层间损伤对无砟轨道变形及动力学性能的影响。西南交通大学刘学毅团队[52-57]开展了 CRTS Ⅱ 型和 CRTS Ⅲ 型板式轨道层间联结试验研究,剖析了不同联结失效对轨道结构受力特性的影响。中南大学曾志平团队[58,59]基于有限元方法和接触理论,建立了 CRTS Ⅱ 型板式无砟轨道结构空间力学分析模型,分析了不同层间离缝情况下,列车荷载、温度及其共同作用对层间结构受力与变形的影响规律。东南大学孙璐团队[60,61]以 CRTS Ⅱ 型板式无砟轨道为研究对象,采用室内试验、理论分析和数值模拟等方法研究了均匀温度和温度梯度作用对层间结构离缝的影响,建立了纵连式轨道板在降温作用下的失效概率分析方法。石家庄铁道大学张明兴等[62-64]建立了反映层间离缝、板底脱空的无砟轨道结构三维仿真模型,量化分析了不同层间损伤对钢轨变形、轨道板位移以及层间结构应力的影响规律。

日本学者[22,65,66]先后通过多参数分析法、回归分析法、指数平滑法和频域分析法等,利用轨检车数据及轨道基本参数,从幅值角度对轨道不平顺预测模型进行了研究。此外,考虑轨道几何形态的产生、发展恶化规律以及相关影响因素[67,68],国内外学者先后构建了轨道质量指数(TQI)变化预测的线性模型[69-72]、轨道高低不平顺的非线性预测模型[73,74]、综合因子模型[75,76]、基于马尔可夫过程理论的概率分布预测模型[77]、基于灰色预测理论的轨道局部不平顺预测模型[78-80]等。

1.4.3 长期服役条件下桥上行车安全性

复杂气候与特殊地质条件下的高速铁路里程越来越长,线下基础变形日趋复杂。当运营中的桥梁发生附加变形时,大多会基于基础结构几何形位的交互影响与协调效应传递至轨面,最终对桥上行车安全性造成一定影响。

在列车-轨道-桥梁系统耦合振动分析方面,翟婉明等[81-88]将列车、轨道、桥梁作为一个整体大系统,最早将精确的轮轨动态耦合关系模型引入列车-桥梁系统进行动力学分析,同时详细考虑了机车车辆非线性特性及桥上轨道结构参振影响,建立了完整的列车-轨道-桥梁动力学相互作用模型,系统研究了高速行车条件下轨道与桥梁的动力学响应以及列车走行安全性。杨永斌等[89]发展了一种分析列车与桥梁空间动力学相互作用的列车-轨道-桥梁模型,考虑了轨道不平顺的影响,采用动力学凝聚方法导出了分析车辆、桥梁振动以及车桥接触力的三种列车-轨道作用单元。高芒芒等[90,91]考虑轮轨间垂向 Hertz 接触及横向非线性蠕滑作用,针对多跨有砟轨道桥梁建立了多层支承体系的轨道结构动力学分析模型,对高速铁路多跨简支梁桥的车桥振动和列车走行安全性进行了研究。张楠等[92]联合刚体动力学和有限元方法建立了列车-轨道-桥梁系统动力学分析模型,研究了高速动车组在桥上制动对桥梁动力学响应的影响,结果表明车辆、轨道和桥梁结构在列车停车瞬间均会出现较大振动。李小珍等[93]提出了风-车-轨-桥系统耦合振动分析模型,突破了传统轮轨为刚体并始终保持密贴的假定,研究了侧风作用对桥上列车的抗风安全性,提出了大风天气下桥上行车的车速-风速阈值。勾红叶等[94]建立了精细化车辆模型、钢轨柔性轨道和桥梁柔性体模型,基于 Hertz 非线性弹性接触理论和 Kalker 非线性简化理论定义了轮轨接触关系,将凝聚而成的钢轨附加变形和轨道随机不平顺叠加作为系统激扰源,构建了含层间结构性能演变的高速列车-轨道-桥梁耦合振动分析模型。曾庆元等[95,96]采用能量随机分析理论,建立了桥上列车脱轨分析的理论模型,对桥上列车脱轨问题进行了系统研究。

在桥梁附加变形对行车安全性影响方面,勾红叶等[29,30,97]通过建立的桥梁结构变形与轨面几何形态映射通用模型,定量化研究了桥墩沉降、墩顶侧偏、梁端转角、梁体错台、基础冻胀变形和徐变上拱等多种桥梁附加变形对轨道平顺性和桥上行车安全性的影响机制。Ju 等[4-6]在三维非线性有限元分析中考虑轨道不平顺、列车-轨道-桥梁相互作用和轮轨分离,研究了不同车速工况下基础沉降和梁体转动对多跨简支梁桥列车脱轨系数的影响。陈兆玮等[27,28,41]从理论推导与数值模拟两方面对比了单墩沉降及多墩沉降与轨道变形的映射关系,指出多墩沉降与单墩沉降的映射关系具有相似性,可将多墩沉降的结果视为单墩沉降的叠加,并提出了基于行车安全性的多墩沉降限值。Yang 等[38]分析了桥墩不均匀沉降对扣件上拔力及钢轨应力的影响范围,基于车-线-桥耦合振动分析讨论了桥墩不均匀沉降对列车行车安全性的影响。魏亚辉[98]通过 ABAQUS 建立了列车-轨道-桥梁振动模型,探讨了梁端转角和梁体错台对列车运行平稳性及安全性的影响。石晓宇[99]基于 ANSYS 和 SIMPACK 建立了列车-桥梁耦合振动模型,分析了桥墩沉降、徐变上拱及两者共同作用下对高速列车动力学性能及安全舒适性的影响,并提出了不同车速条件下桥墩沉降及徐变上拱阈值。

在基础结构长期演变及参数变化对高速铁路系统动力学行为影响方面,一些学者提出采用概率极限状态法[100]与可靠度分析法[101]研究不确定参数条件下列车的行车性能。响应曲线法与车轨耦合动力学分析的紧密结合已成为高速铁路基础结构参数优化设计的热点。在德国、日本和中国高速铁路先后出现事故之后,国内外也投入大量人力、物力建立高速铁路实时监控系统[102,103],相关学者还开展了车辆或轨道状态识别与评估方法的研究[104,105]。但是，以上方法只是笼统地考虑了结构参数的时变性与随机性，还不能反映基础结构服役过程中性能演变的时序性和规律性。

1.5 本书内容

本书在国内外相关研究的基础上，紧密结合复杂条件下我国高速铁路桥梁-轨道运维领域的焦点难题，通过调研分析、理论推导、数值模拟和现场实测等方法，深入开展了桥梁-轨道变形映射、列车-轨道-桥梁耦合振动与桥梁-列车映射关系、高速铁路桥梁行车安全评价等方面的研究。

本书共8章，包括第1章绪论，第2章桥梁结构竖向变形与CRTS Ⅰ型轨道几何形态的映射模型，第3章桥梁结构横向变形与CRTS Ⅰ型轨道几何形态的映射模型，第4章含层间联结失效长时影响的桥梁-CRTS Ⅱ型轨道变形映射模型，第5章关键参数对轨道平顺性的影响机理，第6章高速铁路列车-轨道-桥梁耦合振动分析方法，第7章关键因素对高速列车时频域动力学性能的影响，第8章多指标高速铁路桥梁服役安全评价准则。

第 2 章　桥梁结构竖向变形与 CRTS I 型轨道几何形态的映射模型

本章在分析桥梁结构竖向变形与 CRTS I 型单元板式无砟轨道层间结构几何形位交互影响及变形协调效应的基础上，依靠力学分析、计算假设和边界约束等，逐层分析砂浆层、轨道板、扣件和钢轨的受力状态，提出桥梁结构竖向变形与轨面几何形态的通用映射模型；构建桥墩沉降、梁体竖向错台、梁端竖向转角三种典型桥梁竖向变形映射至轨面的解析表达式，通过 MATLAB 编程实现模型求解的程序化；最后，以 32m 高速铁路简支梁桥及其上部 CRTS I 型单元板式无砟轨道结构为研究对象，基于大型通用有限元分析软件 ANSYS，建立桥梁结构与 CRTS I 型单元板式无砟轨道结构精细有限元仿真模型，对比分析映射模型解析解与有限元模型数值解以及中国铁道科学研究院完成的室内试验结果，验证本章建立的桥梁-轨道竖向变形映射模型的有效性和准确性。

2.1　桥梁结构竖向变形导致钢轨变形机理分析

在墩台沉降、多次地震荷载、混凝土收缩徐变、温度以及列车循环动载等因素作用下，桥梁结构势必产生不可恢复的竖向附加变形。以 CRTS I 型单元板式无砟轨道结构为例，当桥梁梁体发生竖向变形后，与梁体牢固连接的桥面底座跟随梁体共同变形，导致底座与其上部轨道板间产生相对位移，从而引起底座与轨道板的连接结构——CA 砂浆层产生拉力或压力，进而使轨道板在砂浆层拉力或压力及自身重力作用下产生竖向变形。而此变形又会引起轨道板与上部钢轨间的相对位移，从而导致扣件力的产生，进而使钢轨在扣件力及自身重力作用下发生竖向变形，最后在几何形位交互影响与变形协调效应下达到受力平衡状态。以桥墩沉降为例，CRTS I 型单元板式无砟轨道下钢轨随桥墩沉降的变形示意图见图 2-1。

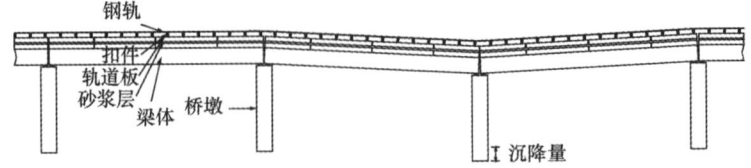

图 2-1　桥墩沉降导致钢轨变形示意图

2.2 基本假定

建立桥梁-轨道竖向变形映射模型的计算假设如下：

(1) 由于桥梁梁体竖向抗弯刚度远大于钢轨和轨道板的竖向抗弯刚度，因此忽略轨道结构受力对桥梁结构变形的影响；

(2) 由于底座板与梁体通过预埋钢筋连接，两者间无相对位移，故假定底座板变形与梁体变形一致；

(3) 由于 CA 砂浆层具有弹性，可将其对轨道板的竖向支撑作用视为沿钢轨中心线连续分布的 Winker 线性弹簧；

(4) 将轨道板视为由砂浆层连续均匀支撑的两端自由梁；

(5) 将扣件考虑为线性弹簧；

(6) 由圣维南原理，当桥梁结构变形区域远小于钢轨受力分析区域时，钢轨两端不受桥梁变形的影响；

(7) 因整体和局部坐标系的竖向坐标轴原点定于桥梁未发生竖向变形时各结构层在自身重力作用下的受力平衡位置，故计算过程中不计重力作用。

2.3 坐标系建立及变换

对高速铁路层间结构进行受力分析时，分别建立桥梁梁体、轨道板、钢轨的整体直角坐标系和局部坐标系。将整体坐标系和局部坐标系竖向坐标轴原点定于各结构变形前的重力平衡位置处。整体坐标系水平坐标轴原点定于层间结构计算起点中性轴位置，局部坐标系水平坐标轴原点定于每个轨道板起点中性轴位置处，坐标轴均以向右、向下为正。整体坐标系及局部坐标系横向坐标轴按右手螺旋法则确定。在坐标系布置示意图中，桥梁梁体、轨道板、钢轨整体坐标系坐标轴分别为 (X_b, Y_b, Z_b)、(X_s, Y_s, Z_s)、(X_r, Y_r, Z_r)；第 m 个梁体局部坐标系及轨道板局部坐标系坐标轴分别为 (x_{mb}, y_{mb}, z_{mb})、(x_{ms}, y_{ms}, z_{ms})。坐标系布置示意图见图 2-2。

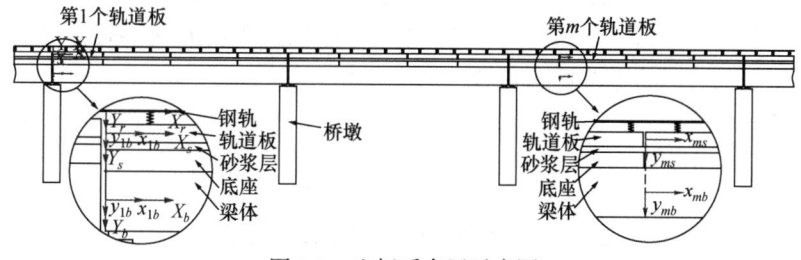

图 2-2 坐标系布置示意图

轨道板整体坐标系与第 m 个轨道板局部坐标系的变换关系为

$$x_{ms} = X_s - L_m \quad (2\text{-}1)$$

式中，x_{ms} 为第 m 个轨道板的局部坐标；X_s 为轨道板的整体坐标；L_m 为第 m 个轨道板起始点位于整体坐标系的纵向坐标值。

同理，桥梁梁体整体坐标系与局部坐标系的变换关系为

$$x_{mb} = X_b - L_m \quad (2\text{-}2)$$

式中，x_{mb} 为第 m 个梁体的局部坐标；X_b 为桥梁梁体的整体坐标。

设桥梁跨数为 M，每个桥跨内轨道板数目为 N，扣件总数为 sum。

2.4 轨道板模型

当梁体发生竖向变形时，由于层间结构几何形位的交互影响与变形协调效应，轨道板受砂浆层弹簧力和扣件力共同作用并达到受力平衡状态。取第 m 个轨道板为研究对象，轨道板上扣件数为 n，轨道板受力图见图 2-3。

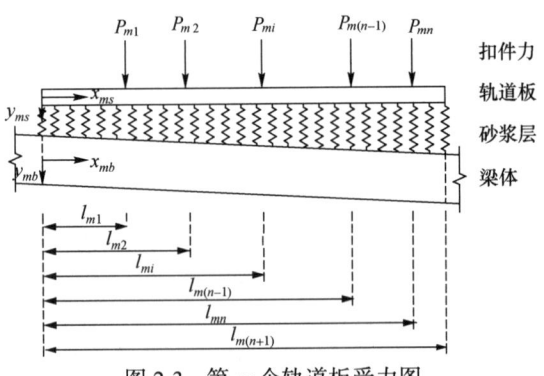

图 2-3 第 m 个轨道板受力图

图 2-3 中，$x_{ms} \in [0, L_{m+1} - L_m]$，$x_{mb} \in [0, L_{m+1} - L_m]$。

由线性叠加原理可知，图 2-3 中轨道板受力可看成桥梁不发生变形只承受扣件力作用和只承受桥梁结构竖向变形作用两部分的线性叠加，其中扣件力作用效应可视为多个扣件力单独作用效应的线性叠加，见图 2-4，桥梁结构竖向变形作用可视为作用于轨道板上的任意荷载，见图 2-5。

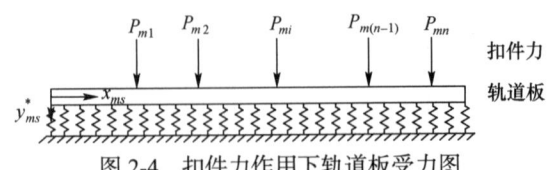

图 2-4 扣件力作用下轨道板受力图

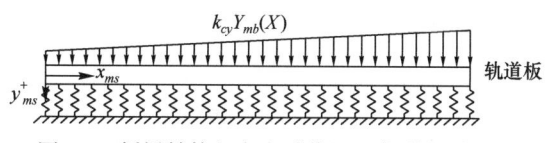

图 2-5 桥梁结构竖向变形作用下轨道板受力图

2.4.1 单个扣件力作用下轨道板变形

以桥梁不发生变形，只在端部承受单个扣件力作用的轨道板为分析对象，见图 2-6。取轨道板纵坐标为 x 处的微分段进行受力分析，受力图见图 2-7。其中 M 为截面弯矩，Q 为剪力，$R(x)$ 为砂浆层弹簧力。

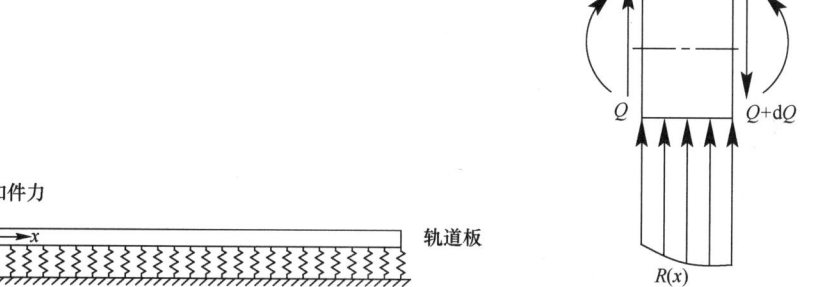

图 2-6 单个扣件力作用下轨道板受力图   图 2-7 轨道板微分段受力分析图

将砂浆层视为 Winker 线性弹簧，其弹簧力 $R(x)$ 为

$$R(x) = k_{cy} y(x) \tag{2-3}$$

式中，k_{cy} 为 CA 砂浆层支撑线刚度；$y(x)$ 为轨道板在只承受扣件力作用下的竖向变形。

微分段竖向力平衡：

$$\sum V = 0$$
$$Q + R(x) - (Q + dQ) = 0 \tag{2-4}$$

微分段力矩平衡：

$$\sum M = 0$$
$$dM - (Q + dQ)dx + \frac{1}{2}R(x)dx^2 = 0 \tag{2-5}$$

忽略式(2-5)中二阶微分项 $dQdx$、dx^2，得到

$$\frac{dM}{dx} = Q \tag{2-6}$$

梁的挠曲线近似微分方程：

$$EI_s \frac{d^2 y}{dx^2} = -M \tag{2-7}$$

式中，EI_s 为轨道板的竖向抗弯刚度。

综上，联立式(2-3)、式(2-4)、式(2-6)、式(2-7)可得

$$EI_s \frac{d^4 y}{dx^4} + k_{cy} y = 0 \tag{2-8}$$

令 $\lambda = \sqrt[4]{\dfrac{k_{cy}}{4EI_s}}$，则式(2-8)可以整理为

$$\frac{d^4 y}{dx^4} + 4\lambda^4 y = 0 \tag{2-9}$$

由微分方程的解法可知，方程(2-9)的解为

$$y = A_1 e^{\lambda x} \cos(\lambda x) + B_1 e^{\lambda x} \sin(\lambda x) + C_1 e^{-\lambda x} \cos(\lambda x) + D_1 e^{-\lambda x} \sin(\lambda x) \tag{2-10}$$

式中，A_1、B_1、C_1、D_1 为常数。

采用双曲函数展开式(2-10)，得

$$\begin{aligned} y = &\, A_2 \text{ch}(\lambda x)\cos(\lambda x) + B_2 \text{ch}(\lambda x)\sin(\lambda x) \\ &+ C_2 \text{sh}(\lambda x)\cos(\lambda x) + D_2 \text{ch}(\lambda x)\sin(\lambda x) \end{aligned} \tag{2-11}$$

式中，$A_2 = A_1 + C_1$，$B_2 = B_1 + D_1$，$C_2 = A_1 - C_1$，$D_2 = B_1 - D_1$。

由梁的变形与曲率的关系以及梁的挠曲线近似微分方程可知：

$$\frac{dy}{dx} = \varphi, \quad \frac{d^2 y}{dx^2} = \frac{-M}{EI_s}, \quad \frac{d^3 y}{dx^3} = \frac{-Q}{EI_s} \tag{2-12}$$

式中，φ 为截面转角。

对式(2-11)求导并结合式(2-12)，可得

$$\begin{aligned} y' = \varphi(x) = &\, \lambda A_2 (\text{sh}(\lambda x)\cos(\lambda x) - \text{ch}(\lambda x)\sin(\lambda x)) + \lambda B_2 (\text{sh}(\lambda x)\sin(\lambda x) \\ &+ \text{ch}(\lambda x)\cos(\lambda x)) + \lambda C_2 (\text{ch}(\lambda x)\cos(\lambda x) - \text{sh}(\lambda x)\sin(\lambda x)) \\ &+ \lambda D_2 (\text{ch}(\lambda x)\sin(\lambda x) + \text{sh}(\lambda x)\cos(\lambda x)) \end{aligned} \tag{2-13}$$

$$\begin{aligned} y'' = \frac{-M(x)}{EI_s} = &\, -2\lambda^2 A_2 \text{sh}(\lambda x)\sin(\lambda x) + 2\lambda^2 B_2 \text{sh}(\lambda x)\cos(\lambda x) \\ &- 2\lambda^2 C_2 \text{ch}(\lambda x)\sin(\lambda x) + 2\lambda^2 D_2 \text{ch}(\lambda x)\cos(\lambda x) \end{aligned} \tag{2-14}$$

$$y''' = \frac{-Q(x)}{EI_s} = -2\lambda^3 A_2(\text{ch}(\lambda x)\sin(\lambda x) + \text{sh}(\lambda x)\cos(\lambda x))$$
$$+ 2\lambda^3 B_2(\text{ch}(\lambda x)\cos(\lambda x) - \text{sh}(\lambda x)\sin(\lambda x)) \quad (2\text{-}15)$$
$$- 2\lambda^3 C_2(\text{sh}(\lambda x)\sin(\lambda x) + \text{ch}(\lambda x)\cos(\lambda x))$$
$$+ 2\lambda^3 D_2(\text{sh}(\lambda x)\cos(\lambda x) - \text{ch}(\lambda x)\sin(\lambda x))$$

令式(2-11)~式(2-15)中 $x=0$，并将轨道板初始条件 $y(0)=0$、$\varphi(0)=\varphi_0$、$M(0)=M_0$、$Q(0)=Q_0$ 代入式(2-15)，可得

$$A_2 = y_0, \quad B_2 = \frac{\varphi_0}{2\lambda} - \frac{Q_0}{4\lambda^3 EI_s}, \quad C_2 = \frac{\varphi_0}{2\lambda} + \frac{Q_0}{4\lambda^3 EI_s}, \quad D_2 = -\frac{M_0}{2\lambda^2 EI_s} \quad (2\text{-}16)$$

式中，y_0、φ_0、M_0、Q_0 分别表示 $x=0$ 处的位移、转角、弯矩和剪力。

将式(2-16)代入式(2-11)，得到关于轨道板初始条件的变形函数：

$$y = \text{ch}(\lambda x)\cos(\lambda x) \cdot y_0 + \frac{\text{ch}(\lambda x)\sin(\lambda x) + \text{sh}(\lambda x)\cos(\lambda x)}{2}\frac{\varphi_0}{\lambda}$$
$$- \frac{\text{ch}(\lambda x)\sin(\lambda x)}{2}\frac{M_0}{\lambda^2 EI_s} - \frac{\text{ch}(\lambda x)\sin(\lambda x) - \text{sh}(\lambda x)\cos(\lambda x)}{4}\frac{Q_0}{\lambda^3 EI_s} \quad (2\text{-}17)$$

利用 Krylov 函数化简式(2-17)，得到

$$y = A(x)y_0 + B(x)\frac{\varphi_0}{\lambda} - C(x)\frac{M_0}{\lambda^2 EI_s} - D(x)\frac{Q_0}{\lambda^3 EI_s} \quad (2\text{-}18)$$

$$\varphi(x) = y' = -4\lambda D(x)y_0 + \lambda A(x)\frac{\varphi_0}{\lambda} - \lambda B(x)\frac{M_0}{\lambda^2 EI_s} - \lambda C(x)\frac{Q_0}{\lambda^3 EI_s} \quad (2\text{-}19)$$

$$M(x) = -EI_s y'' = EI_s 4\lambda^2 C(x)y_0 + EI_s 4\lambda^2 D(x)\frac{\varphi_0}{\lambda}$$
$$+ EI_s \lambda^2 A(x)\frac{M_0}{\lambda^2 EI_s} + EI_s \lambda^2 B(x)\frac{Q_0}{\lambda^3 EI_s} \quad (2\text{-}20)$$

$$Q(x) = -EI_s y''' = EI_s 4\lambda^3 B(x)y_0 + EI_s 4\lambda^3 C(x)\frac{\varphi_0}{\lambda}$$
$$- EI_s 4\lambda^3 D(x)\frac{M_0}{\lambda^2 EI_s} + EI_s 4\lambda^3 A(x)\frac{Q_0}{\lambda^3 EI_s} \quad (2\text{-}21)$$

2.4.2 多个扣件力作用下轨道板变形

根据高速铁路 CRTS I 型单元板式无砟轨道中扣件的布置情况可知，轨道板板端不受扣件力作用，且由于砂浆层弹簧对轨道板为分布线性支撑，因此在轨道板两端位置不受集中外力作用，于是在计算中假定轨道板板端位置处的弯矩、剪

力为零，即当 $x_{ms}=0$ 时，弯矩 $M_0=0$，剪力 $Q_0=0$；当 $x_{ms}=l_{ms(n+1)}$ 时，弯矩 $M_{ms(n+1)}=0$，剪力 $Q_{ms(n+1)}=0$。由于轨道板仅受弹簧约束，在轨道板板端可能存在竖向位移及转角变形，因此在计算中需要考虑板端竖向位移及转角变形的影响。

基于线性叠加原理，利用式(2-18)，可求得图 2-4 中第 m 个轨道板第 i 个扣件处的变形值 y_{msi}^* 为

$$y_{msi}^* = A(l_{mi})y_{ms0}^* + \frac{B(l_{mi})}{\lambda}\varphi_{ms0}^* - \sum_{j=1}^{i}\frac{D(l_{mi}-l_{mj})}{\lambda^3 EI_s}P_j \tag{2-22}$$

式中，y_{ms0}^* 为扣件力作用下第 m 个轨道板在 $x=0$ 处的位移；φ_{ms0}^* 为扣件力作用下第 m 个轨道板在 $x=0$ 处的转角。

2.4.3 桥梁结构竖向变形作用导致轨道板变形

由于桥梁结构竖向变形作用可等效为与桥梁结构变形形态一致的任意荷载，因此在 x 截面处任意小区间 dx 内可将桥梁结构变形荷载视为大小为 $k_{cy}y_{mb}(x)dx$ 的集中荷载，利用式(2-16)，求解第 m 个轨道板在桥梁结构竖向变形作用下第 i 个扣件处的变形值 y_{msi}^+。

$$y_{msi}^+ = A(l_{mi})y_{ms0}^+ + \frac{B(l_{mi})}{\lambda}\varphi_{ms0}^+ - \int_0^{l_{mi}}\frac{D(l_{mi}-x)}{\lambda^3 EI_s}k_{cy}y_{mb}(x)dx \tag{2-23}$$

式中，y_{ms0}^+ 为桥梁结构竖向变形作用下第 m 个轨道板在 $x=0$ 处的位移；φ_{ms0}^+ 为桥梁结构竖向变形作用下第 m 个轨道板在 $x=0$ 处的转角。

2.4.4 轨道板变形总量

第 m 个轨道板在第 i 个扣件处的变形总量 y_{msi} 为

$$\begin{aligned}y_{msi} &= y_{msi}^* + y_{msi}^+ \\ &= A(l_{mi})y_{ms0} + \frac{B(l_{mi})}{\lambda}\varphi_{ms0} - \sum_{j=1}^{i}\frac{D(l_{mi}-l_{mj})}{\lambda^3 EI_s}P_j \\ &\quad - \int_0^{l_{mi}}\frac{D(l_{mi}-x)}{\lambda^3 EI_s}k_{cy}y_{mb}(x)dx\end{aligned} \tag{2-24}$$

式中，y_{ms0} 为第 m 个轨道板在 $x=0$ 处的位移；φ_{ms0} 为第 m 个轨道板在 $x=0$ 处的转角。

同理可得

$$M_{msi} = EI_s 4\lambda^2 C(l_{mi})y_{ms0} + EI_s 4\lambda D(l_{mi})\varphi_{ms0}$$
$$+ \sum_{j=1}^{i} B(l_{mi} - l_{mj})\frac{P_j}{\lambda} + \int_0^{l_{mi}} \frac{B(l_{mi} - x)}{\lambda} k_{cy} y_{mb} \mathrm{d}x \qquad (2\text{-}25)$$

$$Q_{msi} = EI_s 4\lambda^3 B(l_{mi})y_{ms0} + EI_s 4\lambda^2 C(l_{mi})\varphi_{ms0}$$
$$+ \sum_{j=1}^{i} A(l_{mi} - l_{mj})P_j + \int_0^{l_{mi}} A(l_{mi} - x) k_{cy} y_{mb} \mathrm{d}x \qquad (2\text{-}26)$$

由 2.4.2 节对轨道板板端受力的分析可知，轨道板的右端边界条件为弯矩及剪力为 0，即 $M_{ms(n+1)}=0$, $Q_{ms(n+1)}=0$。将此边界条件代入式(2-25)、式(2-26)求解 y_{ms0}、φ_{ms0}：

$$y_{ms0} = \eta_{m1} + \frac{1}{h_m}\sum_{j=1}^{n}[D(l_{m(n+1)})A(l_{m(n+1)} - l_{mj}) - C(l_{m(n+1)})B(l_{m(n+1)} - l_{mj})]P_j \qquad (2\text{-}27)$$

$$\varphi_{ms0} = \eta_{m2} + \frac{\lambda}{h_m}\sum_{j=1}^{n}[B(l_{m(n+1)})B(l_{m(n+1)} - l_{mj}) - C(l_{m(n+1)})A(l_{m(n+1)} - l_{mj})]P_j \qquad (2\text{-}28)$$

式中

$$\eta_{m1} = \frac{1}{h_m}[D(l_{ms(n+1)})f_{m2} - \lambda C(l_{ms(n+1)})f_{m1}]$$

$$\eta_{m2} = \frac{\lambda}{h_m}[\lambda B(l_{ms(n+1)})f_{m1} - C(l_{ms(n+1)})f_{m2}]$$

$$f_{m1} = \int_0^{l_{ms(n+1)}} \frac{B(l_{ms(n+1)} - x)}{\lambda} k_{cy} y_{mb} \mathrm{d}x$$

$$f_{m2} = \int_0^{l_{ms(n+1)}} A(l_{ms(n+1)} - x) k_{cy} y_{mb} \mathrm{d}x$$

$$h_m = 4\lambda^3[C^2(l_{ms(n+1)}) - D(l_{ms(n+1)})B(l_{ms(n+1)})]$$

将第 m 个轨道板所有扣件位置处(扣件数 n)的变形值表达为矩阵形式，有

$$V_{ms} = R_m + D_m P_m \qquad (2\text{-}29)$$

式中，V_{ms} 为第 m 个轨道板所有扣件位置处的竖向变形值矩阵；R_m 为桥梁结构竖向变形对第 m 个轨道板变形的影响矩阵；D_m 为第 m 个轨道板竖向变形的扣件力影响矩阵；P_m 为第 m 个轨道板上的扣件竖向力矩阵。

其中，V_{ms}、R_m 和 P_m 为 $n\times1$ 矩阵，D_m 为 $n\times n$ 下三角矩阵，上述矩阵元素如式(2-30)～式(2-33)所示：

$$V_{ms}(i,1) = y_{msi} \qquad (2\text{-}30)$$

$$R_m(i,1) = A(l_{mi})\eta_{m1} + B(l_{mi})\eta_{m2} - \int_0^{l_{mi}} \frac{D(l_{mi}-x)}{\lambda^3 EI_s} k_{cy} y_{mb} \mathrm{d}x \qquad (2\text{-}31)$$

$$D_m(i,j) = \frac{A(l_{mi})}{h_m EI_s}\Big[D(l_{ms(n+1)})A(l_{ms(n+1)} - l_{msj}) - C(l_{ms(n+1)})B(l_{ms(n+1)} - l_{msj}) \Big]$$

$$+ \frac{B(l_{mi})}{h_m}\Big[B(l_{ms(n+1)})B(l_{ms(n+1)} - l_{msj}) - C(l_{ms(n+1)})A(l_{ms(n+1)} - l_{msj}) \Big] \qquad (2\text{-}32)$$

$$- \frac{D(l_{mi} - l_{mj})}{\lambda^3 EI_s}, \quad i \geq j; i = 1,2,\cdots,n$$

$$P_m(i,1) = P_{mi} \qquad (2\text{-}33)$$

在钢轨受力分析区域内，桥梁跨数为 M，每个桥跨内轨道板数目为 N，因此轨道板总数为 $M \times N$，$M \times N$ 个轨道板上扣件总数为 sum，现将 $M \times N$ 个轨道板上 sum 个扣件位置处的轨道板变形值整理为矩阵形式：

$$V_s = R + DP \qquad (2\text{-}34)$$

式中，V_s 为 $M \times N$ 个轨道板上所有扣件位置处的竖向变形值矩阵；R 为桥梁结构竖向变形影响矩阵；D 为轨道板竖向变形的扣件力影响矩阵；P 为扣件竖向力矩阵。

其中，V_s、R 和 P 为 sum×1 矩阵，D 为 sum×sum 矩阵，上述矩阵分别由第 1~$M \times N$ 个轨道板的竖向变形值矩阵、桥梁结构竖向变形影响矩阵、扣件竖向力矩阵及轨道板竖向变形的扣件力影响矩阵组成，组成形式如下：

$$V_s = \begin{bmatrix} V_{1s} \\ \vdots \\ V_{ms} \\ \vdots \\ V_{(M \times N)s} \end{bmatrix}, \quad R = \begin{bmatrix} R_1 \\ \vdots \\ R_m \\ \vdots \\ R_{M \times N} \end{bmatrix}, \quad P = \begin{bmatrix} P_1 \\ \vdots \\ P_m \\ \vdots \\ P_{M \times N} \end{bmatrix}$$

$$D = \begin{bmatrix} D_1 & 0 & 0 & 0 & 0 \\ 0 & \ddots & 0 & 0 & 0 \\ 0 & 0 & D_m & 0 & 0 \\ 0 & 0 & 0 & \ddots & 0 \\ 0 & 0 & 0 & 0 & D_{M \times N} \end{bmatrix}$$

2.5 钢 轨 模 型

钢轨的实际受力形态为弹性点支撑无限长梁，但由于桥梁结构变形对钢轨几何形态的影响仅体现在有限长度范围内，因此计算时选取足够长度的钢轨进行分析，钢轨变形示意图见图 2-8。

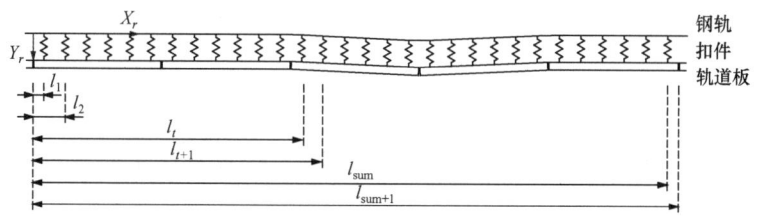

图 2-8　钢轨变形示意图

2.5.1　钢轨力学分析

取 $X_r \in (l_t, l_{t+1})$ 区间的钢轨进行分析，在两扣件力之间，钢轨剪力不变。M_t 和 Q_t 分别为 $X_r = l_t$ 时的钢轨截面弯矩和剪力，M_{t+1} 和 Q_{t+1} 分别为 $X_r = l_{t+1}$ 时的钢轨截面弯矩和剪力。

本节为书写方便，利用局部坐标系 (x, y) 代替钢轨整体坐标系 (X_r, Y_r) 进行钢轨力学分析，其受力见图 2-9，$x \in [0, l_{t+1} - l_t]$。

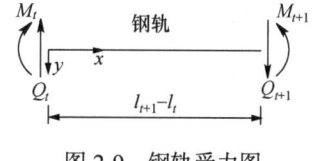

图 2-9　钢轨受力图

由梁的挠曲线近似微分方程可得

$$-EI\frac{\mathrm{d}^3 y}{\mathrm{d}x^3} = Q_t \tag{2-35}$$

钢轨剪力 Q_t 在 $X_r \in (l_t, l_{t+1})$ 区间内为常量，因此 y 可写为 x 的三次多项式形式：

$$y = ax^3 + bx^2 + cx + d \tag{2-36}$$

对式(2-36)求导，有

$$\varphi(x) = y' = 3ax^2 + 2bx + c \tag{2-37}$$

$$M(x) = -EI_r y'' = -EI_r(6ax + 2b) \tag{2-38}$$

$$Q(x) = -EI_r y''' = -6aEI_r \tag{2-39}$$

在图 2-9 中，当 $x = 0$ 时，钢轨左端变形为 y_t，转角为 φ_t，弯矩为 M_t，剪力为 Q_t，将此边界条件代入式(2-36)～式(2-39)可得

$$a = -\frac{Q_t}{6EI_r}, \quad b = -\frac{M_t}{2EI_r}, \quad c = \varphi_t, \quad d = y_t \tag{2-40}$$

则式(2-36)～式(2-39)可写为

$$y(x) = y_t + \varphi_t x - \frac{M_t}{2EI_r}x^2 - \frac{Q_t}{6EI_r}x^3 \tag{2-41}$$

$$\varphi(x) = \varphi_t - \frac{M_t}{EI_r}x - \frac{Q_t}{2EI_r}x^2 \qquad (2\text{-}42)$$

$$M(x) = M_t + Q_t x \qquad (2\text{-}43)$$

$$Q(x) = Q_t \qquad (2\text{-}44)$$

式(2-41)～式(2-44)中，$x = X_r - l_t$，$y = Y_r$，$X_r \in (l_t, l_{t+1})$。

2.5.2 钢轨模型建立

由于选取的钢轨受力分析区域远大于桥梁结构变形区域，因此当桥梁发生竖向变形时，钢轨在 $X_r = 0$ 和 $X_r = l_{\text{sum}+1}$ 处的受力状态改变较小，换言之，钢轨在 $X_r = 0$ 和 $X_r = l_{\text{sum}+1}$ 处的边界约束条件对桥梁结构变形引起的钢轨整体受力影响较小。因此，为计算简便，本节采取钢轨两端简支的方式进行建模，即当 $X_r = 0$ 时，钢轨变形 $Y_{r0} = 0$，截面弯矩 $M_{r0} = 0$；当 $X_r = l_{\text{sum}+1}$ 时，钢轨变形 $Y_{r(\text{sum}+1)} = 0$，截面弯矩 $M_{r(\text{sum}+1)} = 0$。

基于式(2-41)，利用线性叠加原理，结合钢轨边界条件，第 t 个扣件位置处的钢轨变形表达式为

$$Y_{rt} = l_t \varphi_{r0} - \frac{l_t^3}{6EI_r} Q_{r0} - \sum_{k=1}^{t} \frac{(l_t - l_k)^3}{6EI_r}(-P_k) \qquad (2\text{-}45)$$

式中，φ_{r0} 为 $X_r = 0$ 处的钢轨转角；Q_{r0} 为 $X_r = 0$ 处的钢轨剪力；EI_r 为钢轨竖向抗弯刚度；$-P_k$ 为作用于钢轨上的扣件力，与作用于轨道板上的扣件力方向相反。

基于式(2-43)，可得第 t 个扣件位置处的钢轨弯矩表达式：

$$M_{rt} = l_t Q_{r0} - \sum_{k=1}^{t}(l_t - l_k)P_k \qquad (2\text{-}46)$$

由钢轨 $X_r = l_{\text{sum}+1}$ 时的边界条件及式(2-45)和式(2-46)可得

$$Y_{r(\text{sum}+1)} = l_{\text{sum}+1}\varphi_{r0} - \frac{l_{\text{sum}+1}^3}{6EI_r}Q_{r0} - \sum_{k=1}^{\text{sum}} \frac{(l_{\text{sum}+1}-l_k)^3}{6EI_r}P_k = 0 \qquad (2\text{-}47)$$

$$M_{r(\text{sum}+1)} = l_{\text{sum}+1}Q_{r0} - \sum_{k=1}^{\text{sum}}(l_{\text{sum}+1}-l_k)P_k = 0 \qquad (2\text{-}48)$$

联立式(2-47)和式(2-48)，得到 $X_r = 0$ 时的钢轨转角 φ_{r0}、钢轨剪力 Q_{r0} 的表达式：

$$\varphi_{r0} = \sum_{k=1}^{\text{sum}} \frac{l_{\text{sum}+1}^2(l_{\text{sum}+1}-l_k) - (l_{\text{sum}+1}-l_k)^3}{6EI_r l_{\text{sum}+1}} P_k \qquad (2\text{-}49)$$

$$Q_{r0} = \sum_{k=1}^{\text{sum}} \frac{(l_{\text{sum}+1}-l_k)}{l_{\text{sum}+1}} P_k \qquad (2\text{-}50)$$

将式(2-49)和式(2-50)代入式(2-45)，得到第 t 个扣件位置处的钢轨变形表达式为

$$Y_{rt} = l_t \sum_{k=1}^{sum} \frac{l_{sum+1}^2 (l_{sum+1} - l_k) - (l_{sum+1} - l_k)^3}{6EI_r l_{sum+1}} P_k \\ - l_t^3 \sum_{k=1}^{sum} \frac{(l_{sum+1} - l_k)}{6EI_r l_{sum+1}} P_k + \sum_{k=1}^{t} \frac{(l_t - l_k)^3}{6EI_r} P_k \quad (2\text{-}51)$$

由于钢轨受力分析区域内的扣件总数为 sum，将所有扣件位置处的钢轨变形值表达为矩阵形式：

$$V_r = LP \quad (2\text{-}52)$$

式中，V_r 为 sum 个扣件位置处的钢轨竖向变形值矩阵；L 为钢轨竖向变形的扣件力影响矩阵。

其中，V_r、L 为 sum×sum 矩阵，矩阵元素求解表达式为

$$V_r(t,1) = Y_{rt} \quad (2\text{-}53)$$

$$L(t,k) = \frac{l_t l_{sum+1}^2 (l_{sum+1} - l_k) - l_t (l_{sum+1} - l_k)^3 - l_t^3 (l_{sum+1} - l_k) + (l_t - l_k)^3}{6 l_{sum+1} EI_r} \quad (2\text{-}54)$$

$$t \geqslant k; t = 1,2,\cdots,\text{sum}; k = 1,2,\cdots,\text{sum}$$

2.6 桥梁结构竖向变形映射至轨面的解析表达式

由扣件力与轨道板变形及钢轨变形的关系可知扣件力矩阵：

$$P = k_{fy}(V_s - V_r) \quad (2\text{-}55)$$

式中，k_{fy} 为扣件竖向弹簧刚度。

联立式(2-34)、式(2-52)及式(2-55)，可得

$$P = k_{fy}(I + k_{fy}L - k_{fy}D)^{-1} R \quad (2\text{-}56)$$

式中，I 为 sum×sum 单位矩阵。

联立式(2-52)和式(2-56)，可得所有扣件位置处桥梁结构变形映射至轨面的解析矩阵为

$$V_r = k_{fy} L (I + k_{fy}L - k_{fy}D)^{-1} R \quad (2\text{-}57)$$

式中，仅桥梁结构竖向变形影响矩阵 R 中的元素与桥梁结构变形函数相关，因

此不同的桥梁梁体竖向变形模式对钢轨变形的影响仅体现在矩阵 R 中的元素取值上。

所有位置处的钢轨竖向变形值可采用式(2-58)求解：

$$Y_{rt}(X_r) = \varphi_{r0} X_r - \frac{Q_{r0}}{6EI_r} X_r^3 + \sum_{k=1}^{t} \frac{X_r - l_k}{6EI_r} P_k \tag{2-58}$$

式中，$l_t \leqslant X_r < l_{t+1}$，$t = 1, 2, \cdots, \text{sum}$。

2.7 典型竖向变形模式与轨面几何形态的映射模型

由式(2-55)可知，仅桥梁结构竖向变形影响矩阵 R 中的元素与桥梁结构变形函数相关。因此，在桥梁及 CRTS Ⅰ型单元板式无砟轨道结构参数不变的情况下，针对桥墩沉降、梁体竖向错台及梁端竖向转角三种典型竖向变形模式与轨面几何形态的映射模型，只需讨论影响矩阵 R 的求解即可，其余矩阵取值相同。

2.7.1 桥墩沉降与钢轨变形的映射模型

当桥梁 M_1 跨右端桥墩发生沉降 d 时，桥墩两侧梁体将随之变形，桥墩沉降时梁体变形示意图见图 2-10。图中，L_{b0} 为梁端与支座中心线间的距离，即梁端悬出长度，L_b 为梁长，d 为桥墩沉降量，(X_b, Y_b) 为桥梁梁体整体坐标系(见图 2-2)。

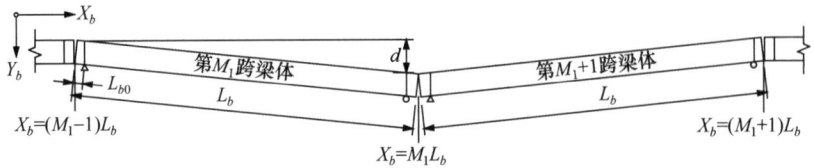

图 2-10　桥梁梁体随桥墩沉降的变形示意图

由图 2-10 可知，桥梁梁体整体坐标系下，第 M_1 跨梁体竖向变形为

$$Y_b = \frac{X_b - (M_1 - 1)L_b - L_{b0}}{L_b - 2L_{b0}} d \tag{2-59}$$

式中，$(M_1 - 1)L_b \leqslant X_b \leqslant M_1 L_b$。

同理，第 $M_1 + 1$ 跨梁体竖向变形为

$$Y_b = -\frac{X_b - (M_1 + 1)L_b + L_{b0}}{L_b - 2L_{b0}} d \tag{2-60}$$

式中，$M_1 L_b \leqslant X_b \leqslant (M_1+1)L_b$。

其余桥跨梁体竖向变形为零。

利用桥梁梁体整体坐标系与局部坐标系的变换公式 $x_{mb} = X_b - L_m$，将整体坐标系下的梁体变形表达式即式(2-59)及式(2-60)变换到局部坐标系下，进而代入式(2-31)中求解桥梁结构变形影响矩阵 R，以第 m 个轨道板(假设位于桥梁第 M_1 跨上)为例：

$$R_m(i,1) = A(l_{mi})\eta_{m1} + B(l_{mi})\eta_{m2} \\ - k_{cy}d \int_0^{l_{mi}} \frac{D(l_{mi}-x)\left[(X_b - L_m) - (M_1-1)L_b - L_{b0}\right]}{\lambda^3 EI_s(L_b - 2L_{b0})} \mathrm{d}x \quad (2\text{-}61)$$

式中

$$\eta_{m1} = \frac{1}{h_m}\left[D(l_{ms(n+1)})f_{m2} - \lambda C(l_{ms(n+1)})f_{m1} \right] \quad (2\text{-}62)$$

$$\eta_{m2} = \frac{\lambda}{h_m}\left[\lambda B(l_{ms(n+1)})f_{m1} - C(l_{ms(n+1)})f_{m2} \right] \quad (2\text{-}63)$$

$$f_{m1} = \frac{k_{cy}d}{\lambda(L_b - 2L_{b0})} \int_0^{l_{ms(n+1)}} B(l_{ms(n+1)} - x)\left[(X_b - L_m) - (M_1-1)L_b - L_{b0}\right]\mathrm{d}x \quad (2\text{-}64)$$

$$f_{m2} = \frac{k_{cy}d}{L_b - 2L_{b0}} \int_0^{l_{ms(n+1)}} A(l_{ms(n+1)} - x)\left[(X_b - L_m) - (M_1-1)L_b - L_{b0}\right]\mathrm{d}x \quad (2\text{-}65)$$

由式(2-61)和式(2-65)可知，桥梁结构竖向变形影响矩阵 R 可分解为桥墩沉降量 d 与另一矩阵 R_{se} 的乘积，即 $R = R_{se}d$，其中 R_{se} 与 d 无关。

因此，当桥墩沉降 d 时，扣件竖向力矩阵为

$$P = k_{fy}\left(I + k_{fy}L - k_{fy}D\right)^{-1} R_{se}d \quad (2\text{-}66)$$

所有扣件位置处桥墩沉降映射至轨面变形的解析矩阵为

$$V_r = k_{fy}L\left(I + k_{fy}L - k_{fy}D\right)^{-1} R_{se}d \quad (2\text{-}67)$$

基于式(2-66)所得的扣件竖向力，任意位置处的钢轨竖向变形值解析表达式为

$$Y_{rt}(X_r) = \varphi_{r0}X_r - \frac{X_r^3}{6EI_r}Q_{r0} + \sum_{k=1}^{t}\frac{(X_r - l_k)^3}{6EI_r}P_k \quad (2\text{-}68)$$

式中，$l_t \leqslant X_r < l_{t+1}$，$t = 1,2,\cdots,\mathrm{sum}$。

2.7.2 梁体竖向错台与钢轨变形的映射模型

当桥梁第 M_1 跨发生竖向错台 u 时，其余桥跨梁体不受影响，第 M_1 跨梁体变

形见图 2-11。图中，L_{b0} 为梁端与支座中心线间的距离，即梁端悬出长度，L_b 为梁长，u 为梁体竖向错台量，(X_b, Y_b) 为桥梁梁体整体坐标系(见图 2-2)。

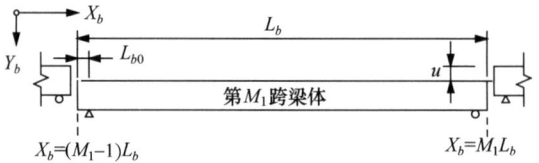

图 2-11　梁体竖向错台示意图

由梁体竖向错台图 2-11 可知，桥梁梁体整体坐标系下第 M_1 跨梁体竖向变形为

$$Y_b = u \tag{2-69}$$

图 2-11 中，$(M_1-1)L_b \leqslant X_b \leqslant M_1 L_b$。

其余桥跨梁体竖向变形为零。

利用桥梁梁体整体坐标系与局部坐标系的变换公式 $X_{mb} = X_b - L_m$，将整体坐标系下的梁体变形表达式(2-69)变换到局部坐标系下，进而代入式(2-31)中求解桥梁结构竖向变形影响矩阵 R：

$$R_m(i,1) = A(l_{mi})\eta_{m1} + B(l_{mi})\eta_{m2} - k_{cy}u\int_0^{l_{mi}} \frac{D(l_{mi}-x)}{\lambda^3 EI_s}\mathrm{d}x \tag{2-70}$$

式中

$$\eta_{m1} = \frac{1}{h_m}\left[D\left(l_{ms(n+1)}\right)f_{m2} - \lambda C\left(l_{ms(n+1)}\right)f_{m1}\right] \tag{2-71}$$

$$\eta_{m2} = \frac{\lambda}{h_m}\left[\lambda B\left(l_{ms(n+1)}\right)f_{m1} - C\left(l_{ms(n+1)}\right)f_{m2}\right] \tag{2-72}$$

$$f_{m1} = k_{cy}u\int_0^{l_{ms(n+1)}} \frac{B\left(l_{ms(n+1)}-x\right)}{\lambda}\mathrm{d}x \tag{2-73}$$

$$f_{m2} = k_{cy}u\int_0^{l_{ms(n+1)}} A\left(l_{ms(n+1)}-x\right)\mathrm{d}x \tag{2-74}$$

由式(2-70)～式(2-74)可知，桥梁结构竖向变形影响矩阵 R 可表达为梁体竖向错台量 u 与另一矩阵 R_{st} 的乘积，即 $R = R_{st} u$，其中 R_{st} 与 u 无关。

因此，当梁体发生竖向错台 u 时，扣件竖向力矩阵为

$$P = k_{fy}\left(I + k_{fy}L - k_{fy}D\right)^{-1} R_{st} u \tag{2-75}$$

所有扣件位置处梁体竖向错台映射至轨面变形的解析矩阵为

$$V_r = k_{fy}L\left(I + k_{fy}L - k_{fy}D\right)^{-1} R_{st}u \qquad (2\text{-}76)$$

基于式(2-75)所得的扣件竖向力，可求得任意位置处的钢轨竖向变形值为

$$Y_{rt}(X_r) = \varphi_{r0}X_r - \frac{X_r^3}{6EI_r}Q_{r0} + \sum_{k=1}^{t}\frac{(X_r - l_k)^3}{6EI_r}P_k \qquad (2\text{-}77)$$

式中，$l_t \leqslant X_r < l_{t+1}$，$t = 1, 2, \cdots, \text{sum}$。

2.7.3 梁端竖向转角与钢轨变形的映射模型

当桥梁第 M_1 跨梁体发生竖向转角时，其余桥跨梁体不受影响，第 M_1 跨梁体变形见图 2-12。图中，L_{b0} 为梁端悬出长度，L_b 为梁长，α 为梁端竖向转角，(X_b, Y_b) 为桥梁梁体整体坐标系(图 2-2)。

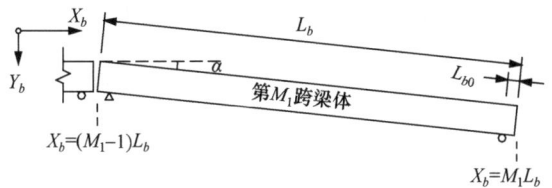

图 2-12　梁端竖向转角示意图

由梁端竖向转角图 2-12 可知，桥梁梁体整体坐标下第 M_1 跨梁体竖向变形为

$$Y_b = \left[X_b - (M_1 - 1)L_b\right]\tan\alpha \qquad (2\text{-}78)$$

式中，$(M_1 - 1)L_b \leqslant X_b \leqslant M_1 L_b$。

其余桥跨梁体竖向变形为零。

利用桥梁梁体整体坐标系与局部坐标系的变换公式 $X_{mb} = X_b - L_m$，将整体坐标系下的梁体变形表达式即式(2-78)变换到局部坐标系下，进而代入式(2-31)中求解桥梁结构竖向变形影响矩阵 R：

$$\begin{aligned}R_m(i,1) = &\, A(l_{mi})\eta_{m1} + B(l_{mi})\eta_{m2} \\ &- k_{cy}\tan\alpha\int_0^{l_{mi}}\frac{D(l_{mi} - x)}{\lambda^3 EI_s}\left[(X_b - L_m) - (M_1 - 1)L_b\right]\mathrm{d}x\end{aligned} \qquad (2\text{-}79)$$

式中

$$\eta_{m1} = \frac{1}{h_m}\left[D(l_{ms(n+1)})f_{m2} - \lambda C(l_{ms(n+1)})f_{m1}\right] \qquad (2\text{-}80)$$

$$\eta_{m2} = \frac{\lambda}{h_m} \left[\lambda B\left(l_{ms(n+1)}\right) f_{m1} - C\left(l_{ms(n+1)}\right) f_{m2} \right] \tag{2-81}$$

$$f_{m1} = k_{cy} \tan\alpha \int_0^{l_{ms(n+1)}} \frac{B\left(l_{ms(n+1)} - x\right)}{\lambda} \left[(X_b - L_m) - (M_1 - 1)L_b \right] dx \tag{2-82}$$

$$f_{m2} = k_{cy} \tan\alpha \int_0^{l_{ms(n+1)}} A\left(l_{ms(n+1)} - x\right) \left[(X_b - L_m) - (M_1 - 1)L_b \right] dx \tag{2-83}$$

由式(2-79)～式(2-83)可知，桥梁结构竖向变形影响矩阵 R 可表达为梁端转角 $\tan\alpha$ 与另一矩阵 R_{ro} 的乘积，即 $R = R_{ro} \tan\alpha$，其中 R_{ro} 与 $\tan\alpha$ 无关。

因此，当梁端竖向转角为 α 时，扣件竖向力矩阵为

$$P = k_{fy}\left(I + k_{fy}L - k_{fy}D\right)^{-1} R_{ro} \tan\alpha \tag{2-84}$$

所有扣件位置处梁端竖向转角映射至轨面变形的解析矩阵为

$$V_r = k_{fy}L\left(I + k_{fy}L - k_{fy}D\right)^{-1} R_{ro} \tan\alpha \tag{2-85}$$

基于式(2-84)所得的扣件竖向力，可求得任意位置处的钢轨竖向变形值为

$$Y_{rt}(X_r) = \varphi_{r0}X_r - \frac{X_r^3}{6EI_r}Q_{r0} + \sum_{k=1}^{t} \frac{(X_r - l_k)^3}{6EI_r} P_k \tag{2-86}$$

式中，$l_t \leq X_r < l_{t+1}$，$t = 1, 2, \cdots, \text{sum}$。

2.8 解析模型编程求解流程

根据桥梁结构竖向变形与轨面几何形态的映射模型，采用 MATLAB 编程，实现映射关系求解程序化。以 5 跨 32m 高速铁路简支梁桥及其上部 CRTS I 型板式无砟轨道结构为原型，求解高速铁路简支梁桥在桥墩沉降、梁体竖向错台、梁端竖向转角三种典型变形模式下的钢轨变形。

求解过程由三部分构成，即准备工作、模型求解、结果输出，其中准备工作主要包括基本参数定义与输入、整体与局部坐标系建立、桥梁结构变形函数输入及坐标系变换。准备工作完成后根据式(2-31)、式(2-32)及式(2-54)组建桥梁结构竖向变形影响矩阵、轨道板竖向变形的扣件力影响矩阵及钢轨竖向变形的扣件力影响矩阵，然后分别基于式(2-56)和桥梁结构竖向变形映射至轨面的解析矩阵(2-57)求解扣件竖向力矩阵和扣件位置处钢轨竖向变形矩阵，并利用式(2-58)建立钢轨竖向变形分段函数，最后在结果输出部分提取扣件竖向力和无砟轨道结构变形数据，并绘制钢轨竖向变形图。MATLAB 程序求解流程见图 2-13。

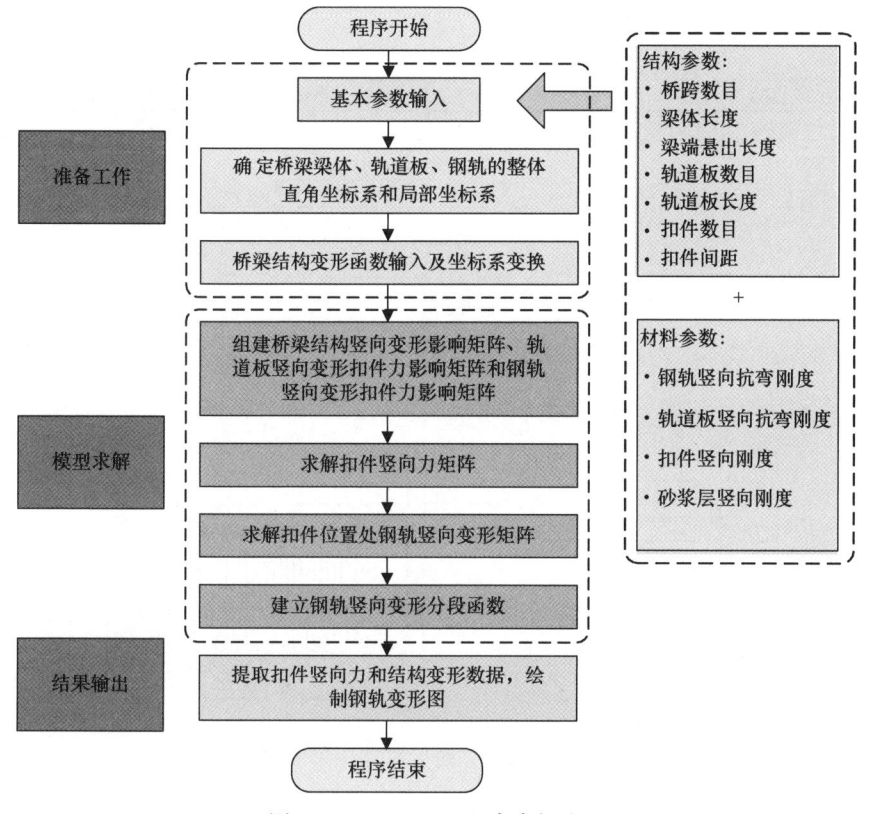

图 2-13 MATLAB 程序求解流程

2.9 单元板式无砟轨道与桥梁结构的有限元模型

2.9.1 结构构造及参数取值

我国高速铁路桥梁普遍采用 32m 和 24m 标准预应力简支箱梁的结构形式，所占比例高达 90%以上[106]。本节选取双线 5 跨 32m 简支箱梁桥为研究对象，跨中和支座位置梁体截面见图 2-14，半立面半剖面见图 2-15。简支梁采用 C50 混凝土。

我国高速铁路桥上轨道结构普遍采用无砟轨道的结构形式。板式无砟轨道结构研究较早，技术理论较为成熟，并先后在沪宁高速铁路、哈大高速铁路、京沪高速铁路、武广高速铁路和广深港高速铁路等线路中得到广泛应用[107-109]。因此，本节以 CRTS I 型板式无砟轨道结构为研究对象，其轨道结构布置如图 2-16 所示。单跨梁体上轨道板长度布置方案为 3685mm+5×4962mm+3685mm，底座长度布置方案为 3710mm+5×5012mm+ 3710mm。

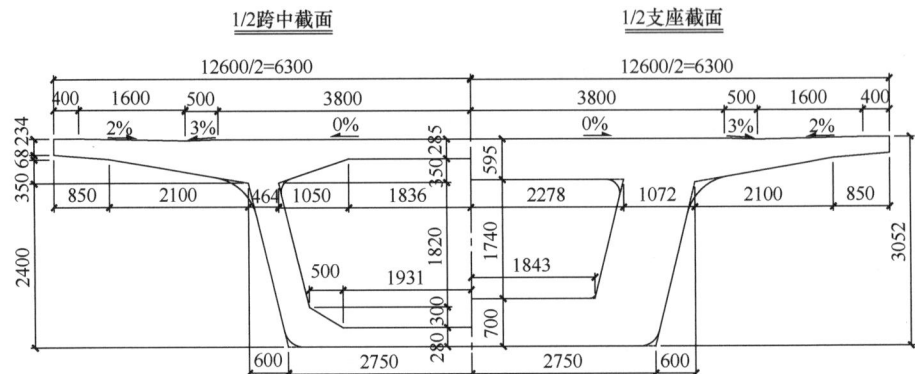

图 2-14 梁体跨中和支座位置截面图(单位：mm)

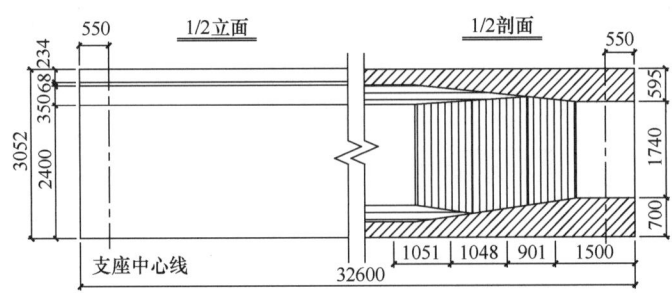

图 2-15 梁体半立面半剖面图(单位：mm)

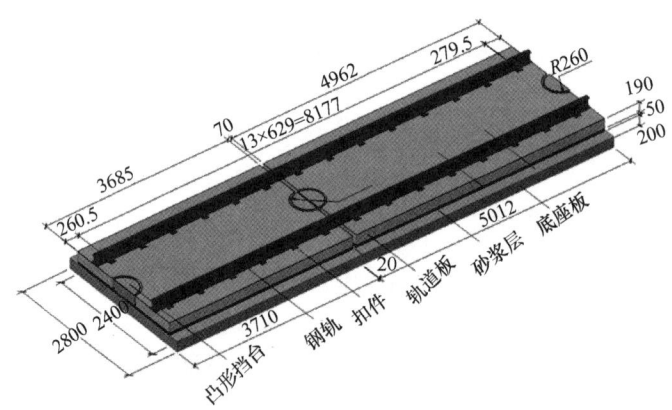

图 2-16 CRTS I 型板式无砟轨道结构布置图(单位：mm)

根据《高速铁路设计规范》[20]规定，钢轨采用 100m 定尺长的 60kg/m 无螺栓孔新钢轨，扣件采用与桥上 CRTS I 型板式无砟轨道相匹配的 WJ-7B 型分开式扣件，调整层采用 CA 砂浆层，轨道板材料采用 C60 混凝土，凸形挡台和底座板采用 C40 混凝土。

基于上述桥梁-轨道结构形式及材料属性，主要计算参数见表 2-1。其中，钢轨和混凝土材料的弹性模量及泊松比取值参考《铁路桥涵混凝土结构设计规范》(TB 10092—2017)[110]；结构截面惯性矩 I_{zz} 为绕质心轴的惯性矩，竖向变形映射模型计算时取半结构 $I_{zz}/2$ 进行分析；无砟轨道扣件系统弹性垫层静刚度为 20～30kN/mm[20]，本节扣件竖向刚度取值为 $3×10^7$N/m；根据现有技术条件，CA 砂浆层弹性模量为 100～300MPa，本节选取 200MPa 进行计算；竖向弹簧系数取值参考文献[111]；凸形挡台填充树脂材料，取值参考文献[112]。

表 2-1 桥梁及 CRTS I 型板式无砟轨道结构主要计算参数表

结构	材料/规格	弹性模量/MPa	泊松比	截面惯性矩 I_{zz}/mm⁴	竖向弹簧刚度 /(N/m)
钢轨	U71MnG	$2.10×10^4$	0.3	$3.217×10^7$	—
轨道板	C60 混凝土	$3.65×10^4$	0.2	$1.372×10^9$	—
底座板	C40 混凝土	$3.40×10^4$	0.2	$1.867×10^9$	—
梁体	C50 混凝土	$3.55×10^4$	0.2	$1.086×10^{13}$	—
凸形挡台	C40 混凝土	$3.40×10^4$	0.2	—	—
填充树脂	聚氨酯树脂	$2.50×10^1$	0.3	—	—
砂浆层	CA 砂浆	$2.00×10^2$	0.2	—	$9.0×10^8$
扣件	WJ-7B 型	—	—	—	$3.0×10^7$

2.9.2 有限元模型的建立

根据 2.9.1 节梁体及轨道结构参数，基于大型通用有限元分析软件 ANSYS 建立了 CRTS I 型单元板式无砟轨道与桥梁结构的有限元模型，见图 2-17。

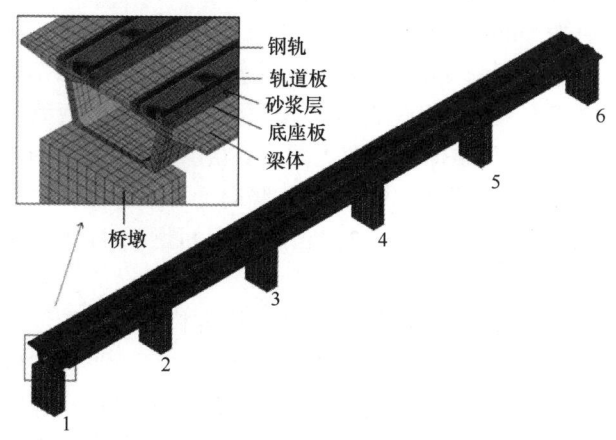

图 2-17 CRTS I 型单元板式无砟轨道与桥梁结构有限元模型

其中，钢轨采用空间梁单元 BEAM188 模拟，轨道板、砂浆层、底座板、梁体、凸形挡台、凸形挡台填充物采用实体单元 SOLID45 模拟，扣件采用三向弹簧单元 COMBIN14 模拟，轨道板与砂浆层、底座板与梁体间的接触关系采用节点耦合方式模拟，凸形挡台填充物与轨道板及砂浆层间的接触关系分别采用接触单元 TARGE170 和 CONTA174 模拟。

桥梁支座采用主从自由度约束，桥墩底部及钢轨端部施加固结约束。桥墩沉降、梁体竖向错台和梁端竖向转角采用自由度约束方式施加，计算时不计结构自重。

2.10 竖向变形映射模型的验证

为验证竖向变形映射模型的可靠性，本节按照两个步骤进行：①对比映射模型解析解与有限元模型数值解；②对比映射模型解析解与中国铁道科学研究院完成的室内试验结果。

2.10.1 映射模型与有限元模型的对比验证

以桥墩沉降、梁体竖向错台、梁端竖向转角三种典型竖向变形模式为例，基于 2.9.2 节建立的有限元模型与竖向变形映射模型，分别求解得到不同桥梁结构变形下钢轨变形图、扣件力、钢轨变形区域效应及长度。通过二者的对比分析，验证本章提出的竖向变形映射模型的可靠性。

1. 桥墩沉降

根据高速铁路桥梁结构变形限值规定，无砟轨道桥梁在恒载作用下的工后相邻墩台沉降差限值为 5mm[20]。因此，以桥墩沉降为例进行分析，具体假设桥梁及无砟轨道结构有限元模型图 2-17 中 3 号桥墩墩底沉降 5mm，其余桥墩不发生沉降。在此桥梁沉降工况下，基于有限元模型和竖向变形映射模型分别求解钢轨变形。桥墩沉降 5mm 时钢轨整体变形图见图 2-18(a)。图中 X_r 为钢轨整体坐标系纵向坐标值，下方实线为桥墩沉降时桥梁结构竖向变形示意图，桥墩从左至右依次编号为 1～6 号，2 号桥墩(坐标 $X_r = 32.7\text{m}$)及 3 号桥墩(坐标 $X_r = 65.4\text{m}$)处的钢轨变形细节见图 2-18(b)和(c)。

由图 2-18 可知，桥墩发生沉降时，基于有限元模型和竖向变形映射模型求解得到的钢轨变形曲线基本重合，轨面几何形态与梁体变形形态大致相同。在桥墩沉降区域内钢轨跟随梁体变形，在远离沉降区域时钢轨变形迅速减小，在进出沉降区域及沉降墩位置处钢轨大致呈竖向转角形态。这表明两种方法均可用于求解

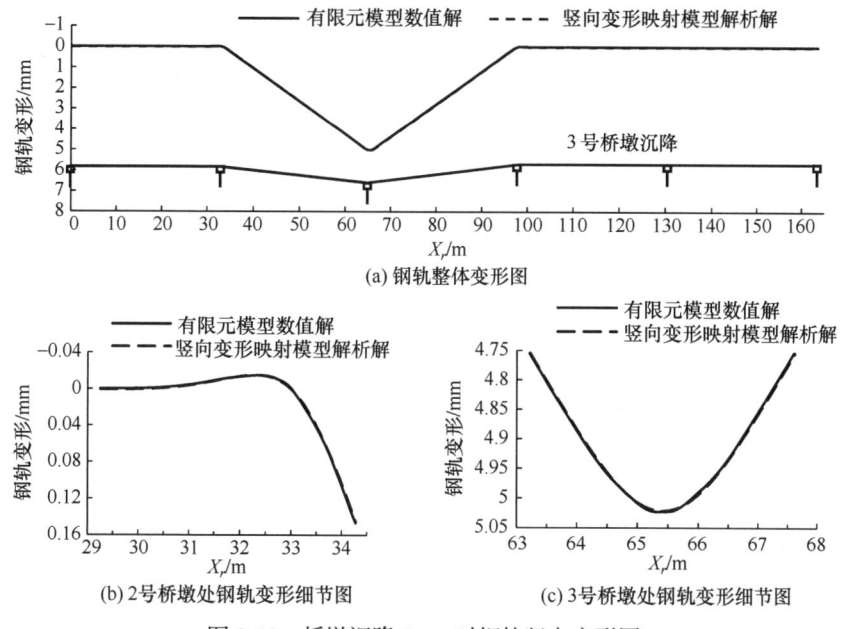

图 2-18 桥墩沉降 5mm 时钢轨竖向变形图

单元板式无砟轨道条件下桥墩沉降和钢轨变形的映射关系。相比于有限元模型，解析表达式可以将各个参量与钢轨变形的关系描述得更好，并且可以大大缩短建模计算时间。

由图 2-18(b)可知，在进出沉降区域及沉降墩位置处钢轨竖向转角缓和过渡，在 2 号桥墩处钢轨变形呈先轻微翘起然后下降的变化趋势，这与桥梁梁端变形及无砟轨道结构受力状态密切相关。桥墩沉降条件下，受 2 号桥墩右侧第 2 跨桥梁梁体向下变形的影响，钢轨在无砟轨道各结构层的向下牵引作用下发生竖向变形，位于支座左侧的无砟轨道各层间连接结构呈受压状态，而位于第 1 跨桥梁梁体支座右侧的无砟轨道各层间连接结构呈受拉状态，钢轨在 2 号桥墩位置相反方向作用力下便呈现上述变形趋势。

桥墩沉降 5mm 时的全部扣件受力图见图 2-19(a)。2 号桥墩(X_r=32.7m)及 3 号桥墩(X_r=65.4m)处的扣件受力图见图 2-19(b)和(c)，图中扣件编号以桥墩处梁缝中心线

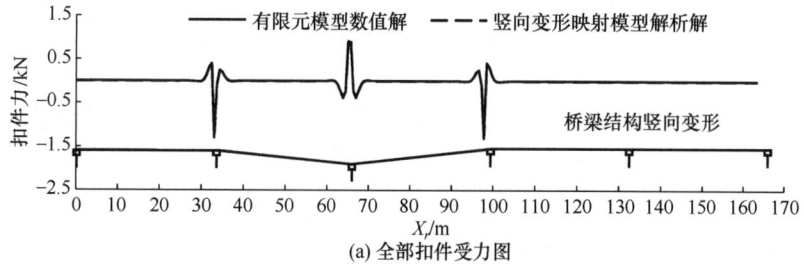

(a) 全部扣件受力图

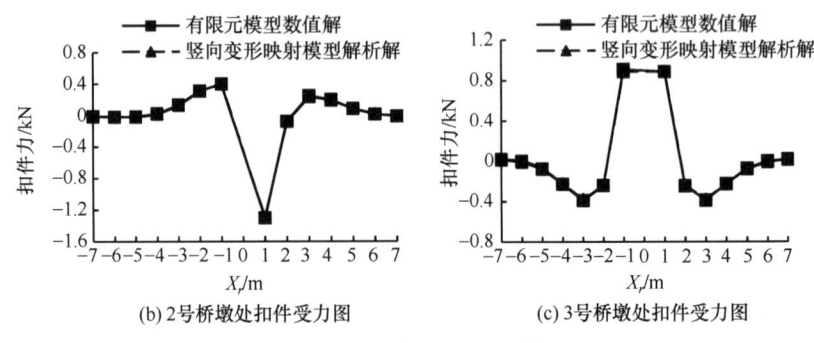

(b) 2号桥墩处扣件受力图　　(c) 3号桥墩处扣件受力图

图 2-19　桥墩沉降 5mm 时扣件受力图

为界，左右两侧 7 个扣件编号分别为 –1~–7、1~7，扣件力正负号规定为拉正压负。

由图 2-19 可知，桥墩沉降条件下，有限元模型与竖向变形映射模型所求得的扣件力吻合较好，绝对偏差不超过 0.02kN。扣件力关于沉降墩具有左右对称性，在进出沉降区域及沉降墩位置处扣件受力较大，其余位置扣件受力较小，这与梁体及钢轨变形趋势相符。

为探讨映射模型在桥墩沉降时钢轨变形影响程度方面计算的有效性，假定钢轨变形量超过 0.01mm 的区域为钢轨变形区域。通过有限元模型和竖向变形映射模型求解得到桥墩沉降 5mm 时钢轨变形区域数据，见表 2-2。其中钢轨向上变形最大值发生在 2 号和 4 号桥墩处，向下变形最大值发生在 3 号桥墩处。由表 2-2 可知，桥墩沉降 5mm 时，有限元模型与竖向变形映射模型计算的钢轨变形区域数值相差较小，区域长度偏差仅为 0.5%，变形最值偏差为 6.7%，表明竖向变形映射模型准确有效。

表 2-2　桥墩沉降 5mm 时钢轨变形区域数据

计算结果	钢轨变形区域			钢轨变形最值	
	区域长度	起点位置	终点位置	向上变形	向下变形
有限元模型	67.279m	31.765m	99.044m	0.015mm	5.023mm
竖向变形映射模型	67.632m	31.636m	99.268m	0.016mm	5.020mm
相对偏差	0.5%	0.4%	0.2%	6.7%	0.1%

注：相对偏差=|竖向变形映射模型计算结果−有限元模型计算结果|/有限元模型计算结果×100%。

综上可知，桥墩沉降条件下，有限元模型与竖向变形映射模型计算所得的钢轨变形曲线、扣件力、变形区域长度基本一致，吻合较好，有效证明了竖向变形映射模型的有效性。与有限元模型相比，钢轨变形随桥墩沉降的映射解析表达式可更好地表达各个影响参数与轨面变形之间的关系。

2. 梁体竖向错台

以高速铁路梁体竖向错台为例进行分析，假定桥梁及 CRTS I 型单元板式无砟轨道结构(图 2-17)中第 3 跨桥梁梁体发生竖向错台变形，错台量为 3mm，其余桥梁梁体不发生竖向变形。

通过有限元模型和竖向变形映射模型求解钢轨变形值，绘制梁体竖向错台 3mm 时的钢轨变形图，如图 2-20(a)所示，图中 X_r 为钢轨整体坐标系纵向坐标值，下方实线为梁体竖向错台时桥梁结构竖向变形示意图，桥墩从左至右依次编号为 1~6 号，3 号桥墩(坐标 $X_r = 65.4$m)及 4 号桥墩(坐标 $X_r = 98.1$m)处的钢轨变形细节见图 2-20(b)和(c)。

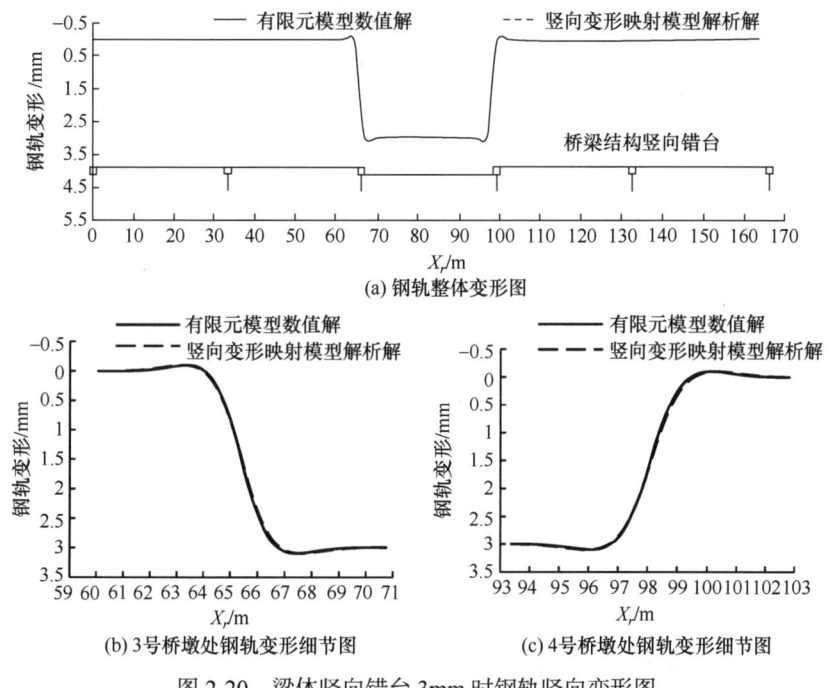

图 2-20 梁体竖向错台 3mm 时钢轨竖向变形图

由图 2-20 可知，当第 3 跨桥梁梁体发生竖向错台时，基于有限元模型和竖向变形映射模型求解得到的钢轨变形曲线基本重合，钢轨整体几何形态具有左右对称性。在梁体竖向错台区域，钢轨跟随梁体变形，在远离错台区域时钢轨变形迅速减小，在进出错台区域时钢轨变形曲线过渡缓和，无明显尖角。以 3 号桥墩处的钢轨变形为例，在进入错台区域时钢轨几何形态呈先略微上翘，然后下降，最后通过轻微下凹平滑过渡到梁体竖向错台值的变化趋势，这与梁端扣件受力状态相符(图 2-21)。

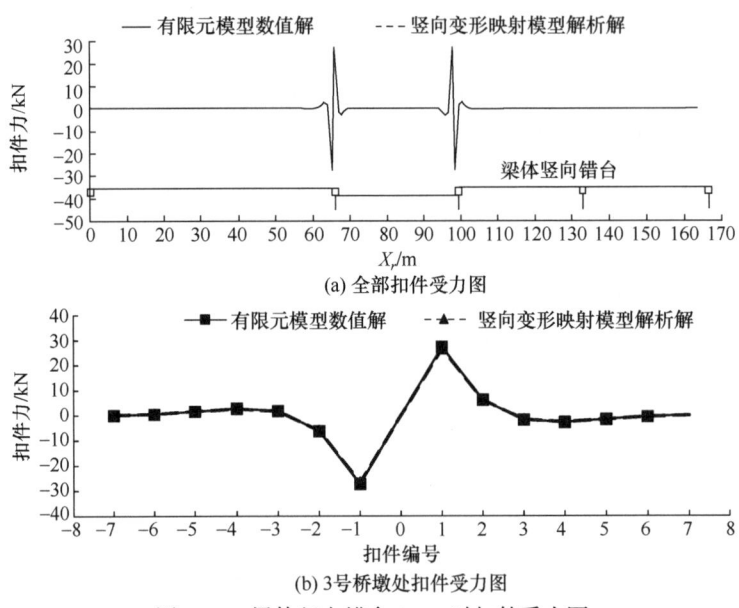

图 2-21 梁体竖向错台 3mm 时扣件受力图

梁体竖向错台 3mm 时的全部扣件受力图见图 2-21(a)，3 号桥墩(坐标 X_r = 65.4m)处的扣件受力图见图 2-21(b)，图中扣件编号以桥墩处梁缝中心线为界，左右两侧 7 个扣件编号分别为 –1～–7、1～7，扣件力正负号规定为拉正压负。

由图 2-21 可知，在梁体发生竖向错台条件下，有限元模型与竖向变形映射模型所求得的扣件力符合得较好，绝对偏差不超过 0.62kN。扣件力关于错台区域中心具有左右对称性，在进出错台区域位置处扣件受力较大，其余位置扣件受力较小，在 3 号和 4 号桥墩处扣件力关于梁缝中线呈反对称状态，这与梁体及钢轨变形趋势相符。以上分析表明两种方法均可用于求解单元板式无砟轨道条件下梁体竖向错台和钢轨变形的映射关系。

为验证映射模型在梁体发生竖向错台时对钢轨变形影响程度方面的计算有效性，通过有限元模型及竖向变形映射模型求解，得到梁体竖向错台 3mm 时的钢轨变形区域数据，见表 2-3。

表 2-3 梁体竖向错台 3mm 时钢轨变形区域数据

计算结果	钢轨变形区域			钢轨变形最值	
	区域长度	起点位置	终点位置	向上变形	向下变形
有限元模型	39.611m	61.949m	101.560m	0.093mm	3.094mm
竖向变形映射模型	40.456m	61.528m	101.984m	0.099mm	3.099mm
相对偏差	2.1%	0.7%	0.4%	6.5%	0.2%

注：相对偏差=|竖向变形映射模型计算结果−有限元模型计算结果|/有限元模型计算结果×100%。

由表 2-3 可知,当梁体竖向错台为 3mm 时,有限元模型与竖向变形映射模型计算的钢轨变形区域数值相差较小,区域长度偏差仅为 2.1%,变形最值偏差 6.5%,表明竖向变形映射模型准确有效。

综上可知,在梁体发生竖向错台条件下,有限元模型与竖向变形映射模型计算所得的钢轨变形曲线、扣件力和变形区域长度等吻合得较好,证明了竖向变形映射模型在梁体竖向错台下的有效性。

3. 梁端竖向转角

以高速铁路桥梁梁端竖向转角为例进行分析,假定桥梁及 CRTS I 型单元板式无砟轨道结构(图 2-22)第 3 跨桥梁左端发生竖向转角变形,转角量为 1‰rad,其余桥跨梁体不发生竖向变形。

基于有限元模型和竖向变形映射模型分别求解钢轨变形,梁端竖向转角 1‰rad 时钢轨整体变形图见图 2-22(a),图中 X_r 为钢轨整体坐标系纵向坐标值,下方实线为梁端发生竖向转角时桥梁结构竖向变形示意图,桥墩从左至右依次编号为 1~6 号,3 号桥墩(坐标 $X_r = 65.4$m)及 4 号桥墩(坐标 $X_r = 98.1$m)处的钢轨变形细节图见图 2-22(b)和(c)。

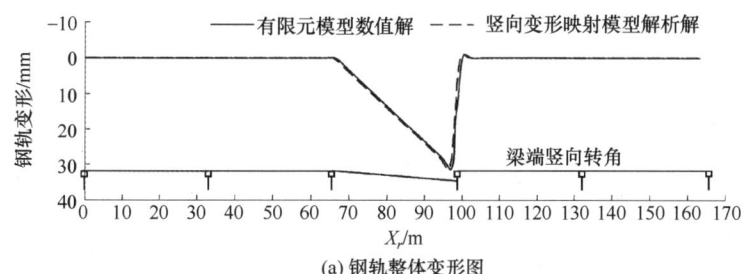

(a) 钢轨整体变形图

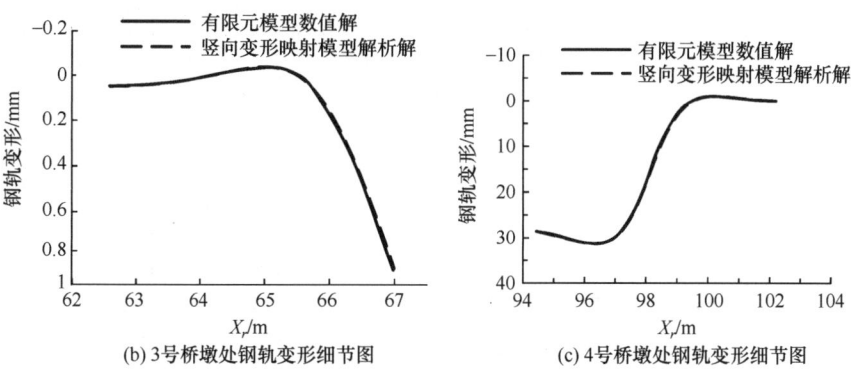

(b) 3 号桥墩处钢轨变形细节图　　(c) 4 号桥墩处钢轨变形细节图

图 2-22　梁端竖向转角 1‰rad 时钢轨变形图

由图 2-22 可知,梁端竖向转角条件下,基于有限元模型和竖向变形映射模型求解得到的钢轨变形曲线吻合得较好。在转角变形区域内，钢轨跟随梁体变形，在远离转角变形区域时钢轨变形迅速减小，在进转角变形区域(3 号桥墩位置)时钢轨几何形态呈先向上隆起后下降的变化趋势，在出转角变形区域(4 号桥墩位置)时，钢轨几何形态呈先向下凹陷，后上升隆起，然后向下缓和过渡的变化趋势。以上分析表明这两种方法均可用于求解梁端竖向转角和轨面变形的映射关系。

由于钢轨直接承受扣件力作用，其几何形态与扣件受力状态密切相关，因此可以通过对比分析扣件受力状态来验证竖向变形映射模型的有效性。当第 3 跨桥梁梁体左端发生竖向转角时，全部扣件受力图见图 2-23，图中扣件力正负号规定为拉正压负。

由图 2-23 可知，当梁端竖向转角 1‰rad 时，有限元模型与竖向变形映射模型求解得到的扣件力符合得较好，在进出转角变形区域处(第 3 跨桥梁梁体两端位置)扣件力变化较大，现将这两个位置处的扣件力数值进行对比，见表 2-4。表中扣件编号以梁端梁缝中心线为界，左右两侧各取 4 个扣件，将其分别编号为–1～–4 和 1～4。

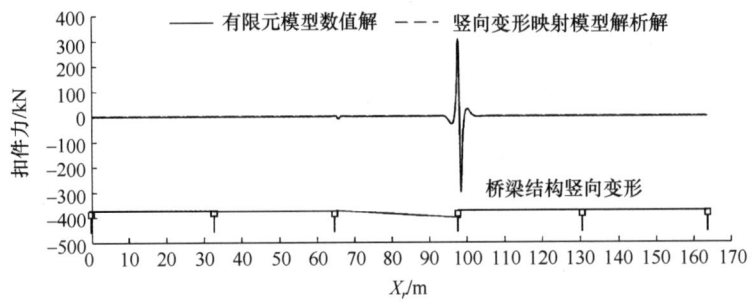

图 2-23　第 3 跨桥梁梁体左端竖向转角 1‰rad 时扣件受力图

表 2-4　梁端竖向转角 1‰rad 时第 3 跨桥梁两端扣件力数值表

扣件编号	梁体左端扣件力			梁体右端扣件力		
	竖向变形映射模型 /kN	有限元模型 /kN	相对偏差/%	竖向变形映射模型 /kN	有限元模型 /kN	相对偏差/%
–4	0.159	0.151	5.3	–29.744	–31.094	4.3
–3	0.851	0.857	0.7	–19.436	–21.188	8.3
–2	1.983	2.018	1.7	65.126	66.088	1.5
–1	2.545	2.614	2.6	288.820	295.790	2.4
1	–8.145	–8.311	2.0	–283.211	–290.170	2.4
2	–0.479	–0.475	0.8	–66.630	–67.591	1.4
3	1.533	1.601	4.2	17.051	18.757	9.1
4	1.244	1.283	3.0	28.341	29.669	4.5

注：相对偏差=|竖向变形映射模型计算结果–有限元模型计算结果|/有限元模型计算结果×100%。

由表 2-4 可知，梁端竖向转角 1‰rad 时，有限元模型与竖向变形映射模型所求得的扣件力符合得较好，相对偏差在 10%以内，表明竖向变形映射模型准确有效。需要注意的是，在上述工况下，由于第 3 跨梁体右端竖向位移较大(约 32mm)，梁体右端扣件力已超过 WJ-7 型小阻力扣件的极限承载能力(约 12kN)。

取钢轨变形量超过 0.01mm 的区域为钢轨变形区域，利用有限元模型及竖向变形映射模型求解得到梁端竖向转角 1‰rad 时的钢轨变形区域数据，见表 2-5。

表 2-5　梁端竖向转角 1‰rad 时钢轨变形区域数据

计算结果	钢轨变形区域/m			钢轨变形最值/mm	
	区域长度	起点位置	终点位置	向上变形	向下变形
有限元模型	64.771	63.836	128.607	0.974	31.193
竖向变形映射模型	40.985	63.415	104.400	1.072	31.325

由表 2-5 可知，当梁端竖向转角 1‰rad 时，有限元模型与竖向变形映射模型计算的钢轨变形区域起点位置相差较小，而终点位置相差较大。原因在于第 3 跨桥梁梁体左端发生微小的竖向转角变形时，会引起梁体右端较大的竖向位移，从而导致梁体右端无砟轨道层间结构受力较大，梁体在较大的竖向力作用下便发生相对于 0.01mm 不可忽略的竖向变形。这与竖向变形映射模型中第 1 条基本假定忽略轨道结构对桥梁结构变形的影响不符。基于以上分析，排除梁体竖向变形的影响，钢轨变形区域终点位置位于 X_r=104.076m，与竖向变形映射模型计算值符合得较好，表明竖向变形映射模型准确有效。

综上可知，梁端竖向转角条件下，有限元模型与竖向变形映射模型计算所得的钢轨变形曲线、扣件力、变形区域长度基本一致，吻合得较好，有效验证了竖向变形映射模型在梁端竖向转角下的可靠性。与有限元模型相比，竖向变形映射模型求解过程更加快速方便，且映射解析表达式可更好地表达各个影响参数与轨面变形之间的关系。

2.10.2　映射模型与室内试验的对比验证

除了和有限元模型的对比验证之外，本节基于中国铁道科学研究院完成的室内试验结果[98]，对比分析梁体竖向错台下的扣件力实测数据与映射模型求解所得的扣件力，以期进一步验证映射模型的准确性和有效性。

1. 室内试验

中国铁道科学研究院魏亚辉[98]采用两块双向预应力混凝土轨道板结构模拟

两跨简支梁,探讨发生梁体竖向变形时 CRTS Ⅰ 型单元板式无砟轨道结构的受力状态。模型试验结构见图 2-24。轨道板尺寸 4.95m×2.55m×0.19m,每块轨道板采用 4 个可调高支座支撑,每块轨道板上布置 16 个 WJ-7 型弹性分开式扣件,扣件沿轨道板纵向编号为 1~16,扣件间距 7×0.617m+0.637m+7×0.617m。试验结构中钢轨采用 60kg/m 新轨,为减小钢轨边界条件对扣件受力的影响,钢轨长度除满足扣件支撑范围外向两侧各延伸 1.6125m,钢轨总长 12.5m。室内试验装置及轨道板变形测点布置见图 2-25。

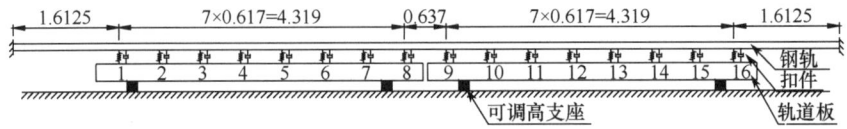

图 2-24 室内试验结构布置图(单位:m)

(a) 室内试验装置

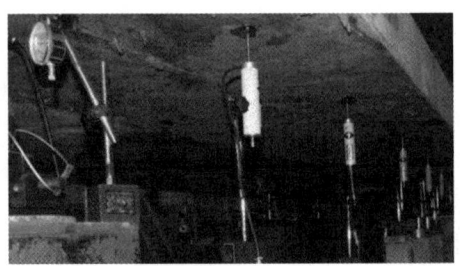

(b) 轨道板变形测点布置

图 2-25 室内试验装置及轨道板变形测点布置图[98]

由于室内试验结构尺寸较小,轨道板块数较少,钢轨长度不足,试验模型边界效应明显。为减小边界效应影响,本节仅取 5~12 号实测扣件力与竖向变形映射模型求解结果进行对比验证。

由于试验结构不能考虑 CA 砂浆层及桥梁梁体对轨道板的变形限制作用,因此为充分验证竖向变形映射模型的有效性,本节将与文献[98]所建立的两跨 32m 简支梁桥-CRTS Ⅰ 型单元板式无砟轨道结构有限元模型求解结果一同进行对比。竖向变形映射模型计算参数见表 2-6。其中,钢轨及轨道板参数以上述室内试验结构为准,砂浆层及扣件弹簧刚度取值参照 CRTS Ⅰ 型单元板式无砟轨道结构推荐值[20,111]。文献[98]建立的桥梁-CRTS Ⅰ 型单元板式无砟轨道结构有限元模型参数见表 2-7。

表 2-6 竖向变形映射模型计算参数表

结构	弹性模量/MPa	对水平轴惯性矩/mm^4	弹簧系数/(N/m)
钢轨	2.10×10^4	3.217×10^7	—
轨道板	3.45×10^4	1.372×10^9	—

续表

结构	弹性模量/MPa	对水平轴惯性矩/mm⁴	弹簧系数/(N/m)
砂浆层	—	—	4.5×10⁸
扣件	—	—	3.0×10⁷

表 2-7 桥梁-CRTS I 型单元板式无砟轨道结构有限元模型参数

结构	单元类型	弹性模量/MPa	泊松比	弹簧系数/(N/m)
钢轨	SOLID45	2.10×10⁴	0.3	—
轨道板	COMBIN39	3.45×10⁴	0.2	—
砂浆层	SOLID 45	2.00×10²	0.2	—
底座	SOLID 45	3.25×10⁴	0.2	—
梁体	SOLID 45	3.45×10⁴	0.2	—
扣件	—	—	—	3.954×10⁷

2. 映射模型计算值与实测值的对比分析

当轨道板悬出长度 0.55m 时，文献[98]调整了室内试验结构中左侧轨道板的 4 个可调高支座，使左侧轨道板竖向向下错台 0.5mm，测试得到了 5~12 号扣件力实测值。通过本章建立的竖向变形映射模型求解此工况下的扣件力，并与实测值以及文献[98]建立的有限元模型计算结果进行对比分析，见图 2-26，图中扣件力正负号规定为拉正压负。

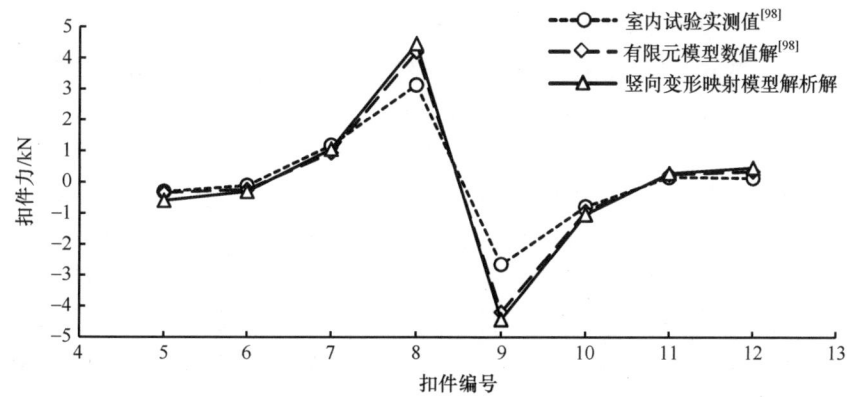

图 2-26 轨道板竖向错台 0.5mm 时扣件力实测值与计算值对比图

由图 2-26 可知，试验模型中左侧轨道板竖向向下错台 0.5mm 时，扣件力试验实测值与竖向变形映射模型计算值变化趋势一致，总体呈反对称变化趋势。以轨道板板缝中心线为分界点，位于板缝中心线左侧的扣件，由近至远，扣件力由拉力渐变为压力。位于板缝中心线右侧的扣件，扣件力由压力渐变为拉力。距轨道板板缝中心线最近的 8 号和 9 号扣件的扣件力分别达到拉力最大值和压力最大值。

图 2-26 中，扣件力竖向变形映射模型计算值与文献[98]的有限元模型计算值符合得较好，总体绝对偏差不超过 0.25kN，但与试验实测值有一定偏差，尤其在 9 号扣件处，绝对偏差达 1.78kN。经分析，导致扣件力的竖向变形映射模型解析解与试验实测值偏差的原因主要有两个：一是试验模型忽略了砂浆层、底座和梁体对轨道板变形的影响，而扣件竖向刚度较大，从而导致微小的轨道板变形就对扣件的受力分配有很大影响；二是由试验过程中支撑条件改变所致，在试验中，支座只能承受压力，且会随着承受压力的变化产生向上或向下的微小位移，这对扣件受力有重要影响。

总体来看，当试验模型中左侧轨道板发生竖向向下错台时，由于试验中不可控因素较多，扣件力映射模型计算值与试验实测值存在一定差距，但扣件力的变形趋势一致，且映射模型计算值与文献[98]的有限元模型计算结果符合得较好，从而可以验证本章建立的竖向变形映射模型的可靠性。

2.11 本章小结

本章主要研究工作如下：

(1) 针对桥梁结构竖向变形模式下层间结构变形传递关系，分析了桥梁结构竖向变形导致钢轨变形的映射机理和途径。

(2) 假定轨道板为 Winker 线性弹簧连续均匀支撑的两端自由梁，基于线性叠加原理，将轨道板受力看成桥梁不发生变形，只承受扣件力作用和只承受桥梁结构竖向变形作用两部分的叠加，分别进行力学分析及推导，建立了桥梁结构竖向变形作用下的轨道板模型，将扣件位置处的轨道板变形表达为由桥梁结构竖向变形影响矩阵、轨道板竖向变形扣件力影响矩阵和扣件竖向力矩阵确定的表达式。假定钢轨为弹性点支撑的简支梁，基于静力分析及边界条件，建立了桥梁结构竖向变形下的钢轨模型，将扣件位置处的钢轨变形表达为钢轨竖向变形的扣件力影响矩阵与扣件力矩阵的乘积。基于上述轨道板模型、钢轨模型及层间结构的变形协调关系，建立了竖向变形映射模型，更好地表达了各个影响参数与轨面变形的关系。本模型适用于任意桥梁结构竖向变形模式，具有一定的通用性。

(3) 基于上述竖向变形映射模型，以桥墩沉降、梁体竖向错台、梁端竖向转角为例，具体分析了这三种典型桥梁结构变形模式下的钢轨变形解析表达式。进而给出了利用 MATLAB 程序求解桥梁结构竖向变形映射至轨面的流程。

(4) 通过桥梁及 CRTS I 型板式无砟轨道结构有限元模型、中国铁道科学研究院完成的室内试验共同验证了本章建立的竖向变形映射模型的有效性。

第3章 桥梁结构横向变形与 CRTS Ⅰ 型轨道几何形态的映射模型

本章在分析桥梁结构横向变形与 CRTS Ⅰ 型单元板式无砟轨道层间结构几何形位交互影响及变形协调效应的基础上，基于轨道板刚体变形假设，结合静力分析、边界约束等，建立了桥梁结构横向变形与轨面几何形态的映射模型，并具体构建了桥梁梁端横向转角、横向错台映射至轨面的解析表达式，同时采用 MATLAB 进行轨面几何形态求解。最后基于第 2 章的桥梁结构与 CRTS Ⅰ 型单元板式无砟轨道结构有限元模型，对本章建立的桥梁-轨道横向变形映射模型的有效性和准确性进行了对比验证。

3.1 桥梁结构横向变形导致钢轨变形机理分析

在桥墩侧偏、多次地震荷载、混凝土收缩徐变、温度等长期因素作用下，桥梁结构不可避免地产生横向附加变形。本节同样以 CRTS Ⅰ 型单元板式无砟轨道结构为例，当梁体发生横向变形后，与梁体牢固连接的桥面底座跟随梁体共同变形，导致底座与其上部轨道板间产生横向相对位移，从而引起底座与轨道板的连接结构——CA 砂浆层产生横向拉力或压力。由于轨道板两端凸形挡台的横向限位作用，轨道板端部与凸形挡台产生相互挤压，轨道板在砂浆层拉力或压力以及与凸形挡台的挤压力作用下产生横向位移，而此位移又会引起轨道板与上部钢轨间的相对位移，从而导致扣件横向力的产生，最后在几何形位交互影响与变形协调效应下达到受力平衡状态。

3.2 基本假定

横向变形映射模型与竖向变形映射模型中同一参数表达形式相同，第 2 章中已定义的参数本章不再重新定义。

建立横向变形映射模型时，坐标系采用如图 2-2 所示的整体及局部坐标系。计算假设如下：

(1) 忽略轨道结构变形对桥梁结构变形的影响。

(2) 底座板变形与梁体变形一致。

(3) 将砂浆层视为可承受横向拉压的线性弹簧,沿钢轨中心线连续均匀分布于轨道板底面。

(4) 由于轨道板横向抗弯刚度远大于竖向抗弯刚度,计算时不考虑轨道板横向弯曲变形;同时,由于轨道板竖向尺寸较小,不考虑轨道板剪切变形。因此,建立横向变形映射模型时将轨道板考虑为刚体,即轨道板变形形式为直线。

(5) 将扣件视为可承受横向拉压的线性弹簧。

(6) 将凸形挡台填充物视为可承受横向拉压的线性弹簧。

(7) 对结构进行受力分析时,假定各层间结构竖向、横向和扭转受力变形状态相互独立。

3.3 轨道板模型

当梁体发生横向变形时,由于层间结构几何形位的交互影响与变形协调效应,轨道板受砂浆层横向弹簧力、扣件横向力和凸形挡台作用力共同作用并达到受力平衡状态。取第 m 个轨道板为研究对象,轨道板上扣件数为 n,轨道板受力分析图见图 3-1。

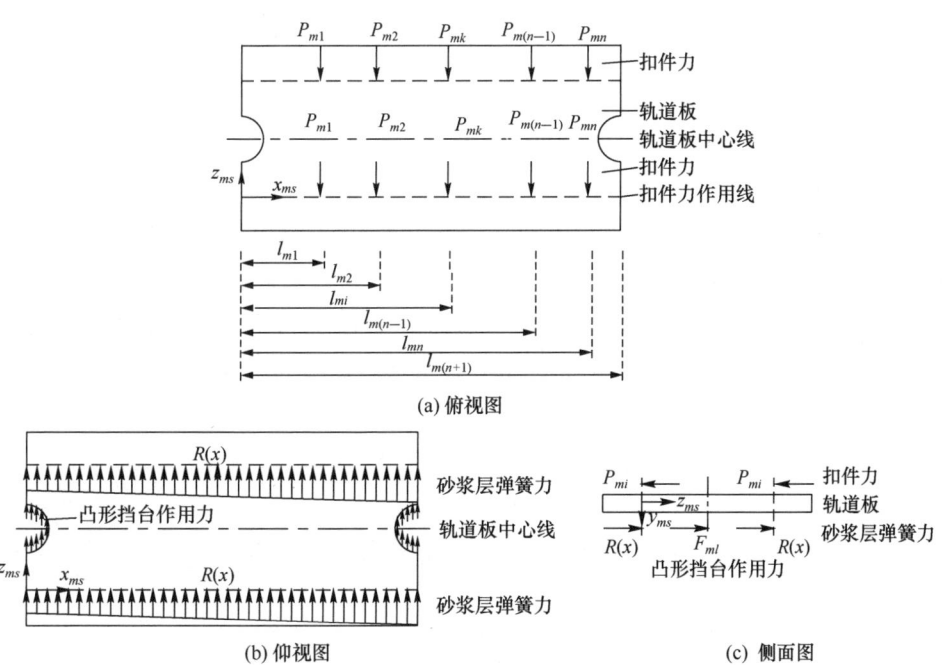

图 3-1 桥梁结构横向变形时轨道板受力分析图

由图 3-1 可知，当桥梁梁体发生横向变形时，轨道板受力状态具有横向反对称性，因此在受力分析中只需取轨道板半结构进行研究。

由于高速铁路线路中轨道板结构的长度和宽度远大于竖向高度，轨道板横向抗弯刚度远大于竖向抗弯刚度，因此在计算中不考虑轨道板横向弯曲变形对层间结构受力的影响。此外，由于轨道板竖向尺寸较小，剪切模量较大，因此在计算中不考虑轨道板的横向剪切变形。由此，在横向变形映射模型建立过程中，只需考虑轨道板的横向刚体位移，即将轨道板变形假设为直线形态。第 m 个轨道板的横向变形函数表达式为

$$z_{ms} = a_m x + b_m \tag{3-1}$$

式中，z_{ms} 为轨道板局部坐标系下第 m 个轨道板的横向变形；a_m 为常数，第 m 个轨道板的变形函数斜率；b_m 为常数。

其中，不同轨道板 a_m、b_m 取值不同。

由式(3-1)可得轨道板第 i 个扣件位置处的变形值为

$$z_{msi} = a_m l_{mi} + b_m \tag{3-2}$$

特别地，轨道板左端变形值为 $z_{ms0} = b_m$，轨道板右端变形值为 $z_{ms(n+1)} = a_m l_{m(n+1)} + b_m$。

根据轨道板横向受力平衡，可得轨道板横向受力平衡方程为

$$F_{ml} + F_{mr} + \sum_{k=1}^{n} P_{mk} + \int_0^{l_{n+1}} R(x) \mathrm{d}x = 0 \tag{3-3}$$

式中，F_{ml} 为第 m 个轨道板左端凸形挡台作用力，$F_{ml} = k_t \left(z_{ms0} - z_{mb0} \right)$；$F_{mr}$ 为第 m 个轨道板右端凸形挡台作用力，$F_{mr} = k_t \left(z_{ms(n+1)} - z_{mb(n+1)} \right)$；$P_{mk}$ 为第 m 个轨道板第 k 个扣件位置处的扣件力；k_t 为凸形挡台填充物横向拉压刚度；$R(x)$ 为砂浆层横向弹簧力，$R(x) = k_{cz} \left[z_{ms}(x) - z_{mb}(x) \right]$；$k_{cz}$ 为砂浆层横向弹簧刚度；$z_{mb}(x)$ 为桥梁局部坐标系下梁体横向变形函数，其中 $z_{mb0} = z_{mb}(0)$，$z_{mb(n+1)} = z_{mb} \left(l_{m(n+1)} \right)$。

对图 3-1 中轨道板原点 $x = 0$ 取矩，可得轨道板横向转动平衡方程为

$$\int_0^{l_{n+1}} R(x) x \mathrm{d}x + \sum_{k=1}^{n} P_{mk} l_{mk} + F_{mr} l_{m(n+1)} = 0 \tag{3-4}$$

联立式(3-3)和式(3-4)并结合式(3-2)，可得

$$a_m = \frac{c_{m4}}{c_{m1}c_{m4} - c_{m2}c_{m3}} \left(k_{cz} \int_0^{l_{m(n+1)}} z_{mb} \mathrm{d}x - \sum_{k=1}^n P_{mk} + k_t z_{mb0} + k_t z_{mb(n+1)} \right)$$
$$- \frac{c_{m2}}{c_{m1}c_{m4} - c_{m2}c_{m3}} \left(k_{cz} \int_0^{l_{m(n+1)}} z_{mb} x \mathrm{d}x - \sum_{k=1}^n P_{mk} l_{mk} + k_t z_{mb(n+1)} l_{m(n+1)} \right) \tag{3-5}$$

$$b_m = \frac{c_{m1}}{c_{m1}c_{m4} - c_{m2}c_{m3}} \left(k_{cz} \int_0^{l_{m(n+1)}} z_{mb} x \mathrm{d}x - \sum_{k=1}^n P_{mk} l_{mk} + k_t z_{mb(n+1)} l_{m(n+1)} \right)$$
$$- \frac{c_{m3}}{c_{m1}c_{m4} - c_{m2}c_{m3}} \left(k_{cz} \int_0^{l_{m(n+1)}} z_{mb} \mathrm{d}x - \sum_{k=1}^n P_{mk} + k_t z_{mb0} + k_t z_{mb(n+1)} \right) \tag{3-6}$$

式中

$$c_{m1} = k_t l_{m(n+1)} + \frac{k_{cz} l_{m(n+1)}^2}{2}, \quad c_{m2} = 2k_t + k_{cz} l_{m(n+1)}$$

$$c_{m3} = k_t l_{m(n+1)}^2 + \frac{k_{cz} l_{m(n+1)}^3}{3}, \quad c_{m4} = k_t l_{m(n+1)} + \frac{k_{cz} l_{m(n+1)}^2}{2}$$

将式(3-5)和式(3-6)代入式(3-2)，得到轨道板局部坐标系下第 m 个轨道板第 i 个扣件位置处的轨道板变形值为

$$\begin{aligned} z_{msi} = & \frac{c_{m3} - c_{m4} l_{mi}}{c_{m1}c_{m4} - c_{m2}c_{m3}} \sum_{k=1}^n P_{mk} + \frac{c_{m2} l_{mi} - c_{m1}}{c_{m1}c_{m4} - c_{m2}c_{m3}} \sum_{k=1}^n P_{mk} l_{mk} \\ & + k_{cz} \frac{c_{m4} l_{mi} - c_{m3}}{c_{m1}c_{m4} - c_{m2}c_{m3}} \int_0^{l_{m(n+1)}} z_{mb} \mathrm{d}x + k_{cz} \frac{c_{m1} - c_{m2} l_{mi}}{c_{m1}c_{m4} - c_{m2}c_{m3}} \int_0^{l_{m(n+1)}} z_{mb} x \mathrm{d}x \\ & + \frac{\left[c_{m4} k_t \left(z_{mb0} + z_{mb(n+1)} \right) - c_{m2} k_t z_{mb(n+1)} l_{m(n+1)} \right] l_{mi}}{c_{m1}c_{m4} - c_{m2}c_{m3}} \\ & + \frac{c_{m1} k_t z_{mb(n+1)} l_{m(n+1)} - c_{m3} k_t \left(z_{mb0} + z_{mb(n+1)} \right)}{c_{m1}c_{m4} - c_{m2}c_{m3}} \end{aligned} \tag{3-7}$$

基于式(3-7)，将第 m 个轨道板所有扣件位置处的轨道板变形值表达为矩阵形式：

$$Z_{ms} = A_m P_m + T_m \tag{3-8}$$

式中，Z_{ms} 为第 m 个轨道板所有扣件位置处的横向变形值矩阵；A_m 为第 m 个轨道板的扣件横向力影响矩阵；T_m 为桥梁结构横向变形对第 m 个轨道板变形的影响矩阵；P_m 为第 m 个轨道板的扣件横向力矩阵。

其中，Z_{ms}、T_m 和 P_m 为 $n \times 1$ 矩阵，A_m 为 $n \times n$ 矩阵，上述矩阵元素由式(3-9)～式(3-12)确定：

$$Z_{ms}(k,1) = z_{msk} \tag{3-9}$$

$$A_m(k,j) = \frac{c_{m3} - c_{m4}l_{mk} + (c_{m2}l_{mk} - c_{m1})l_{mj}}{c_{m1}c_{m4} - c_{m2}c_{m3}} \qquad (3\text{-}10)$$

$$\begin{aligned}T_m(k,1) = &\, k_{cz}\frac{c_{m4}l_{mi} - c_{m3}}{c_{m1}c_{m4} - c_{m2}c_{m3}}\int_0^{l_{m(n+1)}} z_{mb}\,\mathrm{d}x \\ &+ \frac{\left[c_{m4}k_t(z_{mb0} + z_{mb(n+1)}) - c_{m2}k_t z_{mb(n+1)}l_{m(n+1)}\right]l_{mi}}{c_{m1}c_{m4} - c_{m2}c_{m3}} \\ &+ k_{cz}\frac{c_{m1} - c_{m2}l_{mi}}{c_{m1}c_{m4} - c_{m2}c_{m3}}\int_0^{l_{m(n+1)}} z_{mb}x\,\mathrm{d}x \\ &+ \frac{c_{m1}k_t z_{mb(n+1)}l_{m(n+1)} - c_{m3}k_t(z_{mb0} + z_{mb(n+1)})}{c_{m1}c_{m4} - c_{m2}c_{m3}}\end{aligned} \qquad (3\text{-}11)$$

$$P_m(k,1) = P_{mk} \qquad (3\text{-}12)$$

式中，$k = 1,2,\cdots,n$；$j = 1,2,\cdots,n$。

在钢轨受力分析区域内，桥梁跨数为 M，每个桥跨内轨道板数目为 N，因此轨道板总数为 $M \times N$，$M \times N$ 个轨道板上扣件总数为 sum，现将 $M \times N$ 个轨道板上 sum 个扣件位置处的轨道板横向变形值整理为矩阵形式：

$$Z_s = AP + T \qquad (3\text{-}13)$$

式中，Z_s 为 $M \times N$ 个轨道板上所有扣件位置处的横向变形值矩阵；A 为轨道板横向变形的扣件横向力影响矩阵；P 为扣件横向力矩阵；T 为桥梁结构横向变形影响矩阵。

其中，Z_s、T 和 P 为 sum×1 矩阵，A 为 sum×sum 矩阵，上述矩阵分别由第 1~$M \times N$ 个轨道板的横向变形值矩阵、桥梁结构横向变形影响矩阵、扣件横向力矩阵及扣件横向力影响矩阵组成，组成形式如下：

$$Z_s = \begin{bmatrix} Z_{1s} \\ \vdots \\ Z_{ms} \\ \vdots \\ Z_{(M \times N)s} \end{bmatrix}, \quad T = \begin{bmatrix} T_1 \\ \vdots \\ T_m \\ \vdots \\ T_{M \times N} \end{bmatrix}, \quad P = \begin{bmatrix} P_1 \\ \vdots \\ P_m \\ \vdots \\ P_{M \times N} \end{bmatrix}$$

$$A = \begin{bmatrix} A_1 & 0 & 0 & 0 & 0 \\ 0 & \ddots & 0 & 0 & 0 \\ 0 & 0 & A_m & 0 & 0 \\ 0 & 0 & 0 & \ddots & 0 \\ 0 & 0 & 0 & 0 & A_{M \times N} \end{bmatrix}$$

3.4 钢 轨 模 型

当桥梁结构发生横向变形时，由于受扣件横向弹簧力的作用，钢轨实际受力形态仍为弹性点支撑有限长梁，其受力形态与桥梁发生竖向变形时类似，因此钢轨模型的推导过程与 2.5 节相同，此处不再赘述，只需将钢轨竖向抗弯刚度 EI_r 替换为 EI_{rz}，将钢轨坐标系竖向坐标轴替换为横向坐标轴，这里仅给出桥梁结构横向变形时的钢轨模型推导结果。

第 t 个扣件位置处的钢轨横向变形表达式为

$$Z_{rt} = l_t \sum_{k=1}^{\text{sum}} \frac{l_{\text{sum}+1}^2 (l_{\text{sum}+1} - l_k) - (l_{\text{sum}+1} - l_k)^3}{6EI_{rz}l_{\text{sum}+1}} P_k$$

$$- l_t^3 \sum_{k=1}^{\text{sum}} \frac{l_{\text{sum}+1} - l_k}{6EI_{rz}l_{\text{sum}+1}} P_k + \sum_{k=1}^{t} \frac{(l_t - l_k)^3}{6EI_{rz}} P_k \quad (3\text{-}14)$$

钢轨受力分析区域内的扣件总数为 sum，现将所有扣件位置处的钢轨变形值表达为矩阵形式：

$$Z_r = HP \quad (3\text{-}15)$$

式中，Z_r 为 sum 个扣件位置处的钢轨横向变形值矩阵；H 为钢轨横向变形的扣件力影响矩阵。

其中，Z_r、H 为 sum×sum 矩阵，矩阵元素求解表达式为

$$Z_r(t,1) = Z_{rt} \quad (3\text{-}16)$$

$$H(t,k) = \frac{l_t l_{\text{sum}+1}^2 (l_{\text{sum}+1} - l_k) - l_t (l_{\text{sum}+1} - l_k)^3 - l_t^3 (l_{\text{sum}+1} - l_k) + (l_t - l_k)^3}{6l_{\text{sum}+1}EI_{rz}} \quad (3\text{-}17)$$

$$t \geqslant k; t = 1,2,\cdots,\text{sum}; k = 1,2,\cdots,\text{sum}$$

3.5 桥梁结构横向变形映射至轨面的解析表达式

作为高速铁路无砟轨道重要的层间连接结构，扣件对钢轨变形、轨道板受力等具有重要的限制和影响作用，由扣件力与轨道板变形及钢轨变形的关系可知

$$P = k_{fz}(Z_s - Z_r) \quad (3\text{-}18)$$

式中，k_{fz} 为扣件横向弹簧刚度。

联立式(3-8)、式(3-15)、式(3-18)可得

$$P = \left(I - k_{fz}A + k_{fz}H\right)^{-1} k_{fz}T \qquad (3\text{-}19)$$

式中，I 为 sum×sum 单位矩阵。

联立式(3-15)和式(3-19)，可得所有扣件位置处桥梁结构横向变形映射至轨面的解析矩阵为

$$Z_r = H\left(I - k_{fz}A + k_{fz}H\right)^{-1} k_{fz}T \qquad (3\text{-}20)$$

式中，仅桥梁结构横向变形影响矩阵 T 中的元素与桥梁结构变形函数相关，因此不同的桥梁梁体横向变形模式对钢轨变形的影响仅体现在矩阵 T 中的元素取值上。

所有位置处的钢轨横向变形值可采用式(3-21)求解：

$$Z_{rt}(X_r) = \varphi_{r0}X_r - \frac{Q_{r0}}{6EI_r}X_r^3 + \sum_{k=1}^{t}\frac{X_r - l_k}{6EI_r}P_k \qquad (3\text{-}21)$$

$$\varphi_{r0} = \sum_{k=1}^{\text{sum}} \frac{l_{\text{sum}+1}^2(l_{\text{sum}+1} - l_k) - (l_{\text{sum}+1} - l_k)^3}{6EI_r l_{\text{sum}+1}} P_k \qquad (3\text{-}22)$$

$$Q_{r0} = \sum_{k=1}^{\text{sum}} \frac{l_{\text{sum}+1} - l_k}{l_{\text{sum}+1}} P_k \qquad (3\text{-}23)$$

式中，$l_t \leqslant X_r < l_{t+1}$，$t = 1, 2, \cdots, \text{sum}$。

3.6 典型横向变形模式与轨面几何形态的映射模型

本节以常见的梁端横向转角和梁体横向错台为例，建立这两种典型桥梁结构横向变形模式下的轨面变形解析表达式。

3.6.1 梁端横向转角与钢轨变形的映射模型

当桥梁第 M_1 跨右端桥墩发生倾斜时，桥墩两侧梁体将随之发生横向转角变形，梁体横向对称转角变形示意图见图 3-2。图中，L_{b0} 为梁端与支座中心线间的距离，即梁端悬出长度，L_b 为梁长，θ 为梁端横向转角(标量)，(X_b, Z_b) 为桥梁梁体整体坐标系(图 2-2)。

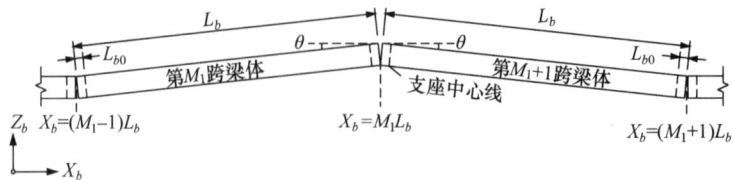

图 3-2　梁体横向对称转角变形示意图

由图 3-2 可知，桥梁梁体整体坐标系下，第 M_1 跨梁体横向变形为

$$Z_b = \tan\theta \left[X_b - (M_1 - 1)L_b - L_{b0} \right] \tag{3-24}$$

式中，$(M_1 - 1)L_b \leq X_b \leq M_1 L_b$。

桥梁梁体整体坐标系下，第 $M_1 + 1$ 跨梁体横向变形为

$$Z_b = -\tan\theta \left(X_b - M_1 L_b - L_b + L_{b0} \right) \tag{3-25}$$

式中，$M_1 L_b \leq X_b \leq (M_1 + 1)L_b$。

其余桥跨梁体横向变形为零。

利用桥梁梁体整体坐标系与局部坐标系的变换公式 $x_{mb} = X_b - L_m$，将整体坐标系下的梁体变形表达式(3-24)和式(3-25)变换到局部坐标系下，进而代入式(3-11)中求解桥梁结构横向变形影响矩阵 T。

当桥梁发生横向对称转角变形时，局部坐标系下梁体变形表达式 z_{mb} 为关于 x_{mb} 的一次函数，因此桥梁结构横向变形影响矩阵 T 可分解为转角 $\tan\theta$ 与另一矩阵 T_{r0} 的乘积，即 $T_r = T_{r0} \tan\theta$，其中 T_{r0} 与 $\tan\theta$ 无关。

因此，当桥梁发生横向对称转角 θ 时，扣件横向力矩阵为

$$P = \left(I - k_{fz} A + k_{fz} H \right)^{-1} k_{fz} T_{r0} \tan\theta \tag{3-26}$$

所有扣件位置处桥梁横向对称转角变形映射至轨面的解析矩阵为

$$Z_r = H \left(I - k_{fz} A + k_{fz} H \right)^{-1} k_{fz} T_{r0} \tan\theta \tag{3-27}$$

将扣件横向力即式(3-26)代入式(3-21)，可得桥梁发生横向对称转角变形时所有位置处的钢轨横向变形值。

3.6.2 梁体横向错台与钢轨变形的映射模型

高速铁路简支梁桥在地震荷载等作用下，除可能发生上述梁端横向转角变形，还可能发生梁体横向错台变形，因此本节以梁体横向错台为例，建立其与钢轨变形的映射模型。

当桥梁第 M_1 跨发生横向错台 w 时，其余桥跨梁体不受影响，第 M_1 跨梁体变形见图 3-3。

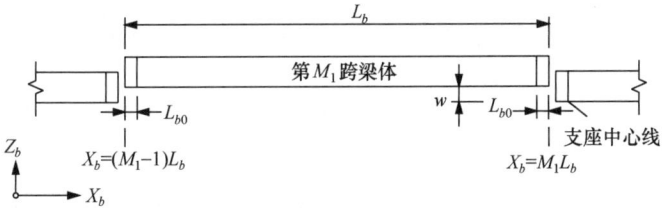

图 3-3　梁体横向错台示意图

由图 3-3 可知，第 M_1 跨梁体横向变形为

$$Z_b = w \tag{3-28}$$

图 3-3 中，$(M_1-1)L_b \leqslant X_b \leqslant M_1 L_b$。

其余桥跨梁体横向变形为零。

利用桥梁梁体整体坐标系与局部坐标系的变换公式 $x_{mb} = X_b - L_m$，将整体坐标系下的梁体变形表达式(3-24)变换到局部坐标系下，进而代入式(3-11)中求解桥梁结构横向变形影响矩阵 T。

当桥梁发生横向错台时，桥梁局部坐标下梁体变形表达式 z_{mb} 为常数，因此可将桥梁结构横向变形影响矩阵 T 分解为梁体横向错台值 w 与另一矩阵 T_{st} 的乘积，即 $T = T_{st} w$，其中 T_{st} 与 w 无关。

因此，当桥梁发生横向错台 w 时，扣件横向力矩阵为

$$P = \left(I - k_{fz}A + k_{fz}H\right)^{-1} k_{fz} T_{st} w \tag{3-29}$$

所有扣件位置处桥梁横向错台变形映射至轨面的解析矩阵为

$$Z_r = H\left(I - k_{fz}A + k_{fz}H\right)^{-1} k_{fz} T_{st} w \tag{3-30}$$

将扣件横向力式(3-29)代入式(3-21)，可得桥梁发生横向错台时所有位置处的钢轨横向变形值。

3.7　解析模型编程求解流程

由于桥梁结构横向变形与轨面几何形态的映射模型求解节点多、计算工作量大，因此需要借助计算机实现。本节基于桥梁结构横向变形映射至轨面的解析表达式(3-20)，采用"对号入座"法则建立桥梁结构横向变形影响矩阵 T、钢轨横向变形的扣件力影响矩阵 H 和轨道板横向变形的扣件力影响矩阵 A，并通过矩阵运算求解层间结构受力及轨面横向变形值，最后提取钢轨变形数据并绘制钢轨变形图。上述求解过程通过 MATLAB 实现，程序求解流程图同图 2-13。

3.8　横向变形映射模型与有限元模型的对比验证

在桥梁结构横向变形条件下，CA 砂浆层作为重要的无砟轨道层间连接结构，其变形受力状态必然受到砂浆层与底座间的摩阻力以及砂浆层与轨道板间摩阻力的影响。由于实际条件下砂浆层与底座及底座板间的摩阻力特性较为复杂，且砂浆层自身的横向剪切变形特性较难确定，其横向弹簧刚度数值只能基于综合考

虑上述因素的试验数据进行选取[113]，而这必然与 2.9 节采用实体单元模拟砂浆层、采用节点耦合方式模拟层间接触关系有较大区别。因此，为实现横向变形映射模型与有限元模型对砂浆层刚度取值的一致性，且尽可能方便、真实地模拟结构实际变形受力状态，本节将 2.9.2 节有限元模型中的砂浆层由 SOLID45 单元修正为沿钢轨中心线每 1/2 扣件间距布置的三向点支撑 COMBIN14 弹簧单元，将凸形挡台及树脂填充层对轨道板的变形限制作用修正为三向支撑的 COMBIN14 弹簧单元。

中国铁道科学研究院胡所亭[114]通过对博格公司纵向推板试验结果的分析表明，当轨道板(长 6.450m、宽 2.550m)板端外力达到 410kN 时，轨道板与砂浆层之间黏结失效，此时两者相对位移为 0.5mm。中南大学戴公连团队横向推板试验结果表明[113]，当轨道板板端外力达到 120~151kN 时，轨道板与砂浆层之间的黏结作用达到屈服阶段，此时两者相对位移为 0.01~0.04mm。综合考虑上述试验结果，推算横向变形映射模型中砂浆层横向弹簧刚度，本节取值为 3.9×10^8 N/m(等效刚度)。有限元模型中砂浆层横向弹簧刚度取值为横向映射模型中弹簧刚度与 1/2 扣件间距的乘积。

此外，填充树脂弹性模量取值参考文献[115]，横向变形映射模型求解时取无砟轨道半结构进行分析，由此推算填充树脂横向刚度为 2.6×10^6 N/m。扣件横向刚度取值参考文献[116]。修正后的有限元模型计算参数见表 3-1。

表 3-1 修正后的有限元模型计算参数

结构	截面惯性矩 I_{yy}/mm^4	横向刚度/(N/m)	
		有限元模型	横向变形映射模型
钢轨	5.240×10^6	—	—
轨道板	2.189×10^{11}	—	—
底座板	3.614×10^{11}	—	—
梁体	8.754×10^{13}	—	—
填充树脂	—	2.6×10^6	1.3×10^6
砂浆层	—	1.2×10^8	3.9×10^8
扣件	—	5.0×10^7	5.0×10^7

3.8.1 梁体横向错台

以高速铁路桥梁梁体横向错台为例进行分析，假定桥梁及 CRTS I 型单元板式无砟轨道结构(图 2-17)中第 3 跨桥梁梁体发生横向错台变形,错台量值为 3mm,

其余桥梁梁体不发生横向变形。在此工况下，基于有限元模型和横向变形映射模型分别求解钢轨变形。

梁体横向错台 3mm 时钢轨横向变形图见图 3-4(a)，3 号桥墩处(具体坐标 X_r=65.4m)的钢轨变形细节图见图 3-4(b)。图中 X_r 为钢轨整体坐标系横向坐标值，下方实线表示梁体横向错台示意图。

由图 3-4 可知，梁体横向错台条件下，通过有限元模型和横向变形映射模型求解得到的钢轨变形曲线基本重合，钢轨整体几何形态具有左右对称性。在梁体横向错台区域，钢轨跟随梁体变形，在远离错台区域时钢轨变形迅速减小，在进出错台区域时钢轨变形曲线过渡平滑，无明显尖角。这表明两种方法均可用于求解单元板式轨道条件下梁体横向错台和钢轨变形的映射关系。

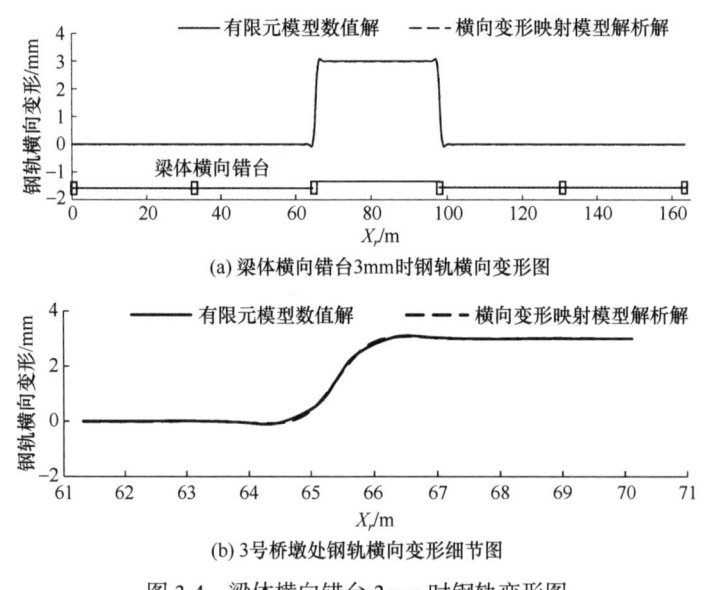

图 3-4 梁体横向错台 3mm 时钢轨变形图

梁体横向错台 3mm 时的全部扣件受力图见图 3-5，3 号桥墩(坐标 X_r=65.4m)

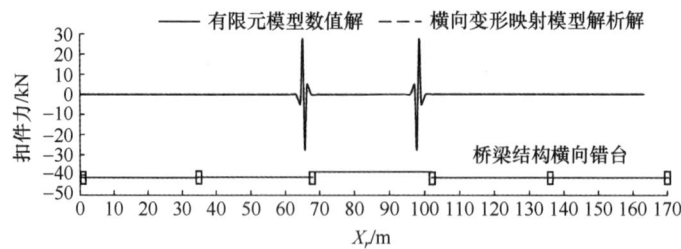

图 3-5 梁体横向错台 3mm 时全部扣件受力图

处的扣件横向力见表 3-2，表中扣件编号以桥墩处梁缝中心线为界，梁缝右侧 4 个扣件从左至右依次编号为 1~4。

表 3-2　梁体横向错台 3mm 时 3 号桥墩位置处扣件横向力数值(单位：kN)

扣件编号	扣件横向力		
	有限元模型	横向变形映射模型	绝对偏差
1	−26.298	−27.276	0.978
2	4.863	4.906	0.043
3	2.701	2.803	0.102
4	0.003	0.077	0.074

由图 3-5 可知，在梁体横向错台条件下，有限元模型与横向变形映射模型求解得到的扣件力符合得较好，扣件力关于错台区域中心具有左右对称性，在进出错台区域位置处扣件受力较大，其余位置扣件受力较小，在 3 号和 4 号桥墩处扣件力关于梁缝中线呈反对称状态，这与梁体及钢轨变形趋势相符。由表 3-2 可知，3 号桥墩位置处通过有限元模型求解得到的扣件横向力略小于横向变形映射模型的计算结果，但两者绝对偏差较小，表明横向变形映射模型准确有效。

取钢轨变形量超过 0.01mm 的区域为钢轨变形区域，基于有限元模型及横向变形映射模型求解得到梁体横向错台 3mm 时的钢轨横向变形区域数据见表 3-3。

表 3-3　梁体横向错台 3mm 时钢轨横向变形区域数据

计算结果	钢轨变形区域/m			钢轨变形最值/mm	
	区域长度	起点位置	终点位置	Z 轴正向	Z 轴负向
有限元模型	35.837	63.832	99.669	3.068	0.068
横向变形映射模型	40.244	61.612	101.856	3.081	0.081

由表 3-3 可知，梁体横向错台 3mm 时，通过有限元模型和横向变形映射模型求解得到的钢轨变形最值吻合得较好，绝对偏差较小，为 0.013mm。同时，由表 3-3 可知，两种求解方法得到的钢轨变形区域长度存在一定偏差，产生这种现象的原因主要在于有限元模型与横向变形映射模型在建模过程中对砂浆层的简化条件不同以及横向变形映射模型对轨道板的刚体变形假定存在一定误差，这两方面因素共同导致两种计算方法得到的钢轨变形存在 0.01mm 级别的误差，但这对钢轨整体几何形态影响较小，且钢轨变形最值吻合得较好，表明横向变形映射模型有效可靠。

为验证横向变形映射模型中提出的轨道板刚体变形假定，这里以进入横向错台区域位置(3 号桥墩)处的轨道板横向变形为例进行分析。在 3 号桥墩处以梁缝中心线为界，左右两侧各取两个轨道板，绘制其横向变形图，见图3-6。图中数据系列点为扣件位置处的轨道板横向变形点。

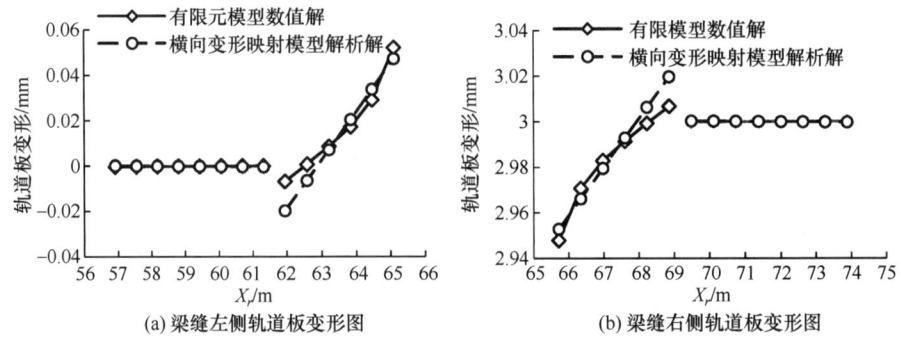

图3-6 3号桥墩处横向错台区域轨道板横向变形图

由图 3-6 可知，在梁体发生横向错台条件下，基于有限元模型求解得到的轨道板横向变形大致为线性分布，与横向变形映射模型求解得到的轨道横向变形趋势一致，两者绝对偏差不超过 0.013mm，表明横向变形映射模型中对轨道板横向刚体变形假定有效可靠。

综上可知，在梁体发生横向错台条件下，有限元模型与横向变形映射模型计算所得的钢轨变形曲线、扣件力、轨道板变形等基本一致，两种方法计算结果偏差与力学分析相符，表明横向变形映射模型有效可靠。

3.8.2 梁端横向转角

以高速铁路桥梁梁端横向转角为例，假定桥梁与 CRTS I 型单元板式无砟轨道结构(图 2-17)中第 3 跨及第 4 跨桥梁梁体发生横向对称转角变形，转角值 1‰rad，其余桥梁梁体不发生横向变形。在此工况下，基于有限元模型和横向变形映射模型求解钢轨变形。

梁端横向转角工况下钢轨横向变形如图 3-7(a)所示，2 号桥墩(坐标 X_r=32.7m)及 3 号桥墩(坐标 X_r=65.4m)处的钢轨变形细节图见图 3-7(b)和(c)。图中 X_r 为钢轨整体坐标系纵向坐标值，图 3-7(a)中实线为梁端横向转角示意图。

由图 3-7 可知，梁端横向转角条件下，通过有限元模型和横向变形映射模型求解得到的钢轨变形曲线基本重合，钢轨整体几何形态具有左右对称性。在梁体横向转角区域，钢轨跟随梁体变形，在远离横向转角区域时钢轨变形迅速减小，在进出横向转角区域时钢轨变形曲线过渡缓和，无明显尖角。这表明两种方法均可用于求解单元板式轨道条件下梁体横向错台和钢轨变形的映射关系。

取钢轨变形量超过 0.01mm 的区域为钢轨变形区域，基于有限元模型及横向变形映射模型求解得到梁端横向转角 1‰rad 时的钢轨横向变形区域数据见表 3-4。

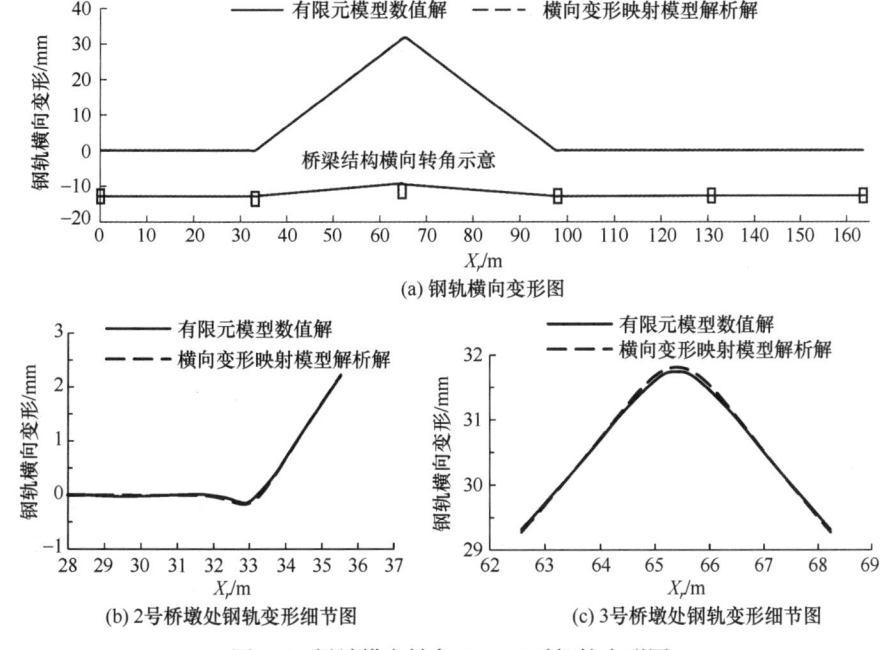

图 3-7 梁端横向转角 1‰rad 时钢轨变形图

表 3-4 梁端横向转角 1‰rad 时钢轨横向变形区域数据

计算结果	钢轨变形区域/m			钢轨变形最值/mm	
	区域长度	起点位置	终点位置	Z 轴正向	Z 轴负向
有限元模型	74.827	27.987	102.814	31.774	0.123
横向变形映射模型	67.150	31.861	99.011	31.813	0.167

由表 3-4 可知，梁端横向转角工况下，通过有限元模型和横向变形映射模型求解得到的钢轨变形最值吻合得较好，绝对偏差较小，Z 轴负向为 0.044mm，Z 轴正向为 0.039mm。同时，由表 3-4 可知，这两种求解方法得到的钢轨变形区域长度存在一定偏差，但这对钢轨整体几何形态影响较小。总体来说，两种计算方法得到的钢轨变形趋势一致，且钢轨变形最值吻合得较好，表明横向变形映射模型有效可靠。

由于钢轨直接承受扣件力作用，其几何形态与扣件受力状态密切相关，因此可通过对比分析扣件受力状态来验证横向变形映射模型与有限元模型的有效性。以 3 号桥墩位置处扣件受力为例，当梁端横向转角 1‰rad 时，其扣件横向力数值见表 3-5。表中扣件编号以 3 号桥墩位置处梁缝中心线为界，梁缝右侧扣件依次编号为 1~4。

表 3-5 梁端横向转角 1‰rad 时 3 号桥墩位置处扣件横向力数值表(单位: kN)

扣件编号	3 号桥墩位置处扣件横向力		
	有限元模型	横向变形映射模型	绝对偏差
1	−6.530	−6.754	0.224
2	2.062	2.086	0.024
3	0.783	0.824	0.041
4	0.007	−0.028	0.035

由表 3-5 可知，梁端横向转角条件下，基于有限元模型与横向变形映射模型计算得到的扣件横向力符合得较好，表明横向变形映射模型有效可靠。

综上可知，在梁端横向转角工况下，有限元模型与横向变形映射模型计算所得的钢轨变形趋势、扣件力、钢轨变形最值等基本一致，表明横向变形映射模型有效可靠。

3.9 本章小结

本章主要在分析桥梁结构横向变形与轨面几何形态映射机理的基础上，结合 CRTS Ⅰ 型单元板式无砟轨道结构的变形受力状态，提出了轨道板横向刚体变形假设，并基于横向力平衡条件，建立了轨道板横向模型。同时结合层间结构的受力和变形协调条件，建立了桥梁结构横向变形与轨面几何形态的映射模型。在此基础上，具体分析了梁体横向错台及横向转角情况下的钢轨变形解析表达式。此外，给出了采用 MATLAB 程序求解桥梁结构横向变形映射至轨面的流程。最后通过修正后的弹簧-实体有限元模型对横向变形映射模型进行了验证。

第4章 含层间联结失效长时影响的桥梁-CRTS Ⅱ型轨道变形映射模型

本章基于桥梁结构竖向变形与 CRTS Ⅱ型纵连板式无砟轨道层间结构变形的交互影响机理和基本假设，结合力学分析和边界约束，依次对梁体、底座板、轨道板、钢轨的受力状态进行分析，分别建立梁体、底座板、轨道板和钢轨的竖向位移方程，提出桥梁结构竖向变形与钢轨变形的映射通用解析模型，并通过改变扣件刚度、砂浆层刚度以及底座板与梁体之间的接触刚度来模拟层间联结失效。最后基于考虑层间界面状态演变的桥梁-无砟轨道系统劣化仿真精细化模型和京沪高铁某区段轨道高低不平顺实测数据，对比分析不同情况下轨道高低不平顺实测值、解析值与数值模拟值，验证映射通用解析模型的准确性和有效性。

4.1 桥梁结构竖向变形引起轨道不平顺机理分析

当桥梁结构产生竖向变形时，受层间相互作用力的影响，铺设在桥面上的无砟轨道结构会随之产生相应的变形。为深入探讨基础结构变形对轨道不平顺的影响机理，本节以 CRTS Ⅱ型纵连板式无砟轨道结构为例进行分析。

桥梁结构发生竖向变形后，受底座板纵连特性及重力作用，底座板与桥面之间部分区域产生分离，其接触区域随不同桥梁变形发生变化，使底座板与其上部轨道板产生相对位移，从而引起底座与轨道板的连接结构——CA 砂浆层产生拉力或压力，进而使轨道板在砂浆层拉力或压力及自身重力作用下产生竖向变形，而此变形又会引起轨道板与上部钢轨产生相对位移，并使钢轨在扣件力及自身重力作用下发生竖向变形，最后在几何形位交互影响与变形协调效应下达到受力平衡状态。在桥墩沉降变形模式下，CRTS Ⅱ型纵连板式无砟轨道的钢轨变形示意图见图 4-1。

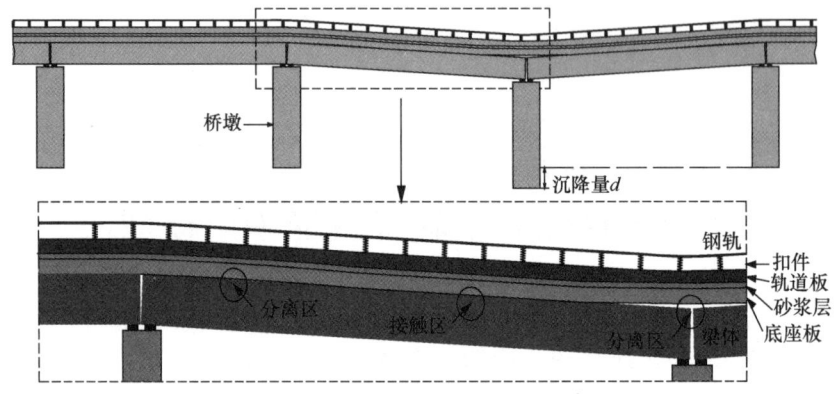

图 4-1 桥墩沉降导致钢轨变形示意图

4.2 层间联结失效的影响分析

如图 4-2 所示，在高铁运营过程中，受环境荷载(自然水、温度交替变化)、列车荷载的反复作用，桥梁附加变形引起轨道附加不平顺的同时，层间结构不可避免地出现材料劣化、砂浆层缺损、板底脱空、层间离缝、扣件弹条断裂等问题[57-59,61]，进而改变砂浆层与轨道板、轨道板与钢轨之间的耦合作用方式，影响桥梁-轨道层间结构受力和传力模式。

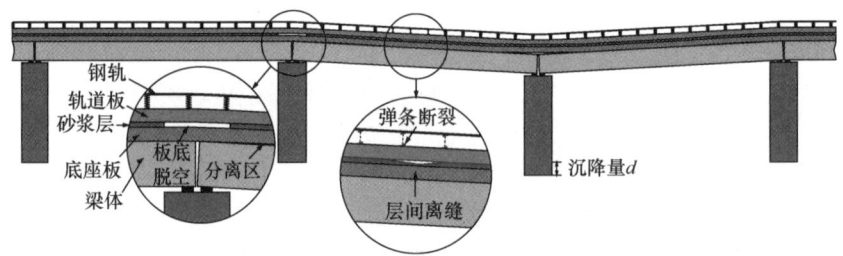

图 4-2 桥墩沉降情况下层间联结失效示意图

结合运营高铁的现场调研分析发现，砂浆层离缝、轨道板底部砂浆脱空、扣件弹条断裂现象最严重且最普遍，本章主要对上述三种层间联结失效情况进行了分析。当轨道板与砂浆层初始阶段出现离缝时，轨道板与砂浆层之间没有相互作用，随着梁体与底座板接触关系的不断变化，受层间结构几何形位的交互影响，轨道板与砂浆层之间的缝隙会不断缩小，甚至相互接触，此时轨道板与砂浆层传递压力。当轨道板底部砂浆脱空时[57]，由于砂浆层缺失，轨道板与底座板始终处于分离状态，轨道板、砂浆层、底座板不进行力学传递。当扣件弹条断裂时，扣件不能继续受拉或受压，将完全丧失承载能力。

根据现场调查统计结果，按照离缝分布方向的不同，离缝可简化为横向离缝和纵向离缝两种情况，见图 4-3。

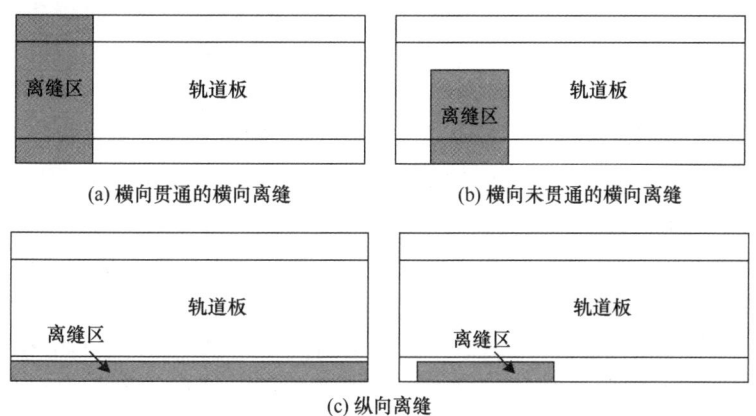

图 4-3　层间离缝示意图

在同等离缝厚度下，沿轨道板横向宽度贯通的横向离缝对钢轨变形的影响较为显著[62]，故本书只对横向贯通的横向离缝进行分析。按照板底脱空厚度的不同，板底脱空可分为部分脱空和完全脱空(图 4-4)，由于板底完全脱空对钢轨动力学性能的影响较为明显，因此后面仅研究横向贯通的垂向完全脱空情况。

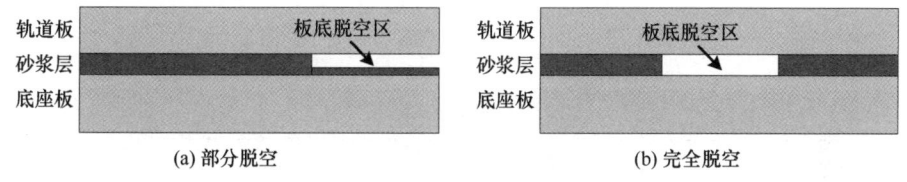

图 4-4　板底脱空示意图

4.3　基本假定及坐标系的建立

在对桥梁及其上部无砟轨道结构进行分析时，考虑到纵连板式无砟轨道结构的底座板纵连，故将整个底座板考虑为自由梁。同理，纵连的轨道板也具有较好的整体性，因此将多块轨道板考虑为一个整体受力的自由梁。对于层间相互作用，采用弹簧力来模拟。

具体计算假设如下：

(1) 考虑到 CA 砂浆层具有弹性，将砂浆层对轨道板的支撑作用视为沿钢轨中心线均匀分布的非线性弹簧。同时，为提高计算精度以及更好地模拟 CA 砂浆弹簧的均质特性，假定砂浆弹簧间距为扣件间距的整数分之一(根据实际情况，单块轨道板上扣件间距为定值,而已定位安装的相邻轨道板末端扣件间距与其他位置扣件的间距相同,即整个轨道板上的扣件间距为定值)。

(2) 结合其他学者研究[98],将整个扣件系统(包括垫板、扣件弹条)考虑为弹簧。为了保证全书矩阵维度的一致性,在扣件之间添加等距分布的虚拟扣件弹簧,其分布情况与砂浆弹簧分布一致。

(3) 受重力作用,底座板与桥面之间的接触区域随不同的梁体变形发生变化,故假设底座板与桥梁之间的非线性接触可采用单向受压弹簧模拟,即受拉刚度为零,接触弹簧分布与砂浆弹簧分布一致。

(4) 由于桥梁梁体竖向抗弯刚度较大,在结构自重作用下梁体变形很小,故模型中忽略轨道结构受力对桥梁结构变形的影响。

(5) 为保证计算精度,本章取一定范围内的无砟轨道结构进行分析,且远大于桥梁结构变形区域。模型中,考虑结构重力作用,并假定钢轨、轨道板、底座板的总长度相同。

对结构进行分析时,分别建立梁体及上部轨道结构的整体坐标系,见图4-5。将整体坐标系的竖向坐标轴原点定于各结构变形前的重力平衡位置处,坐标轴均以向右、向下为正,满足右手螺旋法则。桥梁梁体、底座板、轨道板、钢轨在整体坐标系下的坐标形式分别为(X_b, Y_b, Z_b)、(X_p, Y_p, Z_p)、(X_s, Y_s, Z_s)、(X_r, Y_r, Z_r)。

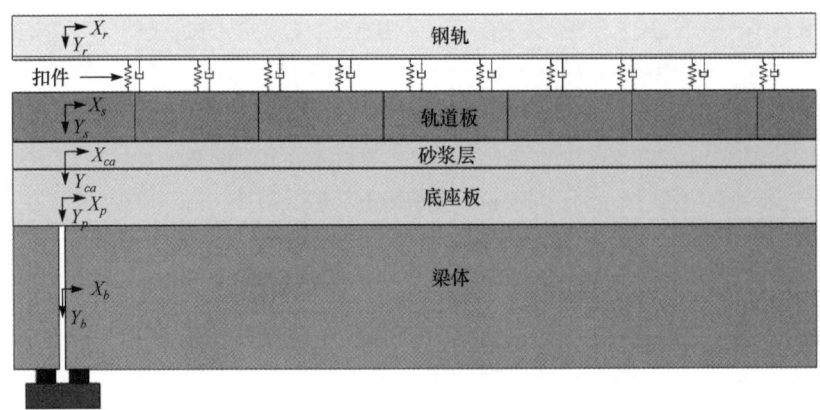

图 4-5　整体坐标系布置示意图

假设桥梁跨度为M,轨道板个数为k,轨道板上扣件的个数为n_1,相邻扣件之间等距分布虚拟扣件个数n_0,扣件总数为$n = n_1 k(n_2+1) - n_2$,真实扣件个数为$n_1 k$。由于砂浆弹簧和接触弹簧的分布均与扣件弹簧一致,砂浆弹簧和接触弹簧个数均为$n = n_1 k(n_2+1) - n_2$。

4.4 底座板模型

当桥梁结构发生变形时，受层间结构几何形位的交互影响，在结构自重、砂浆弹簧力和接触弹簧力的共同作用下底座板达到力学平衡状态。选取整个底座板为研究对象，底座板受力分析见图 4-6。由于桥梁结构变形对底座板力学行为的影响仅体现在有限长度范围内，底座板在 $X_p = 0$ 和 $X_p = l_p$ 处的受力状态改变较小，即底座板在 $X_p = 0$ 和 $X_p = l_p$ 处的边界约束条件对底座板整体受力来说影响较小。同时，考虑到底座板自重也会引起端部产生竖向位移，因此假定底座板两端采用弹簧支撑，且弹簧刚度为接触弹簧刚度 k_c。

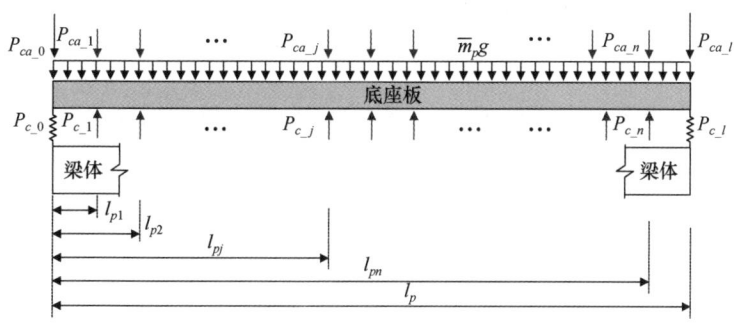

图 4-6 底座板受力分析图

4.4.1 底座板力学分析

取 $X_p \in (l_{pt}, l_{p(t+1)})$ 区间的底座板微分段进行受力分析，其受力示意图见图 4-7。其中，M_p 和 Q_p 分别为底座板截面弯矩和剪力。本节采用局部坐标系 (x, y) 代替底座板整体坐标系 (X_p, Y_p)，则 $x \in (0, l_{p(t+1)} - l_{pt})$。

由竖向力平衡 $\sum V = 0$ 得

$$\bar{m}_p g \mathrm{d}x + (Q_p + \mathrm{d}Q_p) - Q_p = 0 \quad (4\text{-}1)$$

由力矩平衡 $\sum M = 0$ 得

$$\mathrm{d}M_p - (Q_p + \mathrm{d}Q_p)\mathrm{d}x - \frac{1}{2}\bar{m}_p g \mathrm{d}x^2 = 0 \quad (4\text{-}2)$$

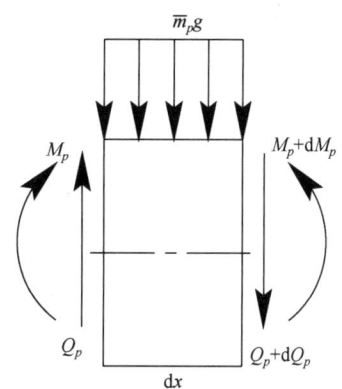

图 4-7 底座板微分段受力示意图

略去式(4-2)中的高阶微分项 $\mathrm{d}Q_p \mathrm{d}x$、$\mathrm{d}x^2$，化

简可得

$$\frac{\mathrm{d}M_p}{\mathrm{d}x}=Q_p \tag{4-3}$$

结合梁挠曲线的微分方程

$$E_p I_p \frac{\mathrm{d}^2 y}{\mathrm{d}x^2}=-M_p \tag{4-4}$$

结合式(4-1)、式(4-3)和式(4-4)得

$$E_p I_p \frac{\mathrm{d}^4 y}{\mathrm{d}x^4}-\bar{m}_p g=0 \tag{4-5}$$

由微分方程的解法知,方程(4-5)的解为

$$y = ax^4 + bx^3 + cx^2 + dx + e \tag{4-6}$$

对式(4-5)求导,可得底座板转角 φ_p、弯矩 M_p 和剪力 Q_p 如下:

$$\varphi_p(x) = y' = 4ax^3 + 3bx^2 + 2cx + d \tag{4-7}$$

$$M_p(x) = -E_p I_p y'' = (-E_p I_p)(12ax^2 + 6bx + 2c) \tag{4-8}$$

$$Q_p(x) = -E_p I_p y''' = (-E_p I_p)(24ax + 6b) \tag{4-9}$$

$$\bar{m}_p g = E_p I_p y^{(4)} = 24a E_p I_p \tag{4-10}$$

当 $x=0$ 时,假定底座板左侧竖向位移、转角、弯矩、剪力分别为 Y_{pt}、φ_{pt}、M_{pt}、Q_{pt},并代入式(4-6)~式(4-10)可得

$$a=\frac{\bar{m}_p g}{24 E_p I_p},\quad b=-\frac{Q_{pt}}{6 E_p I_p},\quad c=-\frac{M_{pt}}{2 E_p I_p},\quad d=\varphi_{pt},\quad e=Y_{pt} \tag{4-11}$$

将式(4-6)~式(4-9)整理为

$$y(x) = \frac{\bar{m}_p g}{24 E_p I_p} x^4 - \frac{Q_{pt}}{6 E_p I_p} x^3 - \frac{M_{pt}}{2 E_p I_p} x^2 + \varphi_{pt} x + Y_{pt} \tag{4-12}$$

$$\varphi_p(x) = \frac{\bar{m}_p g}{6 E_p I_p} x^3 - \frac{Q_{pt}}{2 E_p I_p} x^2 - \frac{M_{pt}}{E_p I_p} x + \varphi_{pt} \tag{4-13}$$

$$M_p(x) = -\frac{\bar{m}_p g}{2} x^2 + Q_{pt} x + M_{pt} \tag{4-14}$$

$$Q_p(x) = -\bar{m}_p g x + Q_{pt} \tag{4-15}$$

式(4-12)~式(4-15)中, $x = X_p - l_{pt}$, $y = Y_p$, $X_p \in \left(l_{pt}, l_{p(t+1)}\right)$。

4.4.2 底座板模型建立

由线性叠加原理可知，图 4-6 中底座板端部位移由两部分构成，一是桥梁结构变形引起的底座板端部位移，二是底座板端部对应的梁体竖向位移。由于底座板两端处桥梁结构无变形，因此底座板端部对应的梁体竖向位移为零。

因此，当 $X_p = 0$ 时，底座板竖向位移、弯矩分别为

$$Y_{p0} = \frac{P_{c\_0}}{k_c}, \quad M_{p0} = 0$$

当 $X_p = l_p$ 时，底座板竖向位移、弯矩分别为

$$Y_{pl} = \frac{P_{c\_l}}{k_c}, \quad M_{pl} = 0$$

分别对底座板右端和左端取矩，由力学平衡可得

$$P_{c\_0} - P_{ca\_0} = \frac{\bar{m}_p g}{2l_p} l_p^2 + \sum_{j=1}^{n} \frac{l_{pj} - l_p}{l_p} (P_{c\_j} - P_{ca\_j}) \tag{4-16}$$

$$P_{c\_l} - P_{ca\_l} = \frac{\bar{m}_p g}{2l_p} l_p^2 - \sum_{j=1}^{n} \frac{l_{pj}}{l_p} (P_{c\_j} - P_{ca\_j}) \tag{4-17}$$

式中，P_{c_j} 为接触弹簧力，只产生压力且压力为正；P_{ca_j} 为砂浆弹簧力，压力为正。

基于线性叠加原理，结合式(4-12)以及底座板边界条件，可得接触弹簧处底座板的竖向位移：

$$\begin{aligned} Y_{pt} = &\frac{P_{ca\_0}}{k_c} + \frac{\bar{m}_p g}{2k_c l_p} l_p^2 + \sum_{j=1}^{n} \frac{l_{pj} - l_p}{k_c l_p} (P_{c\_j} - P_{ca\_j}) + \varphi_{p0} l_{pt} - \frac{Q_{p0}}{6E_p I_p} l_{pt}^3 \\ &+ \frac{\bar{m}_p g}{24 E_p I_p} l_{pt}^4 + \sum_{j=1}^{t} \frac{(l_{pt} - l_{pj})^3}{6 E_p I_p} (P_{ca\_j} - P_{c\_j}) \end{aligned} \tag{4-18}$$

式中，$E_p I_p$ 为底座板竖向抗弯刚度；φ_{p0} 为 $X_p = 0$ 处底座板转角；Q_{p0} 为 $X_p = 0$ 处底座板剪力。

结合式(4-14)，可得底座板弯矩为

$$M_{pt} = Q_{p0} l_{pt} + \sum_{j=1}^{t} (l_{pt} - l_{pj})(P_{c\_j} - P_{ca\_j}) - \frac{\bar{m}_p g}{2} l_{pt}^2 \tag{4-19}$$

由式(4-17)~式(4-19)及底座板 $X_p = l_p$ 时的约束条件可得

$$Y_{pl} = \frac{\overline{m}_p g}{2k_c l_p} l_p^2 - \sum_{j=1}^{n} \frac{l_{pj}}{k_c l_p} (P_{c\_j} - P_{ca\_j}) + \frac{P_{ca\_l}}{k_c}$$

$$= \frac{P_{ca\_0}}{k_c} + \frac{\overline{m}_p g}{2k_c l_p} l_p^2 + \sum_{j=1}^{n} \frac{l_{pj} - l_p}{k_c l_p} (P_{c\_j} - P_{ca\_j}) + \varphi_{p0} l_p \quad (4\text{-}20)$$

$$+ \frac{\overline{m}_p g}{24 E_p I_p} l_p^4 - \sum_{j=1}^{n} \frac{(l_p - l_{pj})^3}{6 E_p I_p} (P_{c\_j} - P_{ca\_j}) - \frac{Q_{p0}}{6 E_p I_p} l_p^3$$

$$M_{pl} = Q_{p0} l_p + \sum_{j=1}^{n} (l_p - l_{pj})(P_{c\_j} - P_{ca\_j}) - \frac{\overline{m}_p g}{2} l_p^2 = 0 \quad (4\text{-}21)$$

联立式(4-20)和式(4-21)，得到 $X_p = 0$ 时的底座板转角 φ_{p0}、底座板剪力 Q_{p0} 的表达式：

$$\varphi_{p0} = \sum_{j=1}^{n} \frac{(l_p - l_{pj})^3 - l_p^2 (l_p - l_{pj})}{6 E_p I_p l_p} (P_{c\_j} - P_{ca\_j}) + \frac{P_{ca\_l}}{l_p k_c}$$

$$+ \frac{\overline{m}_p g}{24 E_p I_p} l_p^3 - \sum_{j=1}^{n} \frac{2l_{pj} - l_p}{k_c l_p^2} (P_{c\_j} - P_{ca\_j}) - \frac{P_{ca\_0}}{l_p k_c} \quad (4\text{-}22)$$

$$Q_{p0} = -\sum_{j=1}^{n} \frac{l_p - l_{pj}}{l_p} (P_{c\_j} - P_{ca\_j}) + \frac{\overline{m}_p g}{2} l_p \quad (4\text{-}23)$$

结合下面钢轨边界约束力和底座板边界约束力，将式(4-22)和式(4-23)、式(4-51)和式(4-52)、式(4-82)和式(4-83)代入式(4-18)，将式(4-18)整理为

$$Y_{pt} = \sum_{j=1}^{n} \frac{(l_{pj} - l_p) P_{c\_j}}{k_c l_p} + \frac{l_{pt}^3}{6 E_p I_p} \left[\sum_{j=1}^{n} \frac{l_p - l_{pj}}{l_p} (P_{c\_j} - P_{ca\_j}) - \frac{\overline{m}_p g}{2} l_p \right]$$

$$+ l_{pt} \left[\sum_{j=1}^{n} \frac{(l_p - l_{pj})^3 - l_p^2 (l_p - l_{pj})}{6 E_p I_p l_p} (P_{c\_j} - P_{ca\_j}) + \frac{\overline{m}_p g}{24 E_p I_p} l_p^3 - \sum_{j=1}^{n} \frac{(2l_{pj} - l_p) P_{c\_j}}{k_c l_p^2} \right]$$

$$- \sum_{j=1}^{t} \frac{(l_{pt} - l_{pj})^3}{6 E_p I_p} (P_{c\_j} - P_{ca\_j}) + \frac{\overline{m}_p g}{24 E_p I_p} l_{pt}^4 + \frac{\overline{m}_p g}{2k_c l_p} l_p^2 + \frac{\overline{m}_s g}{2k_c l_s} l_s^2 + \frac{\overline{m}_r g}{2k_c l_r} l_r^2$$

$$(4\text{-}24)$$

为便于编程计算，将底座板竖向位移写成矩阵形式：

$$V_p = A_1 P_{ca} + A_2 P_c + B G_r + B_1 G_s + B_2 G_p \quad (4\text{-}25)$$

式中，V_p 为接触弹簧位置处的底座板位移矩阵；A_1 为砂浆弹簧力对底座板位移的影响矩阵；A_2 为接触弹簧力对底座板位移的影响矩阵；B 为钢轨对底座板位移的影响矩阵；B_1 为轨道板自重对底座板位移的影响矩阵；B_2 为底座板自重对

底座板位移的影响矩阵；P_c 为接触弹簧力矩阵；P_{ca} 为砂浆弹簧力矩阵；G_r 为钢轨弹簧力矩阵；G_s 为轨道板重力矩阵；G_p 为底座板重力矩阵。

其元素求解表达式为

$$V_p(t,1) = Y_{pt} \tag{4-26}$$

$$A_1(t,j) = -\frac{l_{pt}(l_p - l_{pj})^3 - l_{pt}l_p^2(l_p - l_{pj}) + l_{pt}^3(l_p - l_{pj}) - (l_{pt} - l_{pj})^3 l_p}{6E_p I_p l_p} \tag{4-27}$$

$$A_2(t,j) = \frac{l_{pt}(l_p - l_{pj})^3 - l_{pt}l_p^2(l_p - l_{pj}) + l_{pt}^3(l_p - l_{pj}) - (l_{pt} - l_{pj})^3 l_p}{6E_p I_p l_p}$$
$$+ \frac{l_{pj} - l_p}{k_c l_p} - \frac{(2l_{pj} - l_p)l_{pt}}{k_c l_p^2} \tag{4-28}$$

$$P_c(j,1) = P_{c\_j} \tag{4-29}$$

$$P_{ca}(j,1) = P_{ca\_j} \tag{4-30}$$

$$B(t,1) = \frac{l_r^2}{2k_c l_r} \tag{4-31}$$

$$B_1(t,1) = \frac{l_s^2}{2k_c l_s} \tag{4-32}$$

$$B_2(t,1) = \frac{l_p^3 l_{pt}}{24 E_p I_p} - \frac{l_p l_{pt}^3}{12 E_p I_p} + \frac{l_{pt}^4}{24 E_p I_p} + \frac{l_p^2}{2k_c l_p} \tag{4-33}$$

$$G_r(1,1) = \bar{m}_r g \tag{4-34}$$

$$G_s(1,1) = \bar{m}_s g \tag{4-35}$$

$$G_p(1,1) = \bar{m}_p g \tag{4-36}$$

式中，$t = 1,2,\cdots,n$；$j = 1,2,\cdots,n$。对于 $l_{pt} - l_{pj}$，$t \geq j$，即当 $j > t$ 时，$l_{pt} - l_{pj} = 0$。

4.5 轨道板模型

受底座板变形的影响，轨道板产生跟随性变形，并在扣件力、砂浆弹簧力以及轨道板自重的共同作用下达到受力平衡状态。以 k 个轨道板为研究对象，进行整体受力分析，见图 4-8。

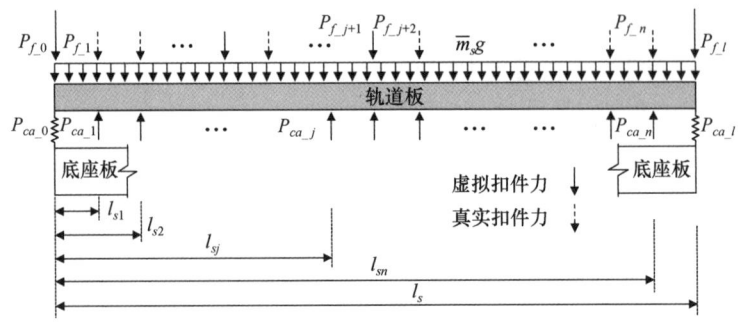

图 4-8 轨道板受力分析图

与底座板端部竖向变形类似，轨道板端部位移受底座板局部变形的影响较小，即 $X_s=0$ 和 $X_s=l_s$ 处的约束条件对轨道板的整体受力影响较小，同时为排除结构自重对端部竖向位移的影响，本节假定轨道板两端采用砂浆弹簧(弹簧刚度 k_{ca})支撑。

4.5.1 轨道板力学分析

取砂浆弹簧间距 $X_s \in \left(l_{st}, l_{s(t+1)}\right)$ 内的轨道板微分段进行受力分析，其受力图见图 4-9。其中，采用局部坐标系 (x,y) 代替轨道板整体坐标系 (X_s, Y_s)，M_s 和 Q_s 分别为轨道板截面弯矩和剪力，$x \in \left(0, l_{s(t+1)} - l_{st}\right)$。

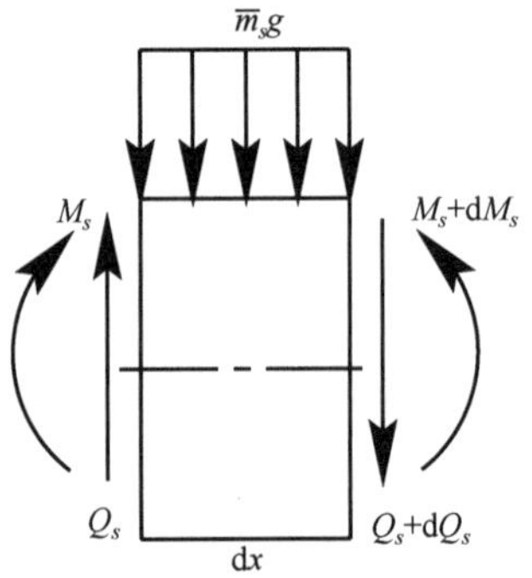

由竖向力平衡 $\sum V = 0$ 得

$$\bar{m}_s g \mathrm{d}x + (Q_s + \mathrm{d}Q_s) - Q_s = 0 \quad (4\text{-}37)$$

由力矩平衡 $\sum M = 0$ 得

$$\mathrm{d}M_s - (Q_s + \mathrm{d}Q_s)\mathrm{d}x - \frac{1}{2}\bar{m}_s g \mathrm{d}x^2 = 0 \quad (4\text{-}38)$$

忽略式(4-38)中的二阶微分 $\mathrm{d}Q_s \mathrm{d}x$、$\mathrm{d}x^2$，可得

$$\frac{\mathrm{d}M_s}{\mathrm{d}x} = Q_s \quad (4\text{-}39)$$

图 4-9 轨道板微分段受力示意图

结合式(4-37)、式(4-39)以及梁的挠曲线近似微分方程得

$$E_s I_s \frac{\mathrm{d}^4 y}{\mathrm{d}x^4} - \bar{m}_s g = 0 \quad (4\text{-}40)$$

同理，由微分方程的解法知，方程(4-40)的解为

$$y = a_1 x^4 + b_1 x^3 + c_1 x^2 + d_1 x + e_1 \quad (4\text{-}41)$$

对式(4-41)求得

$$\varphi_s(x) = y' = 4a_1x^3 + 3b_1x^2 + 2c_1x + d_1 \tag{4-42}$$

$$M_s(x) = -E_sI_sy'' = (-E_sI_s)(12a_1x^2 + 6b_1x + 2c_1) \tag{4-43}$$

$$Q_s(x) = -E_sI_sy''' = (-E_sI_s)(24a_1x + 6b_1) \tag{4-44}$$

$$\bar{m}_sg = E_sI_sy^{(4)} = 24a_1E_sI_s \tag{4-45}$$

结合轨道板 $x=0$ 处的边界条件，即竖向位移 Y_{st}、转角 φ_{st}、弯矩 M_{st}、剪力 Q_{st}，以及式(4-41)~式(4-45)，可得

$$a_1 = \frac{\bar{m}_sg}{24E_sI_s}, \quad b_1 = -\frac{Q_{st}}{6E_sI_s}, \quad c_1 = -\frac{M_{st}}{2E_sI_s}, \quad d_1 = \varphi_{st}, \quad e_1 = Y_{st} \tag{4-46}$$

将式(4-46)代入式(4-41)~式(4-44)，整理为

$$y(x) = \frac{\bar{m}_sg}{24E_sI_s}x^4 - \frac{Q_{st}}{6E_sI_s}x^3 - \frac{M_{st}}{2E_sI_s}x^2 + \varphi_{st}x + Y_{st} \tag{4-47}$$

$$\varphi_s(x) = \frac{\bar{m}_sg}{6E_sI_s}x^3 - \frac{Q_{st}}{2E_sI_s}x^2 - \frac{M_{st}}{E_sI_s}x + \varphi_{st} \tag{4-48}$$

$$M_s(x) = -\frac{\bar{m}_sg}{2}x^2 + Q_{st}x + M_{st} \tag{4-49}$$

$$Q_s(x) = -\bar{m}_sgx + Q_{st} \tag{4-50}$$

式(4-47)~式(4-50)中，$x = X_s - l_{st}$，$y = Y_s$，$X_s \in (l_{st}, l_{s(t+1)})$。

4.5.2 轨道板模型建立

与底座板端部竖向位移求解相同，结合线性叠加原理，图 4-8 中轨道板端部位移可由桥梁结构变形引起的轨道板端部位移和轨道板端部对应的底座板竖向位移线性叠加进行计算。

当 $X_s = 0$ 时，轨道板竖向位移、弯矩分别为

$$Y_{s0} = \frac{P_{ca\_0}}{k_{ca}} + Y_{p0}, \quad M_{s0} = 0$$

当 $X_s = l_s$ 时，轨道板竖向位移、弯矩为

$$Y_{sl} = \frac{P_{ca\_l}}{k_{ca}} + Y_{pl}, \quad M_{sl} = 0$$

分别对轨道板右端和左端取矩，由力学平衡可得

$$P_{ca\_0} - P_{f\_0} = \frac{\overline{m}_s g}{2l_s} l_s^2 + \sum_{j=1}^{n} \frac{l_{sj} - l_s}{l_s} (P_{ca\_j} - P_{f\_j}) \tag{4-51}$$

$$P_{ca\_l} - P_{f\_l} = \frac{\overline{m}_s g}{2l_s} l_s^2 - \sum_{j=1}^{n} \frac{l_{sj}}{l_s} (P_{ca\_j} - P_{f\_j}) \tag{4-52}$$

式中，P_{f_j} 为扣件力，受压为正(考虑虚拟扣件力，虚拟扣件力为零)。

根据式(4-47)以及轨道板边界条件，由线性叠加原理可得轨道板竖向位移为

$$\begin{aligned}Y_{st} &= \frac{P_{ca\_0}}{k_c} + \frac{\overline{m}_p g}{2k_c l_p} l_p^2 + \sum_{j=1}^{n} \frac{l_{pj} - l_p}{k_c l_p} (P_{c\_j} - P_{ca\_j}) + \frac{\overline{m}_s g}{2k_{ca} l_s} l_s^2 \\ &+ \sum_{j=1}^{t} \frac{(l_{st} - l_{sj})^3}{6E_s I_s} (P_{f\_j} - P_{ca\_j}) + \sum_{j=1}^{n} \frac{l_{sj} - l_s}{k_{ca} l_s} (P_{ca\_j} - P_{f\_j}) \\ &+ \frac{P_{f\_0}}{k_{ca}} + \varphi_{s0} l_{st} - \frac{Q_{s0}}{6E_s I_s} l_{st}^3 + \frac{\overline{m}_s g}{24 E_s I_s} l_{st}^4 \end{aligned} \tag{4-53}$$

式中，$E_s I_s$ 为轨道板竖向抗弯刚度；φ_{s0} 为 $X_s = 0$ 处的轨道板转角；Q_{s0} 为 $X_s = 0$ 处的轨道板剪力。

根据式(4-49)，可得轨道板弯矩：

$$M_{st} = Q_{s0} l_{st} + \sum_{j=1}^{t} (l_{st} - l_{sj})(P_{ca\_j} - P_{f\_j}) - \frac{\overline{m}_s g}{2} l_{st}^2 \tag{4-54}$$

结合轨道板 $X_s = l_s$ 时的边界条件，将式(4-53)和式(4-54)整理得

$$\begin{aligned}Y_{sl} &= \frac{P_{ca\_l}}{k_c} + \frac{\overline{m}_p g}{2k_c l_p} l_p^2 - \sum_{j=1}^{n} \frac{l_{pj}}{k_c l_p} (P_{c\_j} - P_{ca\_j}) \\ &+ \frac{P_{f\_l}}{k_{ca}} + \frac{\overline{m}_s g}{2k_{ca} l_s} l_s^2 - \sum_{j=1}^{n} \frac{l_{sj}}{k_{ca} l_s} (P_{ca\_j} - P_{f\_j}) \\ &= \frac{P_{ca\_0}}{k_c} + \frac{\overline{m}_p g}{2k_c l_p} l_p^2 + \sum_{j=1}^{n} \frac{l_{pj} - l_p}{k_c l_p} (P_{c\_j} - P_{ca\_j}) \\ &+ \frac{\overline{m}_s g}{2k_{ca} l_s} l_s^2 + \sum_{j=1}^{n} \frac{l_{sj} - l_s}{k_{ca} l_s} (P_{ca\_j} - P_{f\_j}) + \frac{P_{f\_0}}{k_{ca}} + \varphi_{s0} l_s \\ &- \frac{Q_{s0}}{6E_s I_s} l_s^3 + \frac{\overline{m}_s g}{24 E_s I_s} l_s^4 - \sum_{j=1}^{n} \frac{(l_s - l_{sj})^3}{6E_s I_s} (P_{ca\_j} - P_{f\_j}) \end{aligned} \tag{4-55}$$

$$M_{sl} = Q_{s0} l_s + \sum_{j=1}^{n} (l_s - l_{sj})(P_{ca\_j} - P_{f\_j}) - \frac{\overline{m}_s g}{2} l_s^2 = 0 \tag{4-56}$$

联立式(4-55)和式(4-56),得到 $X_s=0$ 时的钢轨转角 φ_{s0}、钢轨剪力 Q_{s0} 的表达式为

$$\varphi_{s0} = \sum_{j=1}^{n} \frac{(l_s-l_{sj})^3 - l_s^2(l_s-l_{sj})}{6E_sI_sl_s}(P_{ca\_j}-P_{f\_j}) + \frac{\overline{m}_s g}{24E_sI_s}l_s^3$$

$$-\sum_{j=1}^{n}\frac{2l_{sj}-l_s}{k_{ca}l_s^2}(P_{ca\_j}-P_{f\_j}) - \sum_{j=1}^{n}\frac{2l_{pj}-l_p}{k_cl_pl_s}(P_{c\_j}-P_{ca\_j}) \quad (4\text{-}57)$$

$$+\frac{P_{ca\_l}-P_{ca\_0}}{k_c} + \frac{P_{f\_l}-P_{f\_0}}{k_{ca}}$$

$$Q_{s0} = -\sum_{j=1}^{n}\frac{l_s-l_{sj}}{l_s}(P_{ca\_j}-P_{f\_j}) + \frac{\overline{m}_s g}{2}l_s \quad (4\text{-}58)$$

将式(4-22)和式(4-23)、式(4-51)和式(4-52)、式(4-82)和式(4-83)代入式(4-53),轨道板竖向位移为

$$Y_{st} = \frac{\overline{m}_p g + \overline{m}_s g + \overline{m}_r g}{2k_cl_p}l_p^2 + \sum_{j=1}^{n}\frac{l_{pj}-l_p}{k_cl_p}P_{c\_j} + \frac{\overline{m}_s g + \overline{m}_r g}{2k_{ca}l_s}l_s^2 + \sum_{j=1}^{n}\frac{l_{sj}-l_s}{k_{ca}l_s}P_{ca\_j}$$

$$+l_{st}\left[\begin{array}{l}\displaystyle\sum_{j=1}^{n}\frac{(l_s-l_{sj})^3-l_s^2(l_s-l_{sj})}{6E_sI_sl_s}(P_{ca\_j}-P_{f\_j})+\frac{\overline{m}_s g}{24E_sI_s}l_s^3\\ \displaystyle-\sum_{j=1}^{n}\frac{2l_{pj}-l_p}{k_cl_pl_s}P_{c\_j}-\sum_{j=1}^{n}\frac{2l_{sj}-l_s}{k_{ca}l_s^2}P_{ca\_j}\end{array}\right]+\frac{\overline{m}_s g}{24E_sI_s}l_{st}^4$$

$$+\frac{l_{st}^3}{6E_sI_s}\left[\sum_{j=1}^{n}\frac{l_s-l_{sj}}{l_s}(P_{ca\_j}-P_{f\_j})-\frac{\overline{m}_s g}{2}l_s\right]-\sum_{j=1}^{t}\frac{(l_{st}-l_{sj})^3}{6E_sI_s}(P_{ca\_j}-P_{f\_j})$$

$$(4\text{-}59)$$

则轨道板竖向位移的矩阵形式可写为

$$V_s = CP_f + C_1 P_{ca} + C_2 P_c + DG_r + D_1 G_s + D_2 G_p \quad (4\text{-}60)$$

式中,V_s 为砂浆层弹簧位置处的轨道板位移矩阵;C 为扣件力对轨道板位移的影响矩阵(考虑虚拟扣件);C_1 为砂浆弹簧力对轨道板位移的影响矩阵;C_2 为接触弹簧力对轨道板位移的影响矩阵;D 为轨道自重对轨道板位移的影响矩阵;D_1 为轨道板自重对轨道板位移的影响矩阵;D_2 为底座板自重对轨道板位移的影响矩阵;P_f 为扣件力矩阵。

其元素求解表达式为

$$V_s(t,1) = Y_{st} \quad (4\text{-}61)$$

$$C(t,j) = -\frac{l_{st}(l_s - l_{sj})^3 - l_{st}l_s^2(l_s - l_{sj}) + l_{st}^3(l_s - l_{sj}) - (l_{st} - l_{sj})^3 l_s}{6E_s I_s l_s} \quad (4\text{-}62)$$

$$C_1(t,j) = \frac{l_{st}(l_s - l_{sj})^3 - l_{st}l_s^2(l_s - l_{sj}) + l_{st}^3(l_s - l_{sj}) - (l_{st} - l_{sj})^3 l_s}{6E_s I_s l_s}$$

$$+ \frac{l_{sj} - l_s}{k_{ca}l_s} - \frac{2l_{sj} - l_s}{k_{ca}l_s^2}l_{st} \quad (4\text{-}63)$$

$$C_2(t,j) = \frac{l_{pj} - l_p}{k_c l_p} - \frac{2l_{pj} - l_p}{k_c l_s l_p}l_{st} \quad (4\text{-}64)$$

$$P_f(j,1) = P_{f\_j} \quad (4\text{-}65)$$

$$D(t,1) = \frac{l_s^2}{2k_{ca}l_s} + \frac{l_p^2}{2k_c l_p} \quad (4\text{-}66)$$

$$D_1(t,1) = \frac{l_p^2}{2k_c l_p} + \frac{l_s^3 l_{st} + l_{st}^4}{24 E_s I_s} - \frac{l_s l_{st}^3}{12 E_s I_s} + \frac{l_s^2}{2k_{ca}l_s} \quad (4\text{-}67)$$

$$D_2(t,1) = \frac{l_p^2}{2k_c l_p} \quad (4\text{-}68)$$

式中，$t = 1, 2, \cdots, n$；$j = 1, 2, \cdots, n$。对于 $l_{st} - l_{sj}$，$t \geqslant j$，即当 $j > t$ 时，$l_{st} - l_{sj} = 0$。

4.6 钢 轨 模 型

钢轨的实际受力形态可简化为均布自重荷载作用下弹簧支撑的无限长梁，但由于桥梁结构变形对钢轨几何形态的影响仅体现在有限长度范围内，因此计算时选取足够长度的钢轨进行受力分析，见图 4-10。为保证矩阵维度的一致性，在对钢轨进行分析时，考虑虚拟扣件弹簧。

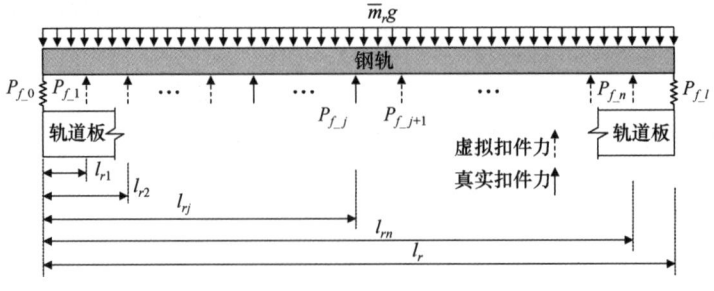

图 4-10 钢轨受力分析图

4.6.1 钢轨力学分析

对虚拟扣件区间 $X_r \in \left(l_{rt}, l_{r(t+1)}\right)$ 的钢轨微分段进行受力分析，其受力图见图4-11。其中，采用局部坐标系 (x,y) 代替钢轨整体坐标系 (X_r, Y_r)，M_r 和 Q_r 分别为钢轨截面弯矩和剪力，$x \in \left(0, l_{r(t+1)} - l_{rt}\right)$。

由竖向力平衡 $\sum V = 0$ 得

$$\bar{m}_r g \mathrm{d}x + (Q_r + \mathrm{d}Q_r) - Q_r = 0 \tag{4-69}$$

由力矩平衡 $\sum M = 0$ 得

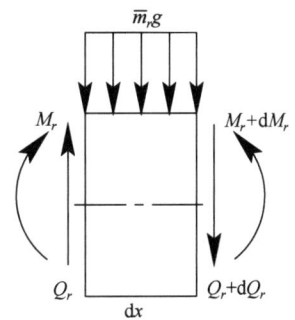

图4-11 钢轨微分段受力示意图

$$\mathrm{d}M_r - (Q_r + \mathrm{d}Q_r)\mathrm{d}x - \frac{1}{2}\bar{m}_r g \mathrm{d}x^2 = 0 \tag{4-70}$$

略去式(4-70)中的高阶微分 $\mathrm{d}Q_r \mathrm{d}x$、$\mathrm{d}x^2$，结合梁的挠曲线近似微分方程及式(4-69)得

$$E_r I_r \frac{\mathrm{d}^4 y}{\mathrm{d}x^4} - \bar{m}_r g = 0 \tag{4-71}$$

进而求得方程(4-71)的解为

$$y = a_2 x^4 + b_2 x^3 + c_2 x^2 + d_2 x + e_2 \tag{4-72}$$

对式(4-72)求导：

$$\varphi_r(x) = y' = 4a_2 x^3 + 3b_2 x^2 + 2c_2 x + d_2 \tag{4-73}$$

$$M_r(x) = -E_r I_r y'' = (-E_r I_r)(12a_2 x^2 + 6b_2 x + 2c_2) \tag{4-74}$$

$$Q_r(x) = -E_r I_r y''' = (-E_r I_r)(24a_2 x + 6b_2) \tag{4-75}$$

$$\bar{m}_r g = E_r I_r y^{(4)} = 24a_2 E_r I_r \tag{4-76}$$

将 $x = 0$ 处钢轨的竖向变形 Y_{rt}、转角 φ_{rt}、弯矩 M_{rt}、剪力 Q_{rt} 代入式(4-72)~式(4-76)可得

$$a_2 = \frac{\bar{m}_r g}{24 E_r I_r}, \quad b_2 = -\frac{Q_{rt}}{6 E_r I_r}, \quad c_2 = -\frac{M_{rt}}{2 E_r I_r}, \quad d_2 = \varphi_{rt}, \quad e_2 = Y_{rt} \tag{4-77}$$

将式(4-72)~式(4-75)整理为

$$y(x) = \frac{\overline{m}_r g}{24 E_r I_r} x^4 - \frac{Q_{rt}}{6 E_r I_r} x^3 - \frac{M_{rt}}{2 E_r I_r} x^2 + \varphi_{rt} x + Y_{rt} \tag{4-78}$$

$$\varphi_r(x) = \frac{\overline{m}_r g}{6 E_r I_r} x^3 - \frac{Q_{rt}}{2 E_r I_r} x^2 - \frac{M_{rt}}{E_r I_r} x + \varphi_{rt} \tag{4-79}$$

$$M_r(x) = -\frac{\overline{m}_r g}{2} x^2 + Q_{rt} x + M_{rt} \tag{4-80}$$

$$Q_r(x) = -\overline{m}_r g x + Q_{rt} \tag{4-81}$$

式中，$x = X_r - l_{rt}$，$y = Y_r$，$X_r \in (l_{rt}, l_{r(t+1)})$。

4.6.2 钢轨模型建立

结合前文可知，当桥梁发生变形时，桥梁变形区域远小于钢轨受力分析区域，故桥梁变形不影响钢轨端部区域的受力状态，即钢轨边界条件对钢轨整体受力影响较小。为计算简便，并消除钢轨自重作用引起的端部竖向位移误差，本节假定钢轨两端采用扣件弹簧支撑(扣件弹簧刚度为 k_f)，见图 4-10。同样根据线性叠加原理，钢轨端部位移可由轨道板变形引起的钢轨位移和钢轨端部对应的轨道板竖向位移线性叠加。

当 $X_r = 0$ 时，底座板竖向位移、弯矩分别为

$$Y_{r0} = \frac{P_{f\_0}}{k_f} + Y_{s0}, \quad M_{r0} = 0$$

当 $X_r = l_r$ 时，底座板竖向位移、弯矩为

$$Y_{rl} = \frac{P_{f\_l}}{k_f} + Y_{sl}, \quad M_{rl} = 0$$

式中，P_{f_0}、P_{f_l} 为钢轨左、右端部扣件力。

分别对钢轨右端和左端取矩，由力学平衡可得

$$P_{f\_0} = \frac{\overline{m}_r g}{2 l_r} l_r^2 + \sum_{j=1}^{n} \frac{l_{rj} - l_r}{l_r} P_{f\_j} \tag{4-82}$$

$$P_{f\_l} = \frac{\overline{m}_r g}{2 l_r} l_r^2 - \sum_{j=1}^{n} \frac{l_{rj}}{l_r} P_{f\_j} \tag{4-83}$$

根据式(4-78)以及钢轨约束条件，结合线性叠加原理得到的钢轨位移为(考虑虚拟弹簧)

第 4 章　含层间联结失效长时影响的桥梁-CRTS Ⅱ 型轨道变形映射模型

$$Y_{rt} = \frac{\overline{m}_r g}{2k_f l_r} l_r^2 + \sum_{j=1}^{n} \frac{l_{rj} - l_r}{k_f l_r} P_{f\_j} + \frac{\overline{m}_s g}{2k_{ca} l_s} l_s^2 + \sum_{j=1}^{n} \frac{l_{sj} - l_s}{k_{ca} l_s} (P_{ca\_j} - P_{f\_j})$$

$$+ \frac{\overline{m}_p g}{2k_c l_p} l_p^2 + \frac{P_{ca\_0}}{k_c} + \frac{P_{f\_0}}{k_{ca}} + \sum_{j=1}^{n} \frac{l_{pj} - l_p}{k_c l_p} (P_{c\_j} - P_{ca\_j}) + \varphi_{r0} l_{rt} \qquad (4\text{-}84)$$

$$- \frac{Q_{r0}}{6E_r I_r} l_{rt}^3 + \frac{\overline{m}_r g}{24 E_r I_r} l_{rt}^4 - \sum_{j=1}^{t} \frac{(l_{rt} - l_{rj})^3}{6 E_r I_r} P_{f\_j}$$

式中，$E_r I_r$ 为钢轨竖向抗弯刚度；P_{f_j} 为作用于钢轨上的扣件力，向上为正；φ_{r0} 为 $X_r = 0$ 处的钢轨转角；Q_{r0} 为 $X_r = 0$ 处的钢轨剪力。

对式(4-80)进行整理，可得钢轨弯矩为

$$M_{rt} = Q_{r0} l_{rt} + \sum_{j=1}^{t} (l_{rt} - l_{rj}) P_{f\_j} - \frac{\overline{m}_r g}{2} l_{rt}^2 \qquad (4\text{-}85)$$

结合钢轨 $X_r = l_r$ 时的约束条件，将式(4-84)和式(4-85)整理得

$$Y_{rl} = \frac{\overline{m}_r g}{2 k_f l_r} l_r^2 - \sum_{j=1}^{n} \frac{l_{rj}}{k_f l_r} P_{f\_j} + \frac{\overline{m}_s g}{2 k_{ca} l_s} l_s^2 - \sum_{j=1}^{n} \frac{l_{sj}}{k_{ca} l_s} (P_{ca\_j} - P_{f\_j}) + \frac{\overline{m}_p g}{2 k_c l_p} l_p^2$$

$$- \sum_{j=1}^{n} \frac{l_{pj}}{k_c l_p} (P_{c\_j} - P_{ca\_j}) + \frac{P_{ca\_l}}{k_c} + \frac{P_{f\_l}}{k_{ca}}$$

$$= \frac{\overline{m}_r g}{2 k_f l_r} l_r^2 + \sum_{j=1}^{n} \frac{l_{rj} - l_r}{k_f l_r} P_{f\_j} + \frac{\overline{m}_s g}{2 k_{ca} l_s} l_s^2 + \sum_{j=1}^{n} \frac{l_{sj} - l_s}{k_{ca} l_s} (P_{ca\_j} - P_{f\_j}) \qquad (4\text{-}86)$$

$$+ \frac{\overline{m}_p g}{2 k_c l_p} l_p^2 + \frac{P_{ca\_0}}{k_c} + \frac{P_{f\_0}}{k_{ca}} + \sum_{j=1}^{n} \frac{l_{pj} - l_p}{k_c l_p} (P_{c\_j} - P_{ca\_j}) + \varphi_{r0} l_r$$

$$- \frac{Q_{r0}}{6 E_r I_r} l_r^3 + \frac{\overline{m}_r g}{24 E_r I_r} l_r^4 - \sum_{j=1}^{n} \frac{(l_r - l_{rj})^3}{6 E_r I_r} P_{f\_j}$$

$$M_{rl} = Q_{r0} l_r + \sum_{j=1}^{n} (l_r - l_{rj}) P_{f\_j} - \frac{\overline{m}_r g}{2} l_r^2 = 0 \qquad (4\text{-}87)$$

通过式(4-86)和式(4-87)，可得 $X_r = 0$ 时的钢轨转角、剪力为

$$\varphi_{r0} = \sum_{j=1}^{n} \frac{(l_r - l_{rj})^3 - l_r^2 (l_r - l_{rj})}{6 E_r I_r l_r} P_{f\_j} + \frac{\overline{m}_r g}{24 E_r I_r} l_r^3 - \sum_{j=1}^{n} \frac{2 l_{rj} - l_r}{k_f l_r^2} P_{f\_j}$$

$$- \sum_{j=1}^{n} \frac{2 l_{sj} - l_s}{k_{ca} l_s l_r} (P_{ca\_j} - P_{f\_j}) - \sum_{j=1}^{n} \frac{2 l_{sj} - l_s}{k_c l_p l_r} (P_{c\_j} - P_{ca\_j}) \qquad (4\text{-}88)$$

$$+ \frac{P_{ca\_l} - P_{ca\_0}}{k_c} + \frac{P_{f\_l} - P_{f\_0}}{k_{ca}}$$

$$Q_{r0} = -\sum_{j=1}^{n} \frac{l_r - l_{rj}}{l_r} P_{f\_j} + \frac{\overline{m}_r g}{2} l_r \tag{4-89}$$

分别将式(4-22)和式(4-23)、式(4-51)和式(4-52)、式(4-82)和式(4-83)代入式(4-84)，可得钢轨竖向位移为

$$\begin{aligned}
Y_{rt} =& \frac{\overline{m}_r g}{2k_f l_r} l_r^2 + \sum_{j=1}^{n} \frac{l_{rj} - l_r}{k_f l_r} P_{f\_j} + \sum_{j=1}^{n} \frac{l_{sj} - l_s}{k_{ca} l_s} P_{ca\_j} + \frac{\overline{m}_r g + \overline{m}_s g + \overline{m}_p g}{2k_c l_p} l_p^2 + \frac{\overline{m}_r g}{24 E_r I_r} l_{rt}^4 \\
&+ \sum_{j=1}^{n} \frac{l_{pj} - l_p}{k_c l_p} P_{c\_j} + l_{rt} \left[\sum_{j=1}^{n} \frac{(l_r - l_{rj})^3 - l_r^2 (l_r - l_{rj})}{6 E_r I_r l_r} P_{f\_j} - \sum_{j=1}^{n} \frac{2 l_{rj} - l_r}{k_f l_r^2} P_{f\_j} \right. \\
&\left. - \sum_{j=1}^{n} \frac{2 l_{sj} - l_s}{k_{ca} l_s l_r} P_{ca\_j} - \sum_{j=1}^{n} \frac{2 l_{pj} - l_p}{k_c l_p l_r} P_{c\_j} + \frac{\overline{m}_r g}{24 E_r I_r} l_r^3 \right] \\
&+ \frac{l_{rt}^3}{6 E_r I_r} \left[\sum_{j=1}^{n} \frac{l_r - l_{rj}}{l_r} P_{f\_j} - \frac{\overline{m}_r g}{2} l_r \right] - \sum_{j=1}^{t} \frac{(l_r - l_{rj})^3}{6 E_r I_r} P_{f\_j} + \frac{\overline{m}_r g + \overline{m}_s g}{2 k_{ca} l_r} l_r^2
\end{aligned} \tag{4-90}$$

将钢轨竖向位移写成矩阵形式：

$$V_r = H P_f + H_1 P_{ca} + H_2 P_c + I G_r + I_1 G_s + I_2 G_p \tag{4-91}$$

式中，V_r为扣件位置处的钢轨位移矩阵(包括虚拟扣件)；H为扣件力对钢轨位移的影响矩阵；H_1为砂浆弹簧力对钢轨位移的影响矩阵；H_2为接触弹簧力对钢轨位移的影响矩阵；I为钢轨自重对钢轨位移的影响矩阵；I_1为轨道板自重对钢轨位移的影响矩阵；I_2为底座板自重对钢轨位移的影响矩阵。

其元素求解表达式为

$$V_r(t, 1) = Y_{rt} \tag{4-92}$$

$$H(t, j) = \frac{l_{rt}(l_r - l_{rj})^3 - l_{rt} l_r^2 (l_r - l_{rj}) + l_r^3 (l_r - l_{rj}) - (l_r - l_{rj})^3 l_r}{6 E_s I_s l_s}$$

$$+ \frac{l_{rj} - l_r}{k_f l_r} - \frac{2 l_{rj} - l_r}{k_f l_r^2} l_{rt} \tag{4-93}$$

$$H_1(t, j) = \frac{l_{sj} - l_s}{k_{ca} l_s} - \frac{l_{rt}(2 l_{rj} - l_r)}{k_f l_r^2} \tag{4-94}$$

$$H_2(t, j) = \frac{l_{pj} - l_p}{k_c l_p} - \frac{l_{rt}(2 l_{pj} - l_p)}{k_c l_p l_r} \tag{4-95}$$

$$I(t,1) = \frac{l_r^3 l_{rt}}{24E_r I_r} - \frac{l_r l_{rt}^3}{12E_r I_r} + \frac{l_{rt}^4}{24E_r I_r} + \frac{l_r}{2k_f} + \frac{l_p}{2k_c} + \frac{l_s}{2k_{ca}} \quad (4\text{-}96)$$

$$I_1(t,1) = \frac{l_r}{2k_{ca}} + \frac{l_p}{2k_c} \quad (4\text{-}97)$$

$$I_2(t,1) = \frac{l_p}{2k_c} \quad (4\text{-}98)$$

$$G_r(1,1) = \overline{m}_r g \quad (4\text{-}99)$$

式中，$t=1,2,\cdots,n$；$j=1,2,\cdots,n$。对于 $l_{rt}-l_{rj}$，$t \geq j$，即当 $j>t$ 时，$l_{rt}-l_{rj}=0$。

4.7 桥梁结构模型

假设桥梁第 m 跨左侧支座处梁体竖向位移为 d_{m1}，右侧支座处梁体竖向位移为 d_{m2}，见图 4-12。

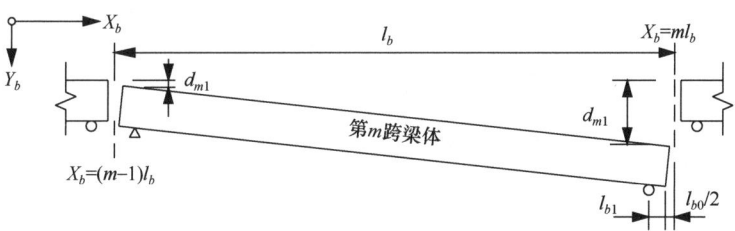

图 4-12 梁体竖向变形示意图

图 4-12 中，l_{b0} 为伸缩缝的长度，l_{b1} 为梁端与支座中心线间的距离，l_b 为标准跨径。

桥梁第 m 跨接触弹簧对应位置处的梁体竖向位移为

$$Y_{mbt} = d_{m1} + \frac{X_{mbt}-(m-1)l_b - l_{b0}/2 - l_{b1}}{l_b - 2l_{b1} - l_{b0}}(d_{m2} - d_{m1}) \quad (4\text{-}100)$$

式中，$(m-1)l_b \leq X_{mbt} \leq ml_b$。

接触弹簧对应位置处的梁体位移矩阵可表示为

$$V_b = Ld_1 + Zd_2 \quad (4\text{-}101)$$

式中，V_b 为桥梁对应接触弹簧位置处的竖向位移矩阵；L 为左侧支座位移对桥梁位移的影响矩阵(m 阶斜对角矩阵)；Z 为右侧支座位移对桥梁位移的影响矩阵(m 阶斜对角矩阵)；d_1 为接触弹簧所在桥梁的左侧支座处梁体位移矩阵(n 维数组)；d_2 为接触弹簧所在桥梁的右侧支座处梁体位移矩阵(n 维数组)。

对于任意的桥梁结构变形,均可采用 V_b 来表达,换言之,只需要改变矩阵 V_b 中的元素,就能实现桥梁结构变形的通用性表达。

4.7.1 桥墩沉降引起的梁体竖向变形

当第 m 跨梁体右侧桥墩产生沉降 d 时,即 $m+1$ 跨梁体左侧桥墩产生沉降 d,第 m 跨梁体左侧支座处梁体竖向位移为 $d_{m1}=0$,右侧支座处梁体竖向位移为 $d_{m2}=d$,第 $m+1$ 跨梁体左侧支座处梁体竖向位移为 $d_{(m+1)1}=d$,右侧支座处梁体竖向位移为 $d_{(m+1)2}=0$,见图 4-13。

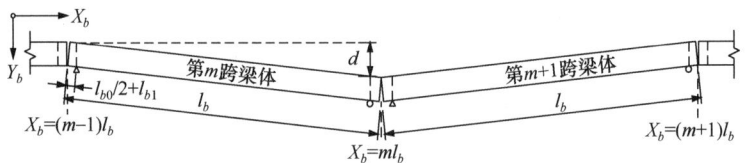

图 4-13 桥墩沉降引起梁体变形示意图

由式(4-100)可知,桥梁第 m 跨扣件对应位置处的梁体竖向位移为

$$Y_{mbt} = \frac{X_{mbt} - (m-1)l_b - l_{b0}/2 - l_{b1}}{l_b - 2l_{b1} - l_{b0}} d \quad (4\text{-}102)$$

桥梁第 $m+1$ 跨扣件对应位置处的梁体竖向位移为

$$Y_{(m+1)bt} = d - \frac{X_{(m+1)bt} - ml_b - l_{b0}/2 - l_{b1}}{l_b - 2l_{b1} - l_{b0}} d \quad (4\text{-}103)$$

式中,$(m-1)l_b \leqslant X_{mbt} \leqslant ml_b$,$ml_b \leqslant X_{(m+1)bt} \leqslant (m+1)l_b$。其余桥跨梁体竖向变形为零。

4.7.2 梁体竖向错台引起的梁体竖向变形

当第 m 跨梁体发生竖向错台 u 时,其余桥跨梁体不受影响,第 m 跨梁体左侧和右侧支座处梁体竖向位移均为 u,见图 4-14。

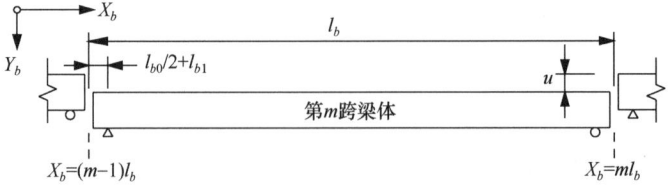

图 4-14 梁体竖向错台示意图

由式(4-100)可知,扣件对应位置处的梁体竖向变形为

$$Y_{mbt} = u \tag{4-104}$$

4.7.3 梁端竖向转角引起的梁体竖向变形

假设第 m 跨发生竖向转角 α,则第 m 跨梁体变形见图 4-15。

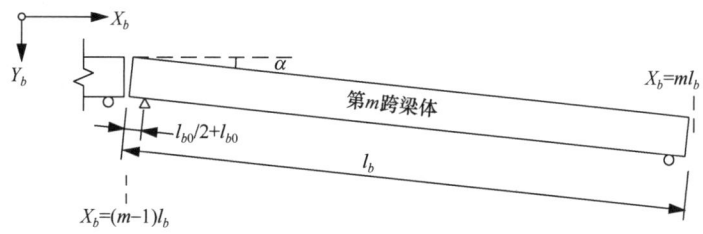

图 4-15 梁端转角示意图

第 m 跨梁体左侧支座处梁体竖向位移为 $d_{m1} = (l_{b0}/2 + l_{b1})\tan\alpha$,右侧支座处梁体竖向位移为 $d_{m2} = (l_b - l_{b0}/2 - l_{b1})\tan\alpha$,扣件对应位置处的梁体竖向变形为

$$Y_{mbt} = (l_{b0}/2 + l_{b1})\tan\alpha + \frac{X_{mbt} - (m-1)l_b - l_{b0}/2 - l_{b1}}{l_b - 2l_{b1} - l_{b0}}(l_b - l_{b0}/2 - l_{b1})\tan\alpha \tag{4-105}$$

式中,$(m-1)l_b \le X_{mbt} \le ml_b$,其余桥跨梁体竖向变形为零。

4.8 层间相互作用力

由上文可知,当梁体发生竖向变形时,无砟轨道层间结构存在相互作用,并在自重作用下达到平衡状态。其中,梁体与底座板之间的相互作用表现为接触弹簧力,底座板与轨道板之间的相互作用表现为砂浆弹簧力,而轨道板与钢轨之间的相互作用表现为扣件力,其数值大小均与层间结构的相对位移和连接刚度有关。当层间结构部分区域出现联结失效时,底座板与轨道板间的相互作用由线性变为非线性,从而层间结构的承力和传力途径发生改变,进而影响钢轨、轨道板、底座板变形。

4.8.1 扣件力

由于虚拟扣件是假想的,并不承受集中力,故假设其刚度为零。对于真实扣件,当扣件无损伤时,扣件刚度为 k_f;结合其他学者对扣件弹条失效的研究[117],当扣件弹条断裂时,扣件将不能继续承受集中力,假定刚度为零。因此,第 i 个

扣件的刚度可写为

$$k_{f\_i} = \begin{cases} 0, & \text{虚拟扣件或扣件弹条断裂} \\ k_f, & \text{扣件无损伤} \end{cases} \quad (4\text{-}106)$$

第 i 个扣件力可写为

$$P_{f\_i} = k_{f\_i}(Y_{ri} - Y_{si}) \quad (4\text{-}107)$$

矩阵表达形式为

$$P_f = K_f V_r - K_f V_s \quad (4\text{-}108)$$

K_f 为 n 阶方阵，其组成形式为

$$K_f = \begin{bmatrix} k_{f\_1} & 0 & 0 & 0 & 0 \\ 0 & \ddots & 0 & 0 & 0 \\ 0 & 0 & k_{f\_i} & 0 & 0 \\ 0 & 0 & 0 & \ddots & 0 \\ 0 & 0 & 0 & 0 & k_{f\_n} \end{bmatrix}$$

4.8.2 砂浆弹簧力

当桥梁-轨道系统无层间联结失效时，与砂浆等效的支承弹簧表现为拉压弹簧，假设刚度为 k_{ca}；当砂浆层出现离缝时，砂浆弹簧呈现出非线性，弹簧在离缝范围内不提供支撑作用，即刚度为零，而在荷载或桥梁附加变形作用下轨道板与砂浆层接触时，砂浆弹簧表现为受压弹簧，刚度为 k_{ca}。由于砂浆层与底座板联结正常，可采用底座板和轨道板的位移差值等效替代轨道板和砂浆层的位移差值，进而作为砂浆弹簧刚度变化的判定条件。当板底脱空时，轨道板与底座板始终分离，两者不进行力的传递，即砂浆弹簧刚度为零。

故第 i 个扣件位置处的砂浆弹簧刚度可写为

$$k_{ca\_i} = \begin{cases} 0, & \text{层间离缝范围内，即 } h < Y_{pi} - Y_{si} \\ 0, & \text{板底脱空} \\ k_{ca}, & \text{层间离缝情况下，轨道板与砂浆层接触，即 } h \geq Y_{pi} - Y_{si} \\ k_{ca}, & \text{层间联结正常} \end{cases} \quad (4\text{-}109)$$

第 i 个砂浆弹簧力可写为

$$P_{ca\_i} = k_{ca\_i}(Y_{si} - Y_{pi} - h_i) \quad (4\text{-}110)$$

式中，在层间离缝区域内，$h_i=h$；在其他区域内，$h_i=0$。

矩阵表达形式为

$$P_{ca} = K_{ca}(V_s - V_p - h) \tag{4-111}$$

式中，K_{ca} 为 n 阶方阵，其组成形式为

$$K_{ca} = \begin{bmatrix} k_{ca\_1} & 0 & 0 & 0 & 0 \\ 0 & \ddots & 0 & 0 & 0 \\ 0 & 0 & k_{ca\_i} & 0 & 0 \\ 0 & 0 & 0 & \ddots & 0 \\ 0 & 0 & 0 & 0 & k_{ca\_n} \end{bmatrix}$$

4.8.3 接触弹簧力

桥梁与底座板之间的非线性接触表现为完全接触、临界接触、完全分离三种形式。对于完全接触，底座板与梁体接触并传递压力；对于临界接触，底座板与梁体处于接触临界状态，两者接触但没有相互作用；对于完全分离，底座板与梁体产生间隙，不进行力的传递。令接触弹簧刚度为 k_c，则第 i 个扣件位置处的砂浆弹簧刚度可写为

$$k_{c\_i} = \begin{cases} 0, & 梁体与底座板分离，即 Y_{pi} < Y_{bi} \\ k_c, & 梁体与底座板接触，即 Y_{pi} \geqslant Y_{bi} \end{cases} \tag{4-112}$$

第 i 个接触弹簧力可写为

$$P_{c\_i} = k_{c\_i}(Y_{pi} - Y_{bi}) \tag{4-113}$$

矩阵表达形式为

$$P_c = K_c(V_p - V_b) \tag{4-114}$$

式中，K_c 为 n 阶方阵，为主对角矩阵

$$K_c = \begin{bmatrix} k_{c\_1} & 0 & 0 & 0 & 0 \\ 0 & \ddots & 0 & 0 & 0 \\ 0 & 0 & k_{c\_i} & 0 & 0 \\ 0 & 0 & 0 & \ddots & 0 \\ 0 & 0 & 0 & 0 & k_{c\_n} \end{bmatrix}$$

4.9 桥梁附加变形与轨道不平顺的映射通用解析模型

联立矩阵(4-25)、(4-60)、(4-91)、(4-101)、(4-108)、(4-111)、(4-114)，可得竖向变形映射通用模型矩阵如下：

$$\begin{cases} V_p = A_1 P_{ca} + A_2 P_c + BG_r + B_1 G_s + B_2 G_p \\ V_s = CP_f + C_1 P_{ca} + C_2 P_c + DG_r + D_1 G_s + D_2 G_p \\ V_r = HP_f + H_1 P_{ca} + H_2 P_c + IG_r + I_1 G_s + I_2 G_p \\ V_b = Ld_1 + Zd_2 \\ P_f = K_f V_r - K_f V_s \\ P_{ca} = K_{ca}(V_s - V_p - h) \\ P_c = K_c(V_p - V_b) \end{cases} \quad (4\text{-}115)$$

该方程组可化简为

$$\begin{bmatrix} AK_c + AK_{ca} - E & -AK_{ca} & 0 \\ (C_2 - C_1)K_c & CK_{ca} - E + CK_f & CK_f \\ H_2 K_c - H_1 K_{ca} & H_1 K_{ca} - HK_f & HK_f - E \end{bmatrix} \begin{Bmatrix} V_p \\ V_s \\ V_r \end{Bmatrix} = \begin{Bmatrix} -BG_p + AK_c V_b \\ C_2 K_c V_b - DG_s - D_1 G_p \\ H_2 K_c V_b - IG_r - I_1 G_s - I_2 G_p \end{Bmatrix}$$

(4-116)

式中，E 为单位矩阵。

对于底座板和梁体之间连接刚度 K_c(接触弹簧刚度)的确定可通过循环迭代实现，具体步骤如下：

(1) 假设底座板与梁体初始状态为全接触，即对于任意的 i，均有 $k_{c\_i}=k_c$；

(2) 通过矩阵(4-101)和方程组(4-116)，分别求得接触弹簧位置处梁体位移 Y_{bi} 和底座板位移 Y_{pi}；

(3) 通过方程(4-112)，得到 k_{c_i}；

(4) 将(3)计算得到的 K_c 代入方程组(4-116)中，重复(2)和(3)，直到 K_c 中的数值保持不变。

层间离缝区砂浆弹簧刚度的确定方法与接触弹簧刚度的确定方法类似，假定层间离缝区轨道板和砂浆层在初始阶段分离，且相差高度为 h，通过方程(4-109)和方程(4-116)循环迭代，直到层间离缝区的砂浆弹簧刚度矩阵 K_{ca} 保持不变。

当 K_c 和 K_{ca} 保持不变时，通过式(4-116)求出各弹簧位置处的钢轨、轨道板以及底座板的竖向位移 Y_{ri}、Y_{si}、Y_{pi}，进而根据式(4-115)，将扣件力矩阵和结构自重

表示为钢轨竖向变形的单值函数,如下所示:

$$
\begin{aligned}
Y_{rt} =& \frac{\bar{m}_r g}{2k_f l_r} l_r^2 + \sum_{j=1}^{n} \frac{l_{rj}-l_r}{k_f l_r} P_{f\_j} + \sum_{j=1}^{n} \frac{l_{sj}-l_s}{k_{ca} l_s} P_{ca\_j} + \frac{\bar{m}_r g + \bar{m}_s g + \bar{m}_p g}{2k_c l_p} l_p^2 + \frac{\bar{m}_r g}{24 E_r I_r} l_{rt}^4 \\
&+ \sum_{j=1}^{n} \frac{l_{pj}-l_p}{k_c l_p} P_{c\_j} + l_{rt} \left[\begin{array}{l} \displaystyle\sum_{j=1}^{n} \frac{(l_r-l_{rj})^3 - l_r^2(l_r-l_{rj})}{6 E_r I_r l_r} P_{f\_j} - \sum_{j=1}^{n} \frac{2l_{rj}-l_r}{k_f l_r^2} P_{f\_j} \\ \displaystyle -\sum_{j=1}^{n} \frac{2l_{sj}-l_s}{k_{ca} l_s l_r} P_{ca\_j} - \sum_{j=1}^{n} \frac{2l_{pj}-l_p}{k_c l_p l_r} P_{c\_j} + \frac{\bar{m}_r g}{24 E_r I_r} l_r^3 \end{array} \right] \\
&+ \frac{l_{rt}^3}{6 E_r I_r} \left[\sum_{j=1}^{n} \frac{l_r-l_{rj}}{l_r} P_{f\_j} - \frac{\bar{m}_r g}{2} l_r \right] - \sum_{j=1}^{t} \frac{(l_r-l_{rj})^3}{6 E_r I_r} P_{f\_j} + \frac{\bar{m}_r g + \bar{m}_s g}{2 k_{ca} l_r} l_r^2
\end{aligned}
$$

式中,$l_{r(t-1)} \leqslant X_r \leqslant l_{rt}$,对于 $X_{rt}-l_{rj}$,$t \geqslant j$,即当 $j > t$ 时,$X_{rt}-l_{rj}=0$。

上述桥梁-轨道映射模型的通用性体现在:该模型能适用于不同的桥梁附加竖向变形模式。对于不同的桥梁附加竖向变形,只需要改变矩阵 V_b 中的元素即可。该模型的另一个优势在于:模型考虑了无砟轨道结构层间联结失效,能够更好地反映实际服役情况。

4.10 解析模型编程求解流程

基于桥梁结构附加变形与钢轨变形的映射通用解析模型,利用 MATLAB 编程进行求解。本章以 CRTS Ⅱ 型纵连板式无砟轨道结构和 4 跨 32m 简支梁桥为例(计算时,假定虚拟扣件间距为真实扣件间距的 1/10),分别求解桥梁-轨道系统无层间联结失效时三种变形模式(桥墩沉降、梁体竖向错台、梁端竖向转角)下钢轨的变形,以及该系统存在层间联结失效(扣件弹条断裂、层间离缝、板底脱空)时梁体发生竖向变形情况下的钢轨变形。

求解过程主要分为三部分:基本参数的输入以及相关初始矩阵的建立、矩阵计算以及刚度矩阵的迭代和结果输出。其中,参数主要包括结构参数(桥跨数目、梁体长度等)和材料参数(钢轨竖向刚度、砂浆层刚度等),初始矩阵包括梁体竖向位移矩阵、连接弹簧的初始刚度矩阵(扣件弹簧、接触弹簧、砂浆弹簧)、各层结构(钢轨、轨道板、底座板)竖向位移的影响矩阵;基于桥梁-轨道变形映射通用模型矩阵进行求解,并根据判断条件实时更新刚度矩阵,进行迭代计算;根据式(4-115)将扣件力矩阵和自重矩阵表示为梁体变形的单值函数,计算程序流程见图 4-16。

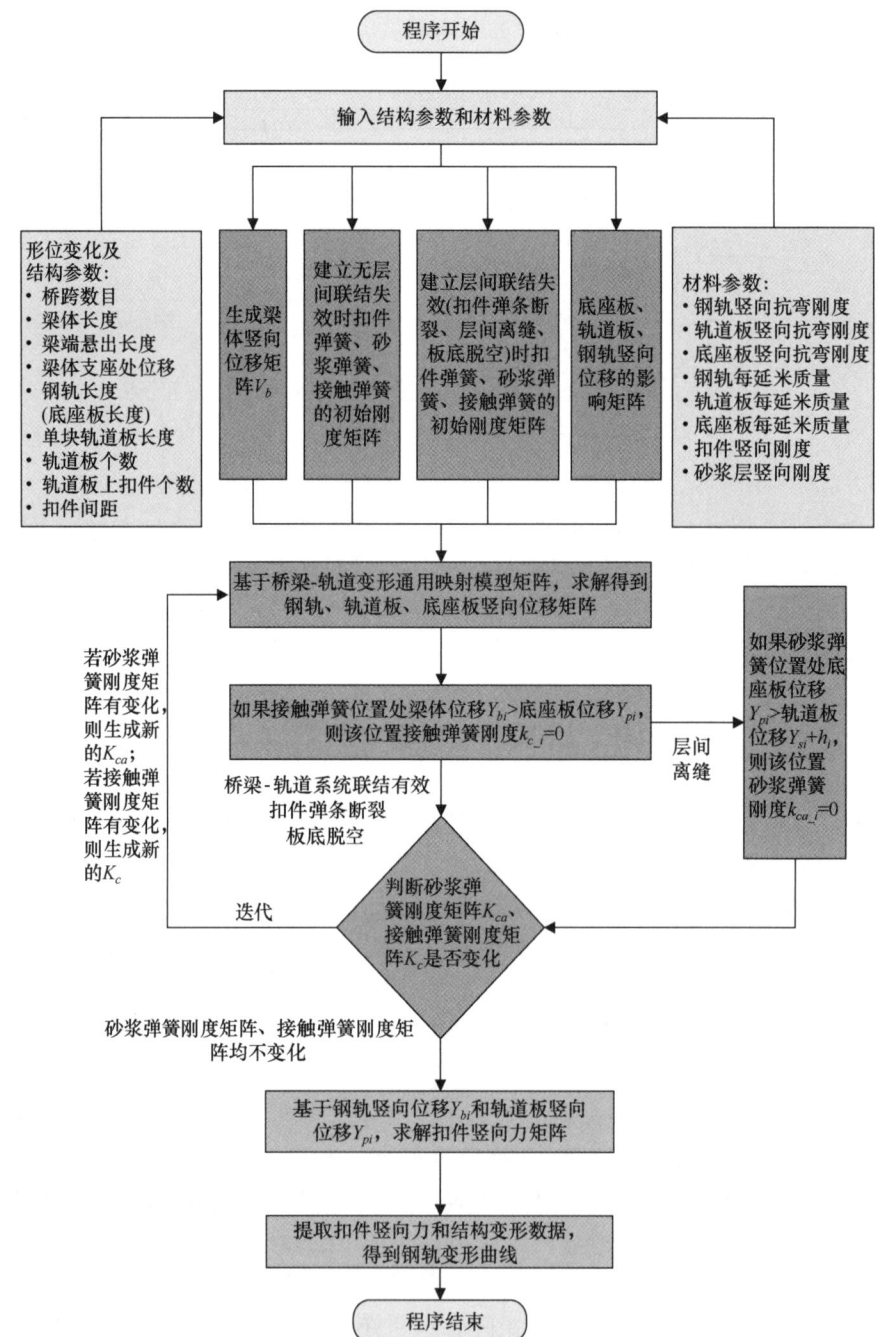

图 4-16 桥梁结构附加变形与钢轨变形的映射关系求解流程图

4.11 桥梁结构及纵连板式无砟轨道有限元模型

4.11.1 参数取值

以京沪高速铁路 CRTS Ⅱ型纵连板式无砟轨道区段为实际工程背景，针对双线 4 跨 32m 简支单箱梁桥进行分析，梁体截面见图 4-17。其中，梁体混凝土材料为 C50，弹性模量为 $3.55×10^4$MPa，预应力钢绞线为 1×7-15.2-1860。

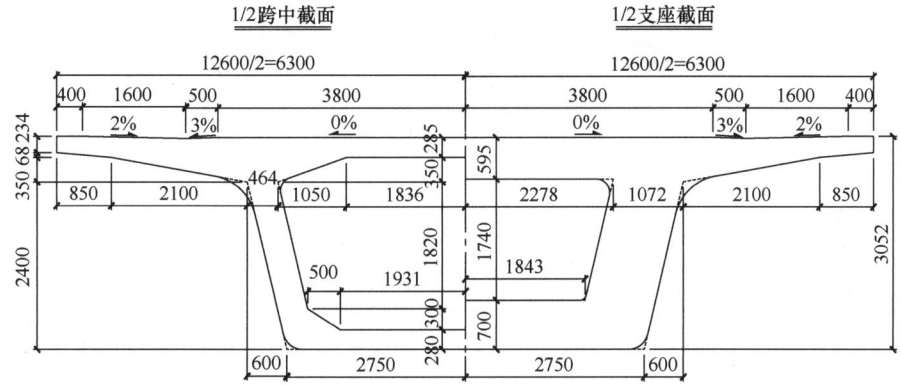

图 4-17 梁体跨中和支座处截面图(单位：mm)

结合其他学者研究[118]，以及《高速铁路设计规范》[20]中关于 CRTS Ⅱ型纵连板式无砟轨道结构的规定，无砟轨道结构形式及材料属性如下：底座板采用 3000mm×200mm C40 钢筋混凝土纵连；轨道板采用 6450mm×2550mm×200mm C60 混凝土，每隔 65cm 横向预设深度为板厚 1/3 的假缝，并通过连接锁件施加纵向力实现板间纵连；钢轨采用 130m 定尺长 60kg/m 新轨；扣件型号采用 WJ-8C 型有挡肩扣件；CA 砂浆层采用 2550mm×30mm C40 钢筋混凝土纵连，见图 4-18。

结合《铁路桥涵混凝土结构设计规范》(TB 10092—2017)[110]关于预应力混凝土简支梁及 CRTS Ⅱ型纵连板式无砟轨道结构的规定，选取的参数见表 4-1。其中，无砟轨道扣件系统弹性垫层静刚度为 20~30kN/mm[20]，本节扣件竖向刚度取值为 30kN/mm；根据现有技术条件，CA 砂浆层弹性模量为 7000~10000MPa，本节选取 8000MPa，其竖向弹簧系数结合文献取值[119]。需要特别说明的是，桥梁-轨道变形映射通用模型是以半结构进行等效分析的，映射模型计算时截面惯性矩采用 $I_{zz}/2$。

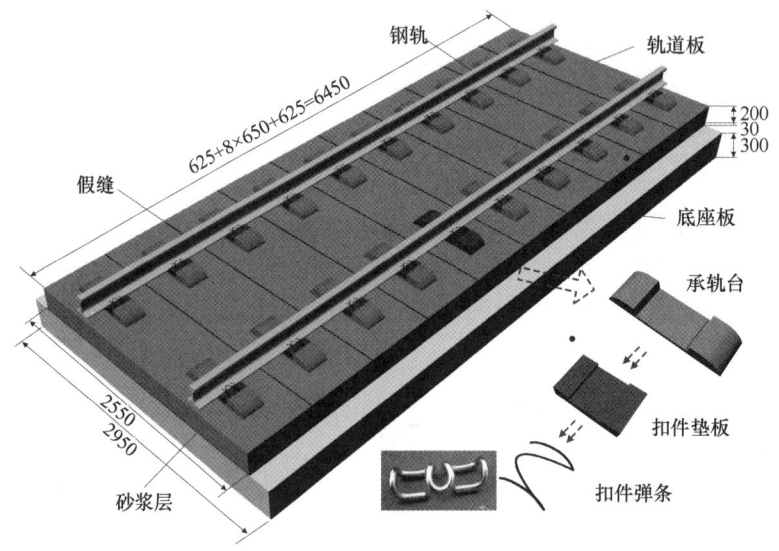

图 4-18 CRTS Ⅱ 型纵连板式无砟轨道结构布置图(单位：mm)

表 4-1 桥梁及 CRTS Ⅱ 型纵连板式无砟轨道结构主要计算参数

构件	属性	惯性矩 I_{zz}/mm^4	弹性模量 /MPa	泊松比	弹簧刚度/(N/m)
预应力钢绞线	1×7-15.2-1860	—	$1.95×10^5$	0.3	—
梁体	C50 混凝土	$1.086×10^{13}$	$3.55×10^4$	0.2	—
底座板	C40 混凝土	$6.6375×10^9$	$3.40×10^4$	0.2	—
砂浆层	CA 砂浆	—	$8.00×10^3$ (弹性阶段)	0.2	$9.0×10^8$
轨道板	C60 混凝土	$1.7×10^9$	$3.65×10^4$	0.2	—
扣件	WJ-8C 型	—	—	—	$3.0×10^7$ (弹性阶段)
钢轨	U71MnG	$3.215×10^7$	$2.10×10^4$	0.3	—

4.11.2 有限元模型的建立

基于 ABAQUS 有限元软件建立含典型伤损的桥梁-轨道非线性三维实体精细化有限元模型时，为提高计算速度，钢轨采用三维梁单元 B31 模拟，桥墩、梁体、底座板、砂浆层、轨道板、承轨台均采用八节点线性六面体单元 C3D8R 模拟。考虑到桥梁附加变形的多种"加载模式"，采用滞回曲线描述扣件位移阻力关系，拟用连接单元建立含不可恢复滞回性能的弹塑性扣件弹簧模型。由于承轨台固定于轨道板上，承轨台与轨道板连接紧密，因而承轨台与轨道板之间的接触关系采用面面约束的 TIE 约束。桥梁支座采用连接弹簧来模拟，桥墩底部施加节点平动自由度约束，钢轨端部通过扣件连接单元与轨道板连接。对于桥墩沉降，通过改变桥墩墩底的节点平动自由度约束来模拟；对于梁体竖向错台和梁端竖向转角，通过改变部分支座处连接弹簧刚度模拟梁体变形。模型计算时，需要考虑结构自重。CRTS Ⅱ 型纵连板式无砟轨道与桥梁结构的有限元模型见图 4-19。

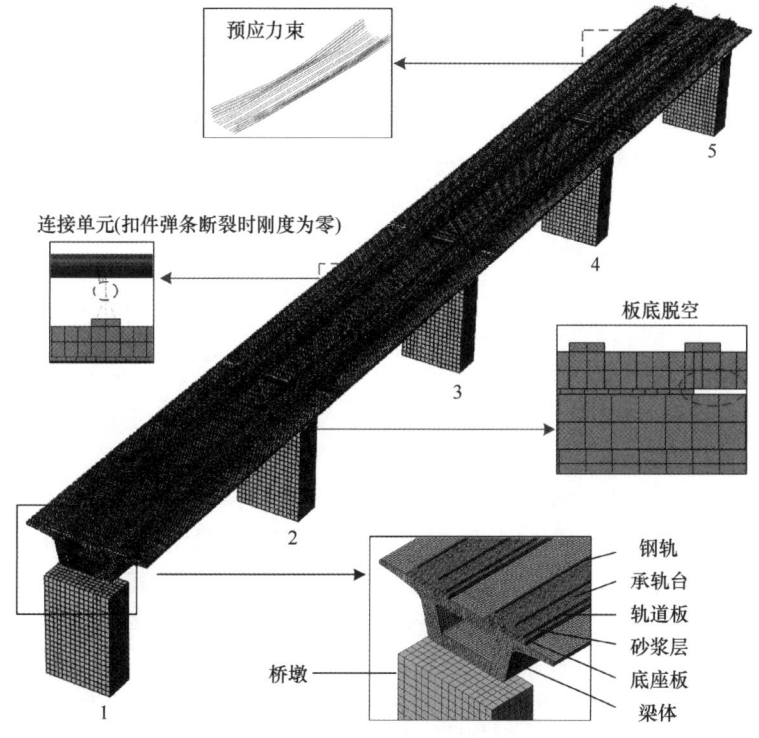

图 4-19 CRTS Ⅱ 型纵连板式无砟轨道与桥梁结构有限元模型示意图

针对桥梁与底座板间的非线性接触问题，采用层间完全接触、临界接触、完全分离三种接触方式及对应的单元组集方式，基于桥轨接触问题的迭代求解过程及接触单元约束模量系数的自适应算法，并采用双节点偶对来模拟梁体与底座板的非线性接触行为。考虑到沥青水泥砂浆层材料本身更接近于黏弹性材料，将按照实际的阻力作用建立基于黏弹性本构关系的非线性砂浆，并引入连接层时序演化指数模拟层间离缝，通过局部改变砂浆层厚度来模拟轨道板底砂浆层脱空。

4.12 桥梁-轨道变形映射通用解析模型的验证

为验证桥梁-轨道变形映射通用解析模型的可靠性，本节主要进行三项对比：

(1) 当桥梁-轨道系统无层间联结失效时，对比桥墩沉降、梁体竖向错台和梁端竖向转角三种变形模式情况下的有限元模型数值解与映射模型解析解。

(2) 以桥墩沉降条件下层间离缝、板底脱空、扣件弹条断裂为例，对比有限元模型数值解与映射模型解析解。

(3) 基于京沪高速铁路某区段上行线轨道高低不平顺实测数据，对比验证桥墩不均匀沉降和板底脱空共同作用下的映射模型解析解。

4.12.1 无层间联结失效时解析模型与有限元模型的对比

根据 4.11 节无层间联结失效的有限元模型，本节以简支梁(32m)及 CRTS Ⅱ型纵连板式无砟轨道结构为例，主要计算三种桥梁竖向变形模式(桥墩沉降、梁体竖向错台、梁端竖向转角)下钢轨变形、钢轨变形区域长度及扣件力，并将计算结果与映射模型结果进行对比分析。

为探讨桥梁附加竖向变形对钢轨变形的影响程度，本节假定钢轨变形量与仅结构自重作用下钢轨变形量的差值为净变形量，定义净变形量超过 0.01mm 的区域为钢轨变形区域。

1. 桥墩沉降

综合参考高速铁路桥梁结构变形限值[120]及国内外学者研究成果[121]，以 3 号桥墩沉降 10mm 为例，由映射模型和有限元模型求解得到的钢轨整体变形见图 4-20；变形区域数据见表 4-2；桥梁-轨道系统变形云图见图 4-21。其中，横坐标为线路里程，并假定 1 号桥墩(图 4-19)处里程为零，纵坐标为钢轨竖向变形，钢轨向下变形为正，向上变形为负。

由图 4-20 可以看出，在桥墩沉降情况下，解析模型和有限元模型对应的钢轨变形曲线基本重合。总体上，钢轨随梁体产生跟随性变形，钢轨几何形态关于沉降墩对称，其向上变形最大值位于 2 号和 4 号桥墩处，向下变形最大值位于 3 号

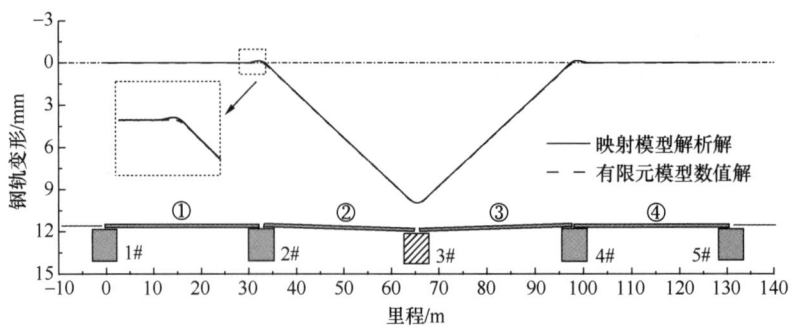

图 4-20　桥墩沉降 10mm 时钢轨整体变形图

表 4-2　桥墩沉降 10mm 时轨道不平顺结果

分析结果	轨道变形		变形域		
	向上最大值	向下最大值	区域长度	起点坐标	终点坐标
映射模型解析解	−0.140mm	9.951mm	71.11m	29.90m	101.01m
有限元模型数值解	−0.129mm	9.954mm	68.85m	30.88m	99.73m
相对误差	7.86%	0.03%	3.18%	3.28%	1.27%

注：相对误差=|有限元模型数值解结果−映射模型解析解结果|/映射模型解析解结果×100%。

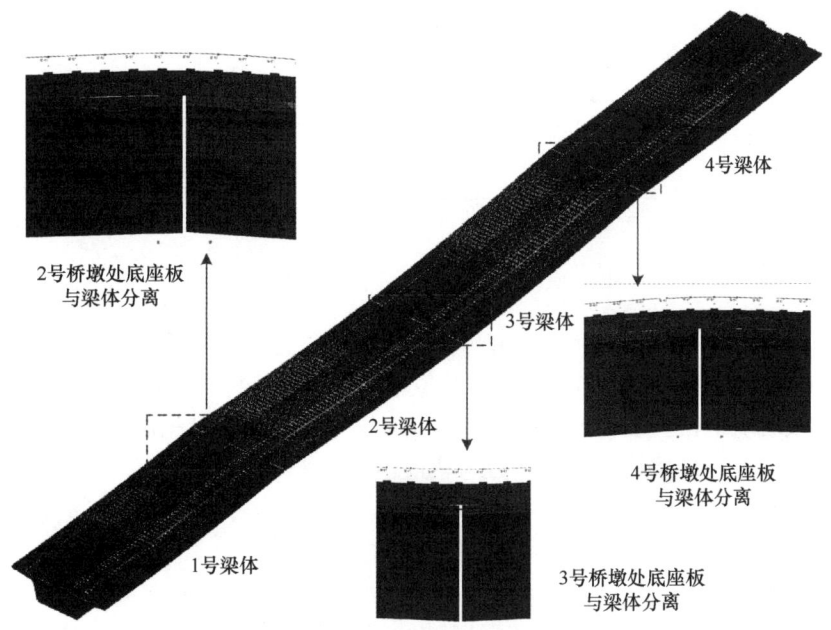

图 4-21　桥墩沉降 10mm 时桥梁-轨道系统变形云图

桥墩处。在进出沉降区域时，钢轨略微上翘，从而形成竖向转角，这与梁端变形及无砟轨道结构受力状态密切相关。结合图 4-21 可以看出，在桥墩沉降处，钢轨平稳过渡，这是因为该处底座板与梁体出现脱空，使底座板及以上结构变形较为平缓。在远离沉降区域，钢轨受自重作用而整体下移，约 0.00998mm。以上表明：针对纵连板式无砟轨道结构，映射解析公式和有限元模型均可用于求解桥墩沉降和钢轨变形的映射关系。相比于有限元模型，解析表达式能大大缩短建模计算时间，可以更好地描述各个参数对钢轨变形的影响。

由表 4-2 可知，桥墩沉降工况下，由解析方法和有限元方法获得的轨道不平顺数据相差较小，向上变形最大值、向下变形最大值、区域长度相对误差依次为

7.86%、0.03%、3.18%，表明无层间联结失效时解析模型准确有效。

为了更直观地展示扣件力沿里程的分布规律，本节将各真实扣件处的扣件力相连，绘制扣件力变化图，见图 4-22。其中，横坐标为线路里程，纵坐标为扣件力，扣件力受压为正，受拉为负。从图中可以看出，当桥墩发生沉降时，基于两种模型得到的扣件力吻合较好，绝对偏差不超过 0.16kN，总体上关于沉降墩对称。沿里程增加的方向，在进出沉降区域及桥墩沉降处扣件力变化较大，这与钢轨竖向位移局部突变相符；在扣件力稳定区，扣件力不为零，这是模型计算时考虑了结构自重的缘故。

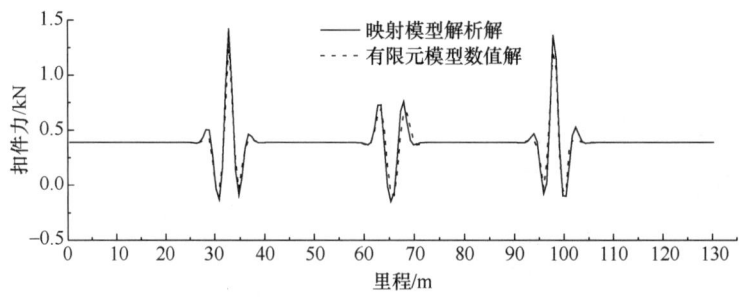

图 4-22　桥墩沉降 10mm 时扣件力变化图

综上，在桥墩沉降工况下，由解析方法与有限元方法求解得到的轨道不平顺趋势、扣件力变化趋势等基本一致，数值相近，有效证明了桥梁-轨道系统无层间联结失效时映射模型在桥墩沉降下的准确性。与有限元模型相比，解析模型求解快速方便，可以更好地显示各参数与轨道不平顺之间的关系。

2. 梁体竖向错台

以 3 号梁体发生竖向错台变形 3mm 为例，将有限元模型和映射模型的计算结果绘制成图(图 4-23)，其变形区域数据见表 4-3，桥梁-轨道系统变形云图见图 4-24。

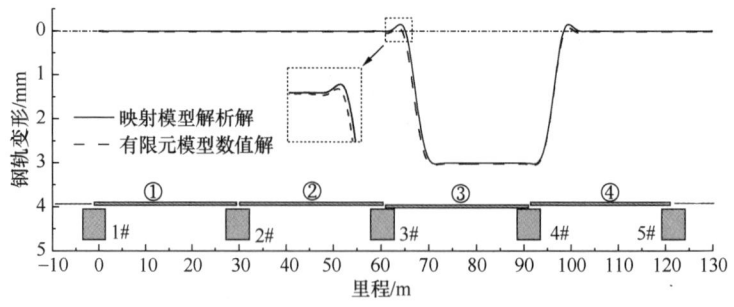

图 4-23　梁体竖向错台 3mm 时钢轨整体变形图

表 4-3　梁体竖向错台 3mm 时轨道不平顺结果

分析结果	轨道变形		变形域		
	向上最大值	向下最大值	区域长度	起点坐标	终点坐标
映射模型解析解	−0.141mm	3.031mm	39.65m	61.94m	101.59m
有限元模型数值解	−0.128mm	3.054mm	38.78m	62.01m	100.79m
相对误差	9.22%	0.76%	2.19%	0.11%	0.79%

注：相对误差=|有限元模型数值解结果−映射模型解析解结果|/映射模型解析解结果×100%。

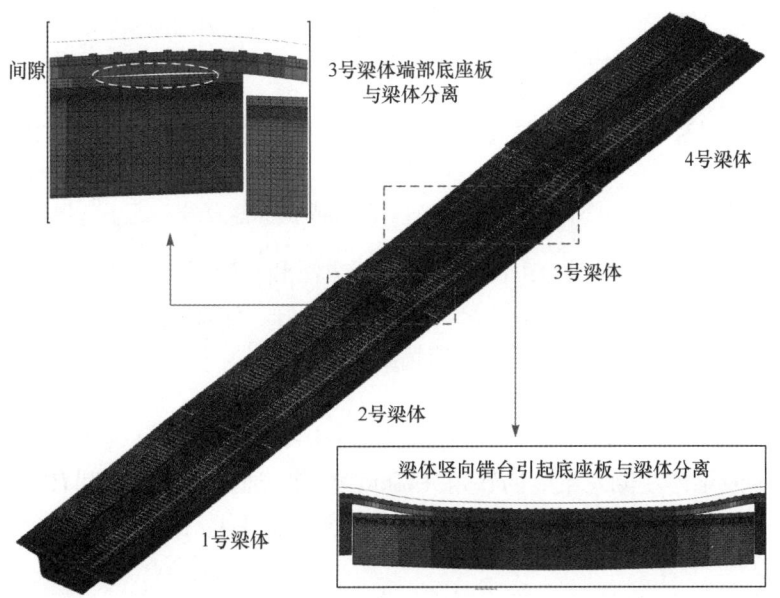

图 4-24　梁体竖向错台 3mm 时桥梁-轨道系统变形云图

由图 4-23 可以看出，当梁体发生竖向错台时，基于两种模型求解得到的钢轨变形曲线趋势基本一致，钢轨整体上跟随梁体变形，且钢轨变形关于 3 号梁体跨中对称。结合图 4-24 可以看出，在进出错台区域时，轨道形状先略微上翘，然后下降，最后通过轻微下凹平滑过渡到梁体竖向错台值，这与梁端处梁体与底座板脱空有关。在远离竖向错台区域，钢轨变形迅速减小，稳定在 0.00998mm(结构自重作用下的位移)。

由表 4-3 可得，当梁体竖向错台 3mm 时，有限元模型与映射模型计算的钢轨变形结果相差较小，向上变形最大值、向下变形最大值、区域长度相对误差分别为 9.22%、0.76%、2.19%，表明轨道变形解析模型准确有效。

在梁体竖向错台 3mm 情况下，基于解析模型和有限元模型求得的扣件力见图 4-25。从图中可以看出，扣件力的映射模型解析解与有限元模型数值解相差较小，绝对偏差不超过 0.15kN。沿里程增加的方向，扣件力关于 3 号梁体跨中对称。在进入梁体竖向错台区域后，扣件力先缓慢增大，接着迅速减小，然后突然增大，在达到最大值后又突然减小，随后继续增大再缓慢减小，逐渐趋于稳定，这与钢轨竖向位移局部突变相符；在远离梁体竖向错台区域，扣件力保持不变。

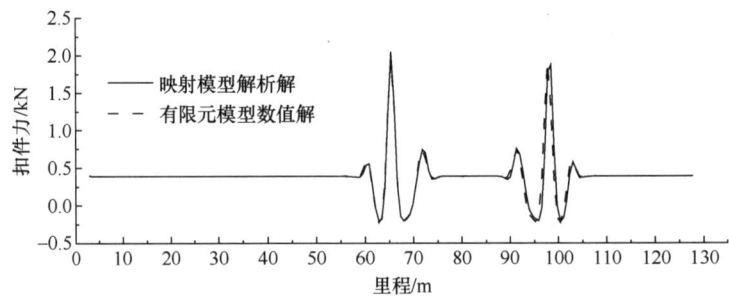

图 4-25　梁体竖向错台 3mm 时扣件力图

综上，在梁体竖向错台工况下，由解析方法和有限元方法得到的轨道不平顺趋势、扣件力变化趋势等基本一致，数值吻合较好，有效验证了桥梁-轨道系统无层间联结失效时映射模型在梁体竖向错台下的可靠性。

3. 梁端竖向转角

以 3 号梁体左侧发生竖向转角 1‰rad 为例，通过解析模型和有限元模型求得的钢轨变形曲线见图 4-26，其变形区域数据见表 4-4，桥梁-轨道系统变形云图见图 4-27。

由图 4-26 可以看出，在梁端竖向转角条件下，两种计算方法对应的轨道不平顺曲线基本重合，轨道整体变形趋势与梁体变形一致。在梁端转角区域，随里程的增加，钢轨先略微上翘，然后下降，在底部缓慢过渡，形成一个"折角"后迅速

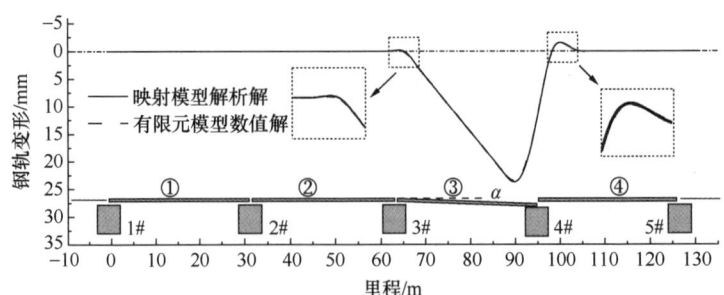

图 4-26　梁端竖向转角 1‰rad 时钢轨整体变形图

表 4-4 梁端竖向转角 1‰rad 时轨道不平顺结果

分析结果	轨道变形		变形域		
	向上最大值	向下最大值	区域长度	起点坐标	终点坐标
映射模型解析解	−1.548mm	23.960mm	44.25m	61.69m	105.94m
有限元模型数值解	−1.505mm	23.470mm	44.98m	61.56m	106.54m
相对误差	2.78%	2.05%	1.65%	0.21%	0.57%

注：相对误差=|有限元模型数值解结果−映射模型解析解结果|/映射模型解析解结果×100%。

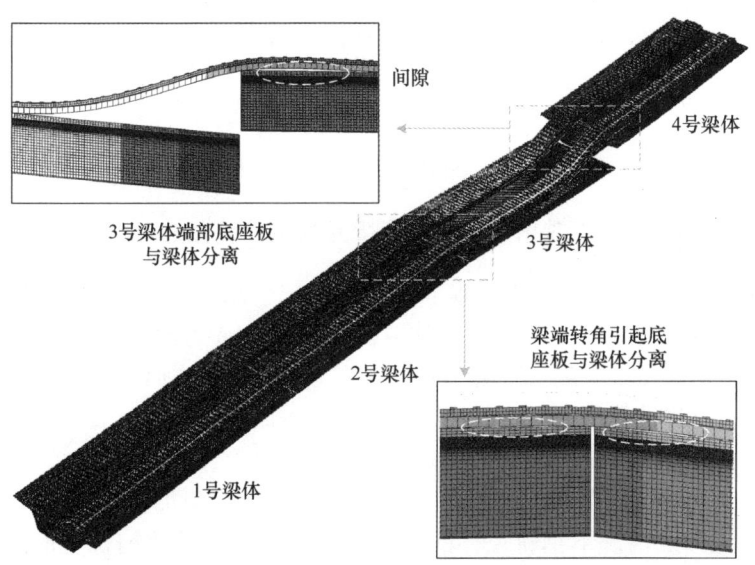

图 4-27 梁端竖向转角 1‰rad 时桥梁-轨道系统变形云图

上升，最后轻微下凹并保持不变，总体上近似于"V"字。相比于梁端转角区小里程侧，大里程侧钢轨上翘现象更明显，这与大里程侧梁体竖向位移较大以及扣件力的受力状态有关。在远离梁端竖向转角区，钢轨变形迅速减小，并保持不变。由图 4-27 可以看出，梁端转角情况下，具有纵连特性的底座板会与梁体分离，可以有效地减小钢轨竖向变形，但会对相邻梁体与其底座板之间的相对位移产生影响。

由表 4-4 可得，在转角工况下，两种方法得到的轨道变形数值相近，向上变形最大值、向下变形最大值、区域长度相对误差分别为 2.78%、2.05%、1.65%，表明梁端竖向转角条件下解析模型准确有效。

在梁端转角 1‰rad 工况下，基于有限元模型与映射模型求得的扣件力见图 4-28。从图中可以看出，扣件力的映射模型解析解与有限元模型数值解符合得较好，绝对偏差不超过 0.47kN。沿里程增加的方向，3 号桥墩处扣件力的变化趋势与梁体竖向错台情况下对应位置处扣件力的变化趋势基本一致，这与两种梁体竖向变形模式下 3 号桥墩处钢轨变形相符；4 号桥墩处扣件力峰值大于 3 号桥墩处扣件力的峰值，从而导致 4 号桥墩处钢轨上翘现象更明显。在远离梁端竖向转角区域，扣件力保持不变。

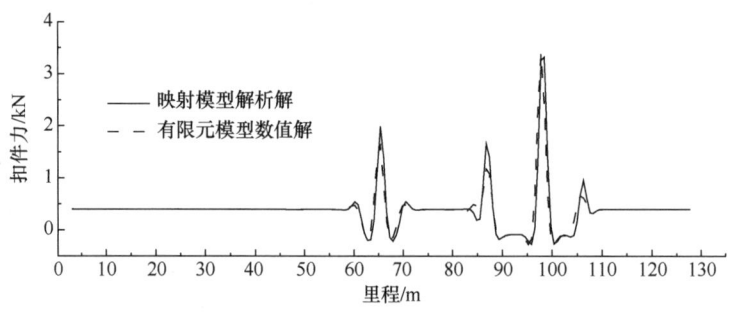

图 4-28　梁端竖向转角 1‰rad 时扣件力变化图

4.12.2　层间联结失效时映射解析值与有限元模型计算值的对比

根据 4.11.2 节有限元模型，本节选取 32m 简支梁及 CRTS Ⅱ 型纵连板式无砟轨道结构为研究对象，以 3 号桥墩（图 4-19）沉降 10mm 为例，分别计算层间离缝、板底脱空、扣件弹条断裂三种层间联结失效工况下钢轨变形、扣件力、钢轨变形区域长度，并将计算结果与映射模型结果进行对比分析。

根据其他学者研究成果[122]可知，层间联结失效长度与因联结失效引起的钢轨变形长度并不相同。因此，本节定义当桥梁发生附加变形时，层间联结失效和联结无失效情况下钢轨位移的差值为层间联结失效致钢轨变形值，并假定层间联结失效致钢轨变形值大于 0.01mm 的区域为层间联结失效致钢轨变形区域。

1. 板底脱空情况下映射模型与有限元模型对比

由 4.12.1 节可知，当桥墩发生沉降时，靠近沉降墩的相邻桥墩处扣件力峰值最大，其受力状态为最不利状态，故本节重点研究 2 号桥墩（里程 32.7m）处板底脱空对桥梁-轨道系统的影响。

在桥墩沉降工况下，当板底脱空纵向长度为 3m 时，解析模型与有限元模型对应的轨道不平顺曲线见图 4-29，联结失效致钢轨变形区域数据见表 4-5，桥梁-轨道系统变形云图见图 4-30。其中，横坐标为线路里程，并假定 1 号桥墩处里程为零，纵坐标为钢轨竖向变形，钢轨向下变形为正，向上变形为负。

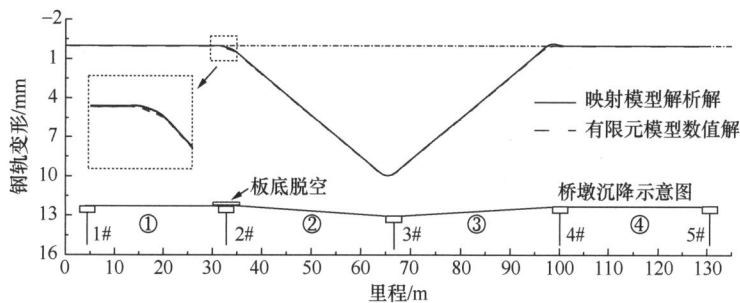

图 4-29　2 号桥墩处板底脱空 3m 时钢轨整体变形图

表 4-5　2 号桥墩处板底脱空 3m 时层间联结失效致钢轨变形结果

分析结果	联结失效致钢轨变形最大值	联结失效致钢轨变形域		
		区域长度	起点坐标	终点坐标
映射模型解析解	0.225mm	4.75m	30.29m	35.04m
有限元模型数值解	0.202mm	4.52m	30.63m	35.15m
相对误差	10.22%	4.84%	1.12%	0.31%

注：相对误差=|有限元模型数值解结果−映射模型解析解结果|/映射模型解析解结果×100%。

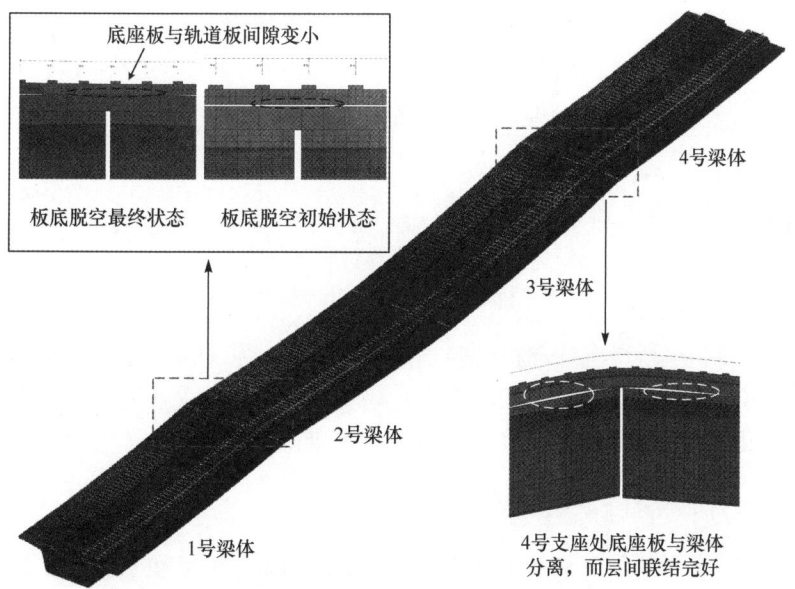

图 4-30　2 号桥墩处板底脱空 3m 时桥梁-轨道系统变形云图

从图 4-29 可以看出，当桥墩沉降和板底脱空共同作用时，由两种方法求得的轨道不平顺曲线基本重合，轨道不平顺趋势与仅由桥墩沉降引起的轨道不平顺趋势基本一致，板底脱空只会导致钢轨在既有变形的基础上局部"下陷"。当 2 号桥墩处板底脱空 3m 时，相比于 4 号桥墩处钢轨变形，2 号桥墩处钢轨未上翘，这是因为板底脱空导致该区域轨道板未受到向上的支撑力，从而使轨道板向下变形，进而引起钢轨发生跟随变形(图 4-30)。由图 4-30 可知，从板底脱空的初始状态至最终状态，底座板与轨道板之间的间隙厚度变小，这与脱空区域的钢轨变形相符。

由表 4-5 可得，当 2 号桥墩处板底脱空 3m 时，基于两种方法计算得到的层间联结失效致钢轨变形值相差较小，联结失效致钢轨变形区域长度相对误差为 4.84%，联结失效致钢轨变形最大值相对误差 10.22%，这是因为当数据数量级过小时，较小的绝对误差会引起较大的相对误差。以上表明桥墩沉降模式下，映射模型在砂浆层出现脱空时准确有效。与有限元模型相比，含板底脱空的映射模型不仅能缩短计算时间，还可以更好地描述各个脱空参数对钢轨变形的影响。

在板底脱空 3m 情况下，基于有限元模型与映射模型求得的扣件力见图 4-31。从图中可以看出，扣件力的映射模型解析解与有限元模型数值解符合得较好，绝对偏差不超过 0.27kN。当 3 号桥墩发生沉降时，2 号桥墩处板底脱空只会引起该区域的扣件力重新分布，使原先受压的扣件受拉，而对其他非脱空区域的扣件力无影响，这与钢轨变形相符。

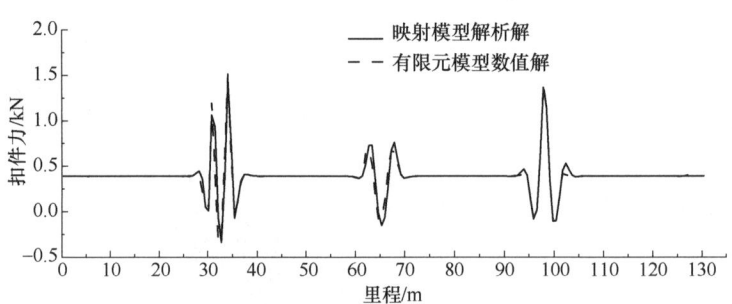

图 4-31　2 号桥墩处板底脱空 3m 时扣件力变化图

综上可得，当桥墩沉降和板底脱空同时发生时，基于解析模型与有限元模型得到的轨道不平顺变化趋势、扣件力变化趋势相同，联结失效致钢轨变形数值和区域长度相近，表明含板底脱空的映射模型是准确有效的。

2. 层间离缝情况下映射模型与有限元模型对比

参考其他学者对层间离缝的研究[122]，取初始离缝高度为 0.5mm。根据现场调查统计，层间离缝纵向长度多为 2～3m，本节离缝纵向长度取 3m。考虑到沉降墩的相邻桥墩处扣件受力最为不利，以 2 号桥墩(离缝 32.7m)处出现层间离缝为例进行分析。当 3 号桥墩沉降时，层间离缝情况下解析模型与有限元模型对应的钢轨整体变形见图 4-32，其联结失效致钢轨变形区域数据见表 4-6，桥梁-轨道系统变形云图见图 4-33。

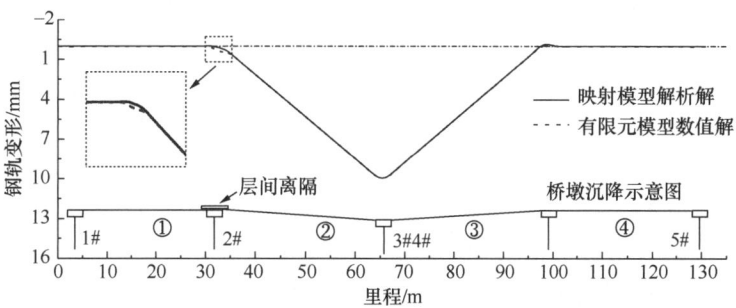

图 4-32 2 号桥墩处层间离缝 3m 时钢轨整体变形图

表 4-6 2 号桥墩处层间离缝 3m 时层间联结失效致钢轨变形结果

分析结果	联结失效致钢轨变形最大值	联结失效致钢轨变形域		
		区域长度	起点坐标	终点坐标
映射模型解析解	0.251mm	4.75m	30.29m	35.04m
有限元模型数值解	0.281mm	4.34m	30.69m	35.03m
相对误差	11.95%	8.63%	1.32%	0.03%

注：相对误差=|有限元模型数值解结果−映射模型解析解结果|/映射模型解析解结果×100%。

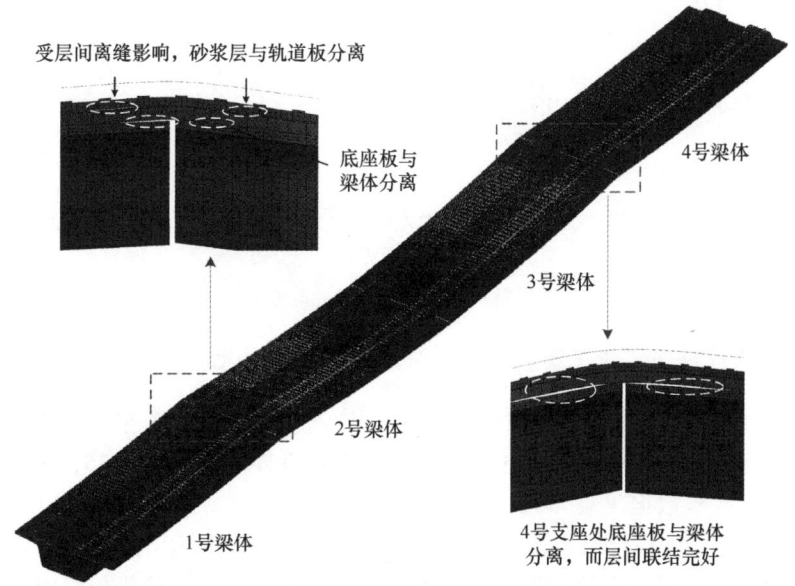

图 4-33 2 号桥墩处层间离缝 3m 时桥梁-轨道系统变形云图

从图 4-32 可以看出，在桥墩沉降和层间离缝共同作用下，解析模型和有限元模型对应的轨道不平顺曲线基本重合。当 2 号桥墩处存在 3m 层间离缝时，与板底脱空引起的钢轨变形类似，钢轨会局部"下陷"，这是因为桥墩沉降工况下，受初始层间离缝的影响，轨道板与砂浆层处于分离状态，轨道板因缺少砂浆弹簧的支撑而下陷，进而引起钢轨下陷。由图 4-33 可得，当 3 号桥墩发生沉降时，2 号桥墩处轨道板与砂浆层初始离缝高度变小，这与钢轨变形相符。

由表 4-6 可得，当 2 号桥墩处出现 3m 层间离缝时，基于有限元模型与映射模型计算的联结失效致钢轨变形结果相近，联结失效致钢轨变形区域长度相对误差为 8.63%，联结失效致钢轨变形最大值相对误差 11.95%，这是因为当数据数量级过小时，较小的绝对误差会引起较大的相对误差。总而言之，桥墩沉降模式下，映射模型在砂浆层出现离缝时准确有效。

综上可得，在层间离缝和桥墩沉降共同作用下，解析模型与有限元模型对应的轨道不平顺变化趋势、扣件力变化趋势基本一致，联结失效致钢轨变形数值和区域长度相近，表明含层间离缝的映射模型是准确有效的。

层间离缝 3m 情况下，基于有限元模型与映射模型求得的扣件力如图 4-34 所示。从图中可以看出，扣件力的映射模型解析解与有限元模型数值解符合得较好，绝对偏差不超过 0.36kN。当 3 号桥墩发生沉降时，2 号桥墩处层间离缝只会引起该区域的扣件力重新分布，使原先受压的扣件受拉，而对其他非离缝区域的扣件力无影响，这与钢轨变形相符。

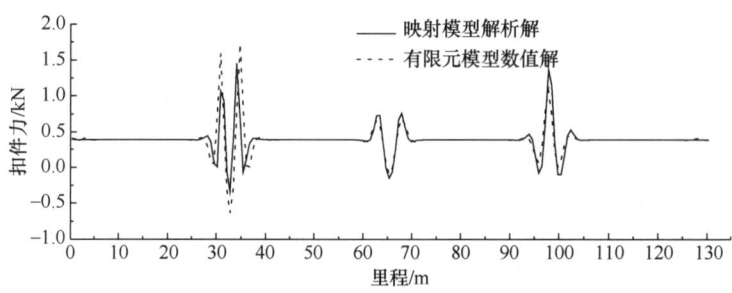

图 4-34　2 号桥墩处层间离缝 3m 时扣件力变化图

3. 扣件弹条断裂情况下映射模型与有限元模型对比

当 3 号桥墩(里程 65.4m)发生沉降时，以 2 号桥墩处 5 个扣件连续断裂为计算工况，基于有限元模型与映射模型得到的钢轨整体变形见图 4-35，其联结失效致钢轨变形区域数据见表 4-7。

从图 4-35 可以看出，在桥墩沉降和扣件弹条断裂共同作用下，有限元模型和竖向映射模型对应的钢轨变形曲线基本重合，钢轨整体变形趋势与仅由桥墩沉降

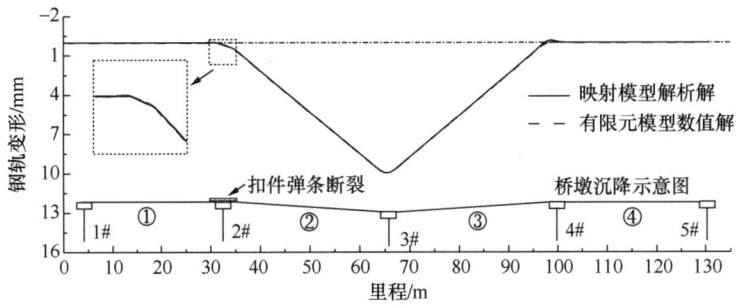

图 4-35　2 号桥墩处 5 个扣件连续断裂时钢轨整体变形图

表 4-7　2 号桥墩处 5 个扣件连续断裂时层间联结失效致钢轨变形结果

分析结果	联结失效致钢轨变形最大值	联结失效致钢轨变形域		
		区域长度	起点坐标	终点坐标
映射模型解析解	0.322mm	4.81m	30.42m	35.23m
有限元模型数值解	0.287mm	4.32m	30.87m	35.19m
相对误差	10.87%	10.19%	1.48%	0.11%

注：相对误差=|有限元模型数值解结果−映射模型解析解结果|/映射模型解析解结果×100%。

引起的钢轨变形趋势基本一致，扣件弹条断裂只对扣件弹条断裂区域钢轨变形有影响，对其他区域钢轨变形无影响。当 2 号桥墩处 5 个扣件连续断裂时，扣件弹条断裂区域的钢轨明显"下陷"，这是因为该区域扣件弹条断裂导致钢轨未受到向上的支撑而向下变形。

由表 4-7 可得，当 2 号桥墩处 5 个扣件连续断裂时，由解析模型与有限元模型计算得到的联结失效致钢轨变形结果相近，联结失效致钢轨变形区域长度和最大值偏差分别为 10.19%、10.87%，表明桥墩沉降模式下，映射模型在扣件弹条断裂时准确有效。与有限元模型相比，扣件发生断裂的映射模型不仅能缩短计算时间，还可以更好地描述扣件弹条断裂参数对钢轨变形的影响。

5 个扣件连续断裂情况下，基于有限元模型与映射模型求得的扣件力见图 4-36。从图中可以看出，扣件力的映射模型解析解与有限元模型数值解符合得较好，绝对偏差不超过 0.34kN。当 3 号桥墩发生沉降时，2 号桥墩处扣件弹条断裂会使靠近断裂扣件的扣件力显著增大，而对其他无联结有效区域的扣件力无影响，这与钢轨变形相符。

综上可得，在桥墩沉降和扣件弹条断裂共同作用下，由解析模型与有限元模型得到的钢轨变形曲线、联结失效致钢轨变形区域长度、扣件力基本一致，吻合较好，有效证明了映射模型在桥墩沉降和扣件弹条断裂共同发生时的准确性。

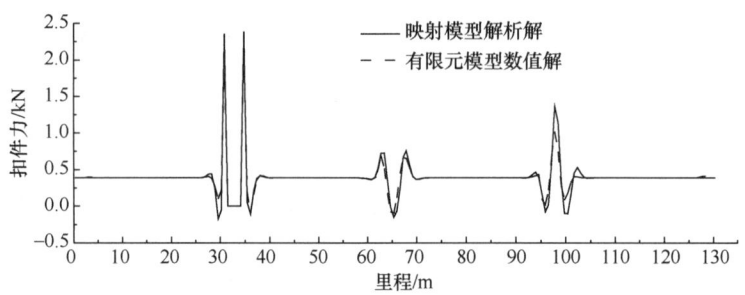

图 4-36　2 号桥墩处 5 个扣件连续断裂时扣件力变化图

4.12.3　层间联结失效时映射解析值与轨道高低不平顺实测值的对比

除了将映射模型与有限元模型进行对比，本节还基于京沪高铁某区段轨道高低不平顺数据，对映射模型进行验证。

轨道不平顺数据来源于中国铁路上海局于 2016 年 11 月 19 日 2:43:00 对京沪线上行段(K1308+733.919～K1309+159.71375)测试，轨道测量数据间隔为 0.65m[123]。根据中国铁路上海局工务段调研报告[123]，线路梁体为 32m 标准简支梁，桥墩编号为 438#～451#(图 4-37)，其不均匀沉降值为上述轨道不平顺数据检测前的最后一次观测值，具体数据见表 4-8。部分区域出现了横向贯通的板底脱空，尤其在沉降墩附近。其中，桥墩 440#、446#、449#附近板底脱空纵向长度分别为 2.5m、2m、1.2m。

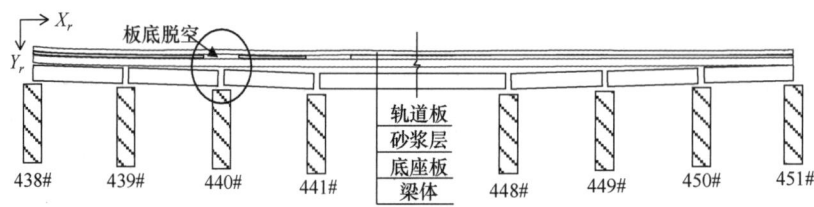

图 4-37　京沪线上行段 438#～451#桥墩不均匀沉降示意图

表 4-8　京沪高铁上行段 438#～451#桥墩不均匀沉降数据(单位：mm)

桥墩号	438	439	440	441	442	443	444
沉降值	8	15	24	51	60	73	84
桥墩号	445	446	447	448	449	450	451
沉降值	77	67	46	35	24	17	9

设 438#桥墩中线里程为零，横坐标为线路里程，纵坐标为钢轨变形，定义

钢轨向下变形为正，轨道高低不平顺实测数据与映射模型计算的钢轨变形见图 4-38。

由图 4-38 可知，在桥墩不均匀沉降和板底脱空共同作用下，轨道变形解析值与轨道高低不平顺实测值变化趋势基本一致，基本随梁体发生跟随性变形。在桥墩位置，钢轨线性有明显的转角，过渡较为缓和。受板底脱空影响，440#桥墩(64m)处轨道明显下陷，这是因为板底脱空使轨道板失去支撑，引起轨道向下变形。同理，446#桥墩(262m)处钢轨下陷，导致下凹转角增大。449#桥墩(361m)处钢轨线性过渡缓和，无明显转角，这是因为板底脱空长度较小，对轨道变形影响不明显。

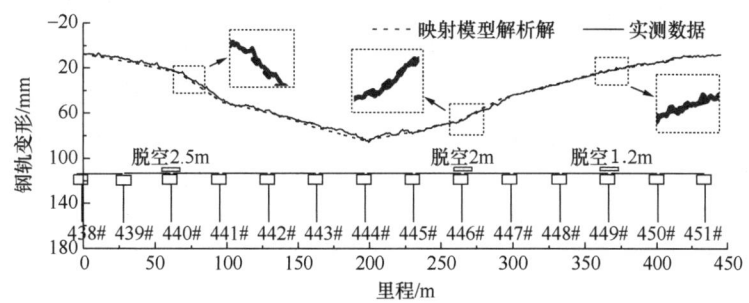

图 4-38　438#~451#桥墩发生不均匀沉降时轨道变形图

总体上，轨道变形解析值沿里程的变化趋势与高低不平顺实测值变化趋势相同，表明解析模型准确有效。相比于解析解，实测值波动较为明显，这是因为实测值包括轨道随机不平顺(由轨道的铺设、维护保养和轮轨磨耗产生的误差)，且现场易受温度等因素的影响。

4.13　本章小结

本章在分析桥梁附加竖向变形引起轨道附加不平顺机理的基础上，采用解析表达式的方法，针对 CRTS Ⅱ 型纵连板式无砟轨道分别给出了底座板、轨道板、钢轨的变形方程，最终建立了含层间变形传递机制、联结失效长时影响的桥梁-轨道变形映射通用解析模型。本章主要研究工作如下：

(1) 假定整个底座板、多块轨道板、钢轨为非线性弹簧支撑的自由梁，结合力学平衡及边界条件，分别构建了桥梁结构竖向变形下的底座板、轨道板、钢轨模型，将各层结构连接弹簧位置处的竖向变形表达为连接弹簧力引起的变形矩阵与结构自重引起的变形矩阵之和。最后，分别建立了三种桥梁变形模式(桥墩沉降、梁体竖向错台、梁端竖向转角)下的梁体变形矩阵。

(2) 根据层间连接弹簧的力学行为，分别生成接触弹簧力矩阵、砂浆弹簧力矩阵、扣件力矩阵，将各弹簧位置处的弹簧力表达为层间结构的相对位移与弹簧刚度的乘积。通过合理设置砂浆弹簧刚度参数和扣件弹簧刚度参数，分别建立了层间联结失效情况下的扣件、砂浆弹簧、接触弹簧刚度矩阵。

(3) 将上述各矩阵方程联立，建立了桥梁-轨道变形映射通用解析模型。通过 MATLAB 编程求解各弹簧位置处钢轨、轨道板、底座板的竖向位移，并对砂浆弹簧刚度矩阵和接触弹簧刚度矩阵实时进行了更新，迭代计算。在获得稳定的扣件力矩阵后，将钢轨变形表达为扣件力和结构自重的单值函数。

(4) 从桥梁-轨道系统层间联结是否失效两种情况入手，验证了本章建立的桥梁-轨道变形映射通用解析模型的可靠性。当无层间联结失效时，通过与桥梁-轨道非线性三维实体精细化有限元模型的对比分析，验证了映射模型的有效性和可靠性；当层间联结失效时，通过与有限元模型以及京沪高铁某区段轨道高低不平顺实测数据的对比分析，验证了映射模型的有效性和可靠性。相比于有限元模型，映射模型可以更好地描述各个参量与钢轨变形的关系，实现了求解不同桥梁-轨道变形映射关系的通用性，显著提高了桥梁-轨道变形传递分析效率及计算精度，具有方法和分析功能创新性。

第 5 章 关键参数对轨道平顺性的影响机理

当桥梁-轨道系统无层间联结失效时，结合该系统的复杂性及多层特性，影响桥梁-轨道变形映射关系的关键因素基本上可以概括为两类：一是不同的桥梁结构参数及其形位变化参数；二是层间结构力学特性。为量化阐述这些关键参数对轨道不平顺的影响机理，本章首先基于已验证的桥梁-CRTS I 型轨道变形映射模型，分析桥梁-轨道系统无层间联结失效时不同桥梁附加变形对轨面几何形态的映射特征，并讨论各变形模式下层间相互作用力的变化规律，重点研究不同桥梁附加变形幅值、梁体跨度、梁端悬出长度、扣件竖向刚度等关键结构参数和材料参数引起轨面附加不平顺的发展规律和影响机制，深入剖析各参数对扣件力、砂浆弹簧力、接触弹簧力变化趋势及突变区域的影响。

当桥梁-轨道系统层间联结失效时，基于已验证的桥梁-CRTS II 型轨道变形映射模型，描述关键参数变化对轨面几何形态的映射特征和区域效应，量化分析板底脱空、层间离缝、扣件弹条断裂等层间界面状态演变引起的轨面几何形态变化趋势和影响机制，获取轨道附加不平顺在层间离缝长度、轨道板板底脱空区域以及扣件弹条断裂区域等不同参数影响下的空间变化特征。

5.1 桥梁结构附加变形幅值对桥梁-轨道变形映射的影响

本节以 4 跨 32m 简支梁及 CRTS II 型纵连板式无砟轨道结构为研究对象，基于桥梁-轨道变形映射通用解析模型，研究无层间联结失效时三种典型桥梁变形(桥墩沉降、梁体竖向错台、梁端竖向转角)模式对应的钢轨变形特征、变形区域、层间相互作用力的变化规律等，对比不同变形模式下附加变形幅值对轨道附加不平顺的映射程度。其中，梁端悬出长度取 0.55m，桥梁-轨道结构计算参数取值见表 4-1。

5.1.1 桥墩沉降幅值对桥梁-轨道变形映射的影响

本节以 3 号桥墩(图 4-19)沉降 5mm、10mm、15mm、20mm、25mm、30mm 为计算工况，分别计算不同工况下钢轨变形，对比分析钢轨变形趋势、最值、区域长度、层间相互作用力变化规律等。

1. 桥墩沉降幅值对轨面变形的影响

图 5-1(a)～(c)分别给出了不同桥墩沉降工况下轨道不平顺、2 号桥墩(里程 32.7m)及 4 号桥墩(里程 98.1m)处轨道不平顺曲线。可以看出，不同桥墩沉降量引起的钢轨变形趋势基本一致。对于沉降区，随着桥墩沉降量(即沉降幅值)的增加，钢轨竖向变形最值相应增大，发生沉降的相邻桥墩处钢轨上翘现象更明显，轨面形成的弯曲"折角"更小，即钢轨变形更陡峭，表明轨道附加不平顺幅值随沉降量的增大而增大；对于远离沉降区，桥墩沉降对钢轨变形没有影响。

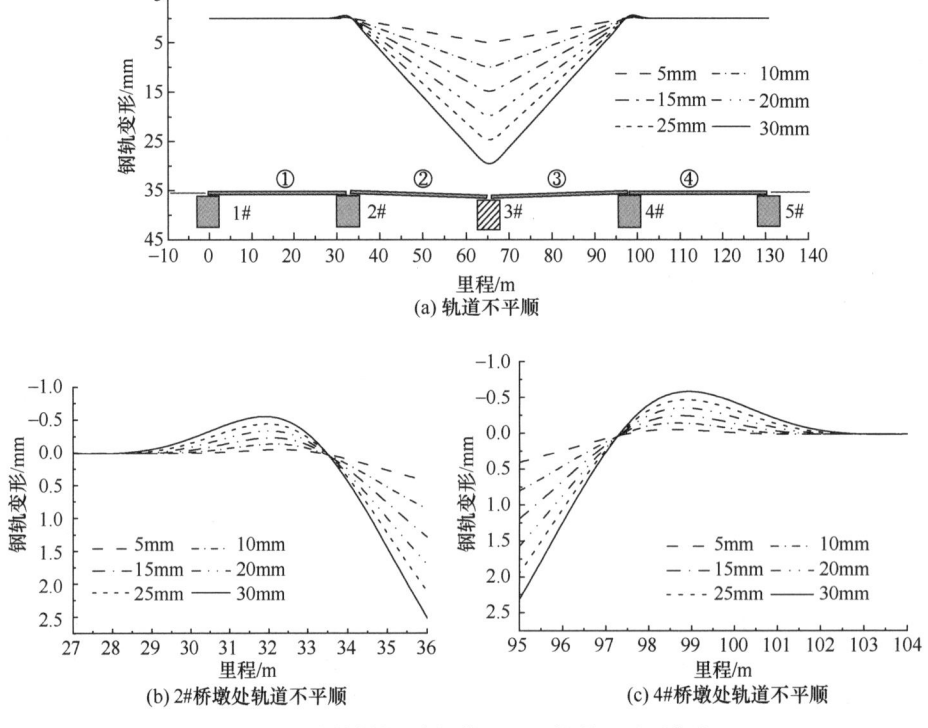

图 5-1　不同桥墩沉降幅值工况下轨道不平顺曲线

为定量化研究不同沉降量对轨面变形的影响程度，定义钢轨向下变形最大值与梁体沉降量之比为钢轨向下变形的沉降影响系数，定义钢轨向上变形最大值与梁体沉降量之比为钢轨向上变形的沉降影响系数，不同沉降量对应的钢轨变形沉降影响系数见图 5-2。

由图 5-2 可知，当桥墩沉降量介于 5mm 和 30mm 时，钢轨向上变形的沉降影响系数主要介于−0.008 和−0.019 之间，并随着桥墩沉降量的增加呈现出先快速增长后增长缓慢的趋势，逐渐趋于−0.019，这表明当沉降量达到一定值时，钢轨向上变形值随桥墩沉降量线性增加,直线斜率为 0.019;钢轨向下变形的沉降影响系数介于 0.999 和 0.985 之间,表明各工况下钢轨的最大变形值均小于相应的桥墩沉降量。随桥墩沉降量的增加,钢轨向下变形的沉降影响系数逐渐变小,这主要是由底座板与桥面之间脱空区域长度的增长速度逐渐变慢导致的。

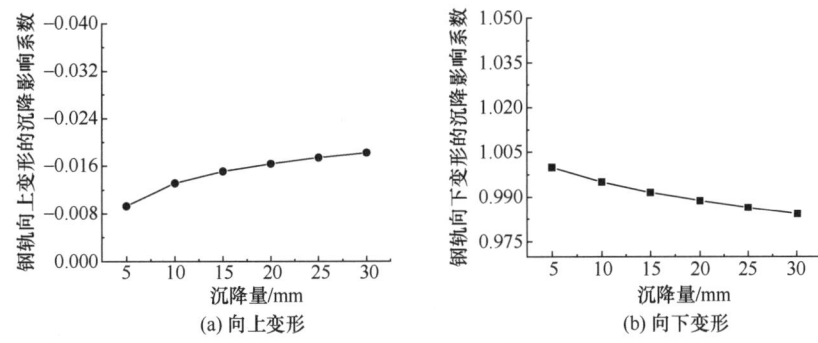

图 5-2 钢轨变形的沉降影响系数与桥墩沉降量的关系

由 4.12 节可知,当梁体发生竖向变形时,钢轨变形区域长度与梁体变形区域长度并不相同。为研究桥墩沉降对钢轨变形区域长度的影响,提出钢轨变形延伸系数的概念(即钢轨变形区域长度与梁体变形区域长度的比值,本节梁体变形长度为梁长 65.4m 的 2 倍)来定量化分析桥梁结构变形到轨面变形的映射程度。不同桥墩沉降工况下钢轨变形区域数据见表 5-1,钢轨变形延伸系数随桥墩沉降量的变化见图 5-3。如果将桥梁附加变形引起的轨道附加变形视为一个单一波长不平顺曲线,则轨道变形区域长度可认为是轨道附加不平顺的波长[121],也可通过钢轨变形延伸系数与梁体变形长度的乘积获得。

表 5-1 不同桥墩沉降量时钢轨变形结果

计算结果	桥墩沉降幅值					
	5mm	10mm	15mm	20mm	25mm	30mm
轨道变形区域长度	69.62m	71.11m	72.09m	72.93m	73.58m	74.17m
轨道变形延伸系数	1.064	1.087	1.102	1.115	1.125	1.130

从表 5-1 及图 5-3 可以看出,当桥墩沉降 5~30mm 时,随着桥墩沉降量的增加,钢轨变形区域长度及钢轨变形延伸系数逐渐增大,钢轨变形延伸系数在 1.064 到 1.13 之间,表明单墩沉降情况下,轨道附加不平顺波长随沉降量的增大而增大,波长为梁长的 2.128~2.26 倍。

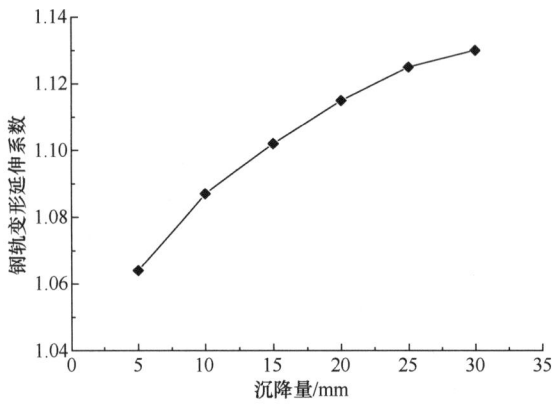

图 5-3　钢轨变形延伸系数与桥墩沉降量关系图

2. 桥墩沉降幅值对层间相互作用力的影响

与扣件力变化图的绘制原则相同，将各砂浆弹簧处的砂浆弹簧力连接绘制砂浆弹簧力变化图，将各接触弹簧处的接触弹簧力连接绘制接触弹簧力变化图，不同桥墩沉降工况下扣件力、砂浆弹簧力、接触弹簧力沿里程的变化情况见图 5-4。其中，扣件力、砂浆弹簧力、接触弹簧力受拉为负，受压为正。

从图 5-4 可以看出，扣件弹簧以受压为主，较少部分承受拉力且拉力较小，而砂浆弹簧力和接触弹簧力均表现为压力，接触弹簧力的数值明显大于砂浆弹簧力和扣件力，这是因为：桥墩沉降引起底座板变形，轨道板和钢轨则均相对于底座板的变形发生了跟随性弯曲，致使钢轨和轨道板、轨道板和砂浆层之间并未受到沉降的直接作用而层间相对位移较小。总体上，在桥墩沉降条件下，砂浆弹簧力和接触弹簧力与扣件力一样，在进出桥墩沉降区域以及沉降墩处均会产生突变。不同的是，在作用力突变区域的一定范围内，接触弹簧力存在不变域，该区域内接触弹簧力为零，即底座板与梁体分离，而受接触弹簧力影响的砂浆弹簧力也基本保持不变，且数值较小。这主要是因为：梁体与底座板、底座板与轨道板之间的接触形式相近，即都是面面接触(解析模型以较密的弹簧替代)，而钢轨与轨道板之间是通过有限数量的弹簧来实现荷载传递的，因此扣件力的分布规律与接触弹簧力和砂浆弹簧力有所不同，2 号桥墩处和 4 号桥墩处层间相互作用力明显大于 3 号桥墩(沉降墩)处层间相互作用力，这与梁体上翘对底座及上部结构有较强的支撑作用有关。

随桥墩沉降量的增加，进出沉降区域的扣件拉压力最大值、砂浆弹簧力最大值及接触弹簧力最大值均增大，作用力的突变区域也增大，这导致该区域钢轨上翘现象更明显，轨面变形区域增大。在桥墩沉降处，扣件拉压力最大值随沉降量的增加而缓慢增加，砂浆弹簧力和接触弹簧力的不变域长度增长速度变缓，这也是轨道变形特性随沉降量的增加呈现出上述特征的原因。在远离桥墩沉降的区域，层间作用力非零，这是因为结构自重引起了弹簧压缩。层间作用力稳定时，扣件力、砂浆弹簧力以及接触弹簧力分别为 0.39kN、0.447kN、1.15kN。

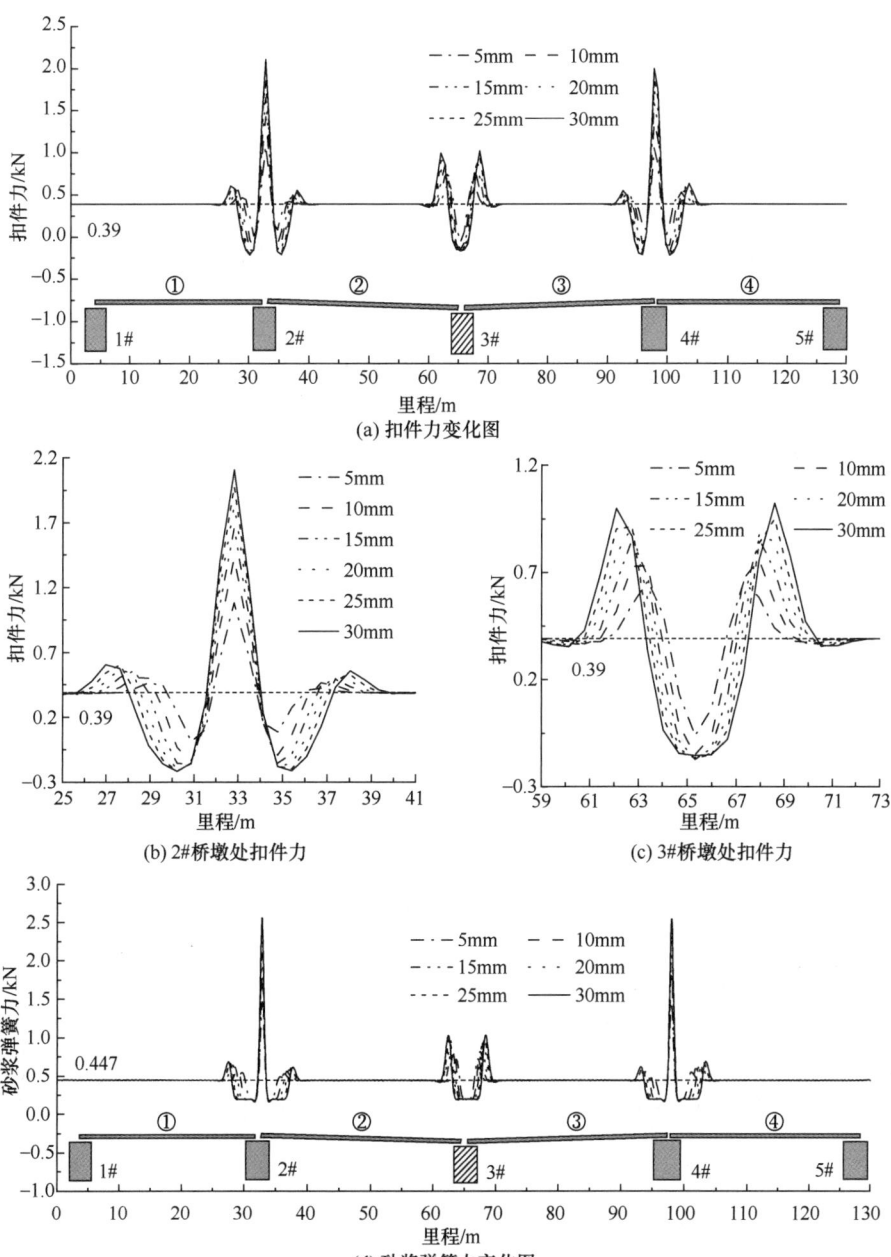

(a) 扣件力变化图

(b) 2#桥墩处扣件力

(c) 3#桥墩处扣件力

(d) 砂浆弹簧力变化图

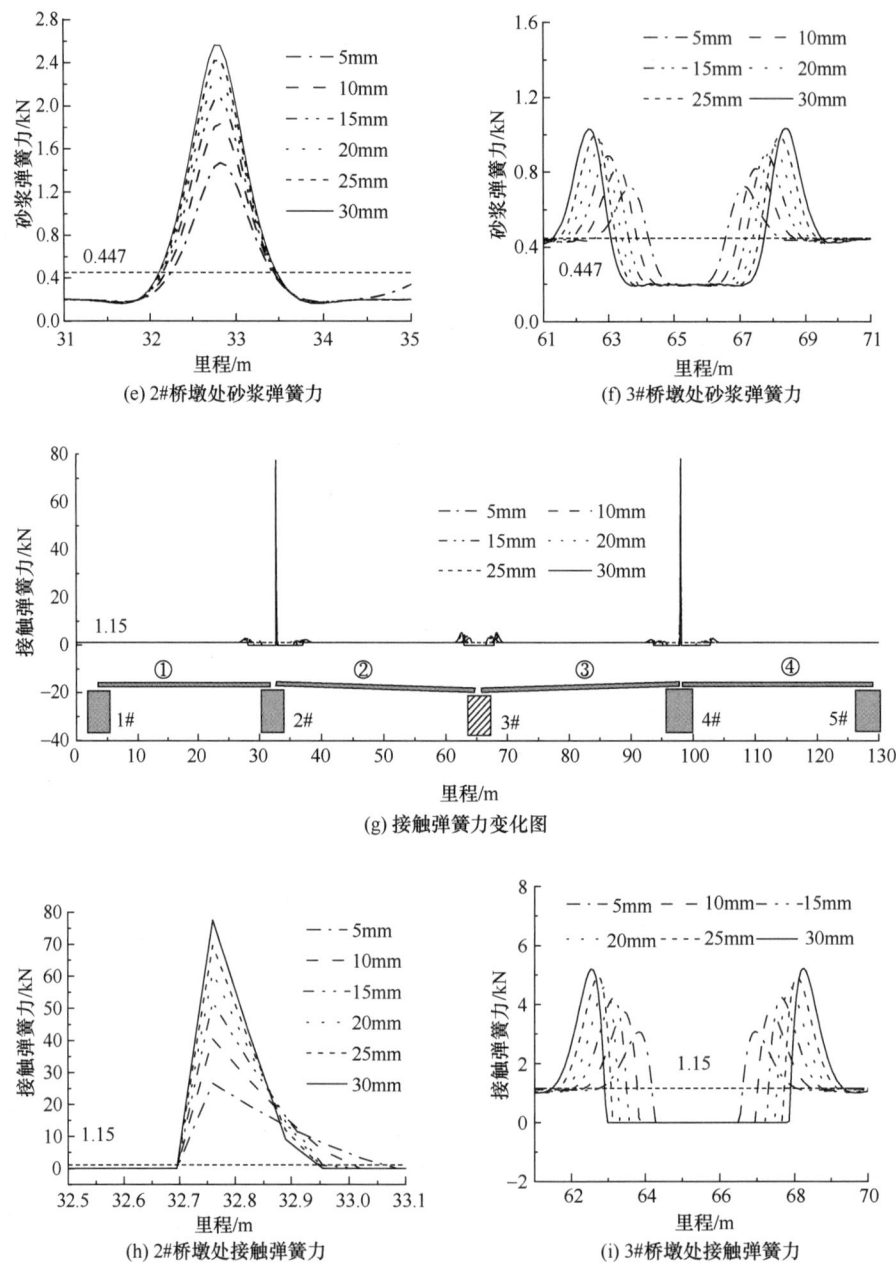

图 5-4 不同桥墩沉降工况下层间相互作用力变化图

5.1.2 梁体竖向错台幅值对桥梁-轨道变形映射的影响

本节以 3 号梁体(图 4-21)产生竖向错台幅值 1mm、2mm、3mm、4mm、5mm、

6mm 为计算工况,对各工况下钢轨变形趋势、钢轨变形延伸系数、层间相互作用力变化规律等进行分析。

1. 梁体竖向错台幅值对钢轨变形的影响

图 5-5(a)~(c)分别给出了不同梁体竖向错台工况下钢轨整体变形、3 号桥墩(里程 65.4m)处钢轨变形曲线。

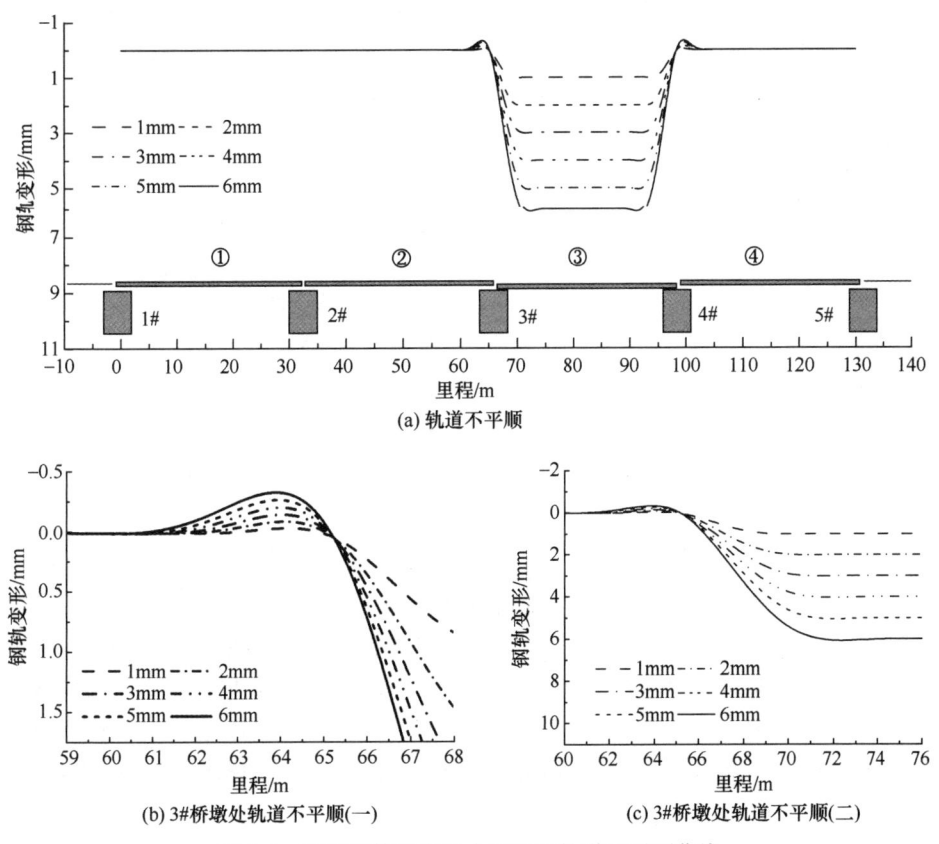

图 5-5 不同梁体竖向错台工况下轨道不平顺曲线

可以看出,不同梁体竖向错台工况下,轨道不平顺变化趋势基本一致。随着梁体竖向错台值的增加,钢轨竖向变形最值相应增大,发生竖向错台的梁体端部钢轨上凸下凹现象更明显,钢轨向上弯曲形成的"折角"和向下弯曲形成的"折角"变小,换而言之,钢轨变形更陡峭,表明轨道附加不平顺幅值随错台量的增大而增大。

为定量化研究不同竖向错台量对轨面变形的影响程度,与轨面变形的沉降影响系数定义方法相同,定义钢轨向下变形最大值与梁体竖向错台量之比为钢轨向下变形的竖向错台影响系数，同理可得钢轨向上变形的竖向错台影响系数，不同竖向错台量对应的钢轨变形竖向错台影响系数见图 5-6。由图 5-6 可知，当竖向错台量介于 1mm 和 6mm 时，钢轨向上变形的竖向错台影响系数主要介于−0.026 和−0.052 之间，并随着竖向错台量的增加呈现出先快速增长后增长缓慢，并趋于不变的趋势，这表明当竖向错台量达到一定值时，钢轨向上变形值随竖向错台量线性增加，直线斜率为 0.052。钢轨向下变形的竖向错台影响系数介于 1.014 和 1.018 之间，且随着竖向错台量的增加，钢轨向下变形的竖向错台影响系数呈现出先减小后保持不变(接近 1.01)的趋势，这是由竖向错台区梁体端部与底座板的脱空长度随竖向错台量的增加非线性增加导致的。

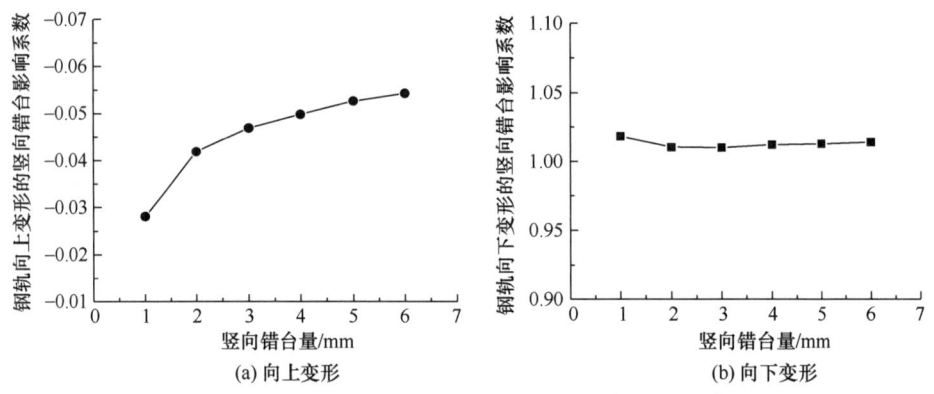

(a) 向上变形　　　　　　　　　　(b) 向下变形

图 5-6　钢轨变形的竖向错台影响系数与梁体竖向错台量关系图

不同竖向错台工况下，钢轨变形区域数据见表 5-2，轨道变形延伸系数变化曲线见图 5-7。从表 5-2 及图 5-7 可以得出，当梁体产生竖向错台 1～6mm 时，随着梁体竖向错台量的增加，钢轨变形区域长度不断增大，钢轨变形延伸系数近似线性增长，钢轨变形延伸系数介于 1.145 与 1.272 之间，表明梁体发生竖向错台时，轨道附加不平顺波长随错台量的增大而增大，波长为梁长的 1.145～1.272 倍。

表 5-2　不同梁体竖向错台量时钢轨变形结果

计算结果	梁体竖向错台量					
	1mm	2mm	3mm	4mm	5mm	6mm
轨道变形区域长度	37.44m	38.87m	39.65m	40.3m	40.95m	41.6m
轨道变形延伸系数	1.145	1.189	1.213	1.232	1.252	1.272

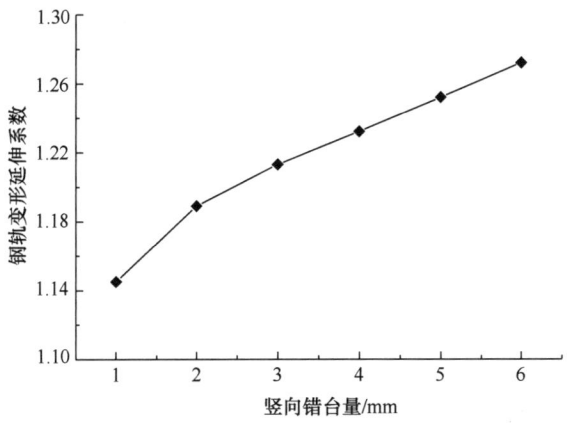

图 5-7 钢轨变形延伸系数与桥墩竖向错台量的关系图

2. 梁体竖向错台幅值对层间相互作用力的影响

图 5-8(a)～(f)分别给出了不同竖向错台工况下扣件力、砂浆弹簧力、接触弹簧力沿里程的变化图。从图中可以看出，不同竖向错台工况下，扣件力、砂浆弹簧力、接触弹簧力各自变化趋势相同，均关于 3 号梁体跨中对称。对于扣件力，扣件弹簧的拉压力最大值随梁体竖向错台量的增加而增加，且增加速度逐渐变慢；对于接触弹簧力和砂浆弹簧力，沿里程增加的方向，3 号桥墩处依次出现 4 个压力波峰，第二个波峰峰值最大，第四个次之，第三个较小，第一个最小，且第二个峰值与相邻峰值之间存在力的不变域，这是由于梁体突然下移，该区域梁体与上部底座板脱离，即接触弹簧力为零，进而使砂浆弹簧受力较小并保持不变。

随着梁体竖向错台量的增加，接触弹簧力峰值和砂浆弹簧力不变域长度逐渐变大，两者的峰值均不断增加，这是因为底座板与梁体的脱空长度随竖向错台量的增加而增加，那么由脱空区周围弹簧承担的脱空区座板及上部结构的自重作用不断增大。在远离梁体竖向错台的区域，层间作用力非零，这是因为结构自重引起了弹簧压缩。

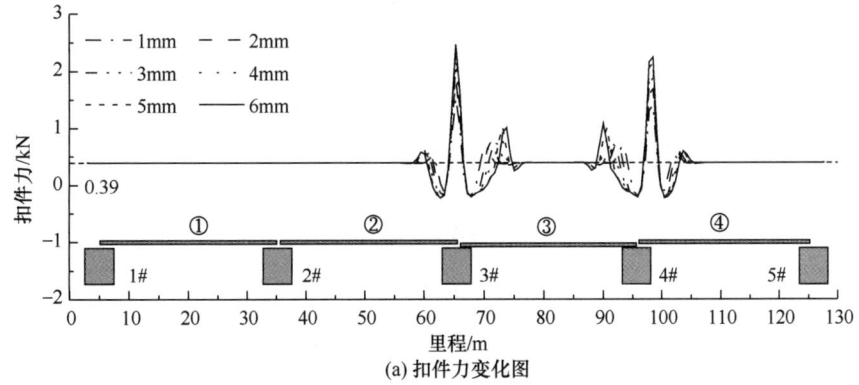

(a) 扣件力变化图

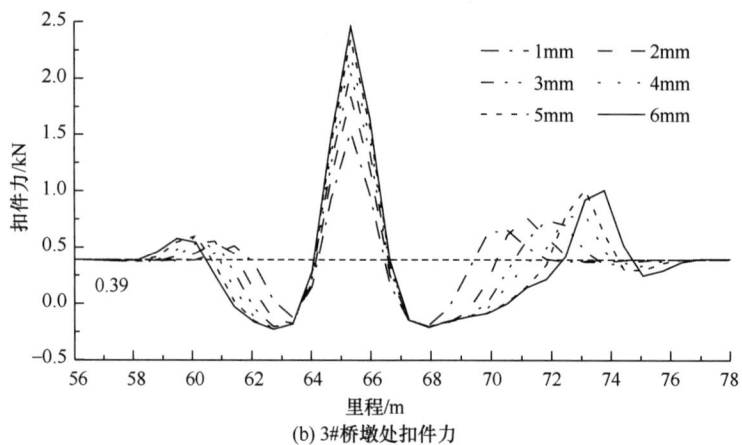

(b) 3#桥墩处扣件力

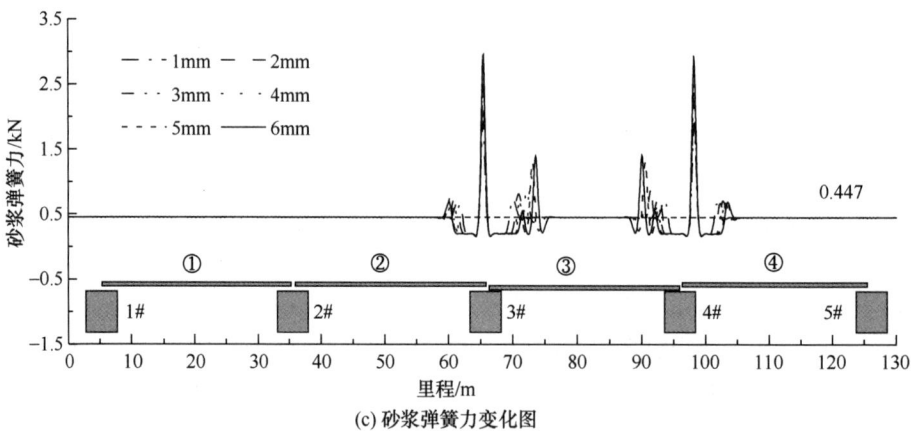

(c) 砂浆弹簧力变化图

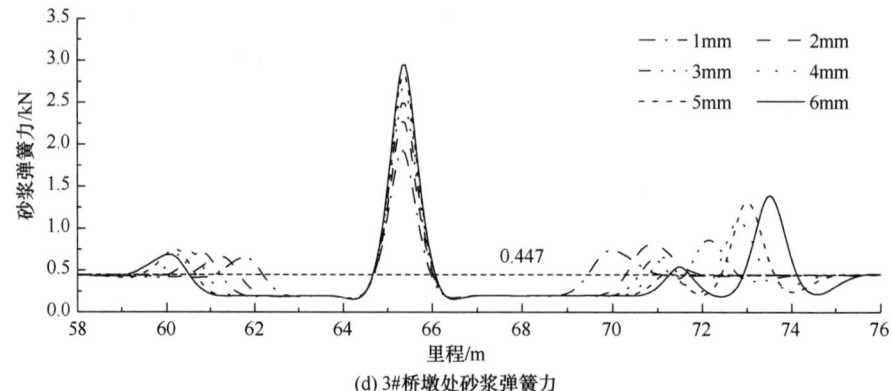

(d) 3#桥墩处砂浆弹簧力

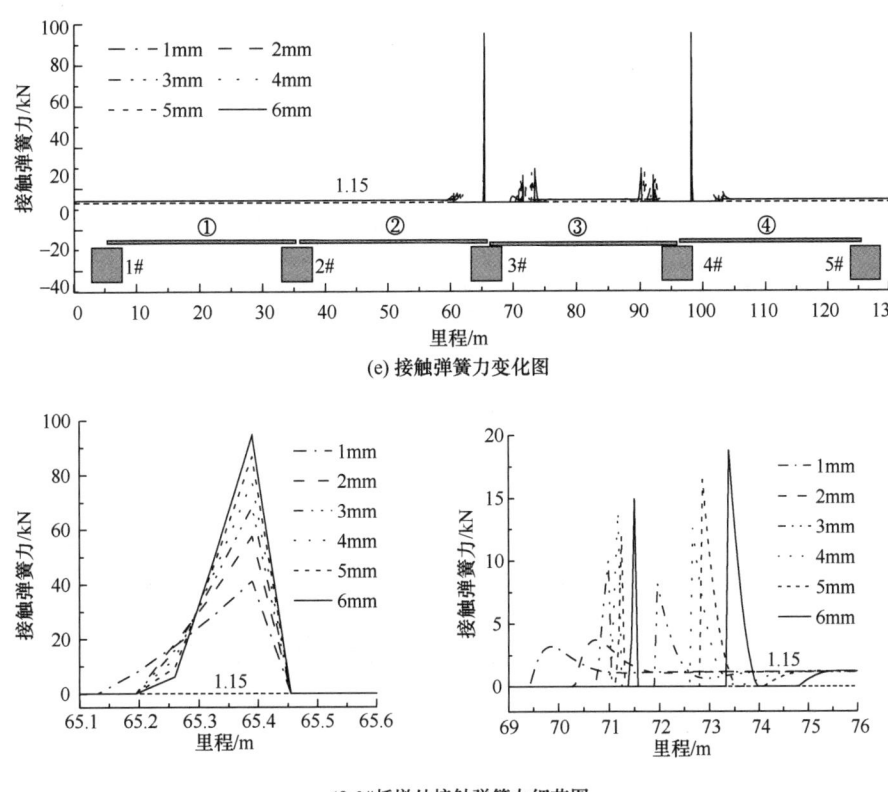

(e) 接触弹簧力变化图

(f) 3#桥墩处接触弹簧力细节图

图 5-8 不同竖向错台工况下层间相互作用力变化

5.1.3 梁端竖向转角幅值对桥梁-轨道变形映射的影响

本节以 3 号梁体(图 4-21)左端发生竖向转角 0.2‰rad、0.4‰rad、0.6‰rad、0.8‰rad 和 1.0‰rad 为计算工况,对比分析各工况下钢轨变形趋势、钢轨变形延伸系数、层间相互作用力变化规律等。

1. 梁端竖向转角幅值对轨面变形的影响

图 5-9(a)~(c)分别给出了不同梁端竖向转角工况下钢轨整体变形、3 号桥墩(X_r=65.4m)以及 4 号桥墩(X_r=98.1m)处钢轨局部变形曲线。

可以看出,对于不同的梁端竖向转角,钢轨变形趋势基本一致。随着梁端竖向转角的增加,进出梁端转角区域的钢轨上翘现象更明显,钢轨向上弯曲形成的"折角"和下凸形成的"折角"变小,其竖向变形最值相应增大,表明轨道附加不平顺幅值随转角值的增加而增大。在远离梁端竖向转角区,梁端竖向转角值对钢轨变形没有影响。

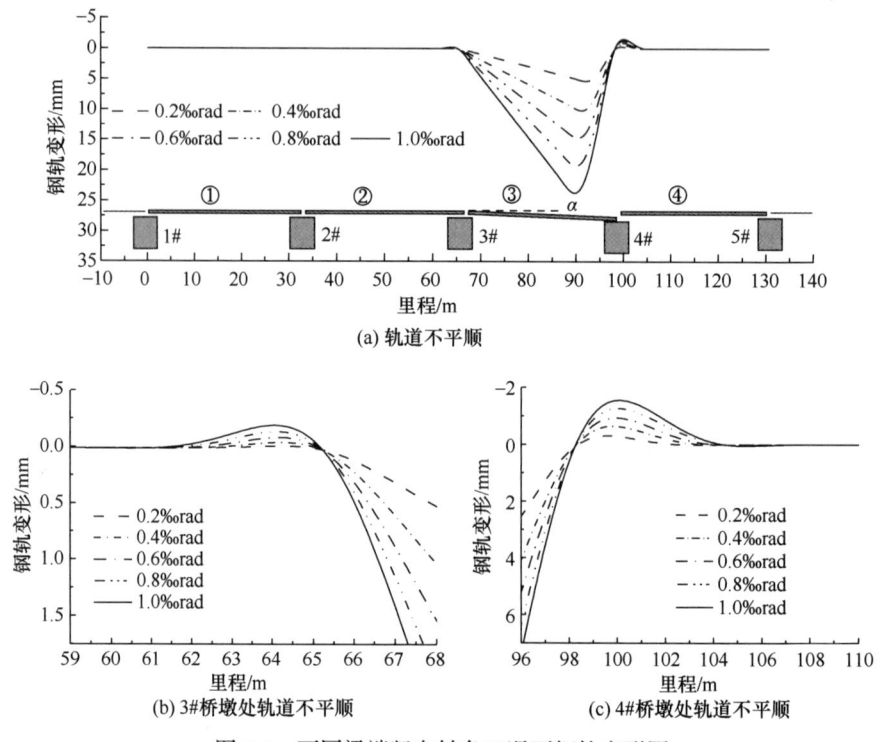

图 5-9 不同梁端竖向转角工况下钢轨变形图

为定量化研究不同竖向转角对轨面变形的影响程度,结合5.1.1节和5.1.2节的内容,本节采用相同的方法定义钢轨向上变形的竖向转角影响系数和钢轨向下变形的竖向转角影响系数,钢轨变形的竖向转角影响系数沿里程的变化曲线见图5-10。

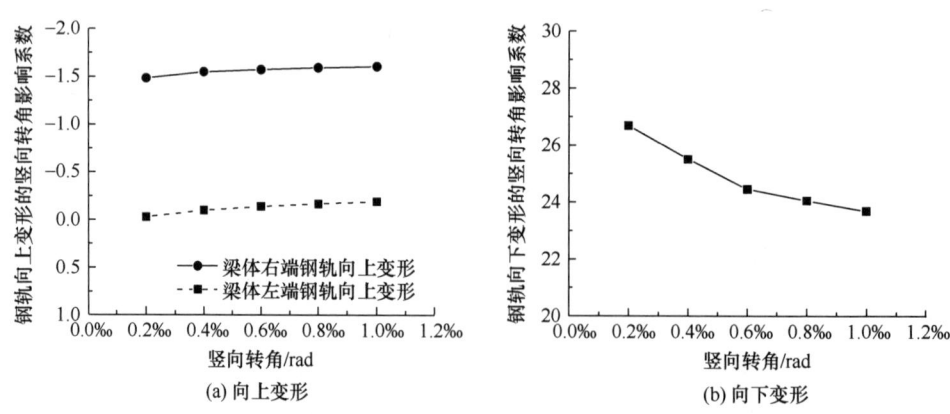

图 5-10 钢轨变形的竖向转角影响系数与梁端竖向转角关系

由图5-10可知,当竖向转角介于0.2‰rad和1.0‰rad之间时,梁体左端钢轨向上变形的竖向转角影响系数主要介于-0.028 和-0.189 之间,右端钢轨向上变形的竖向转角影响系数主要介于-1.48 和-1.61 之间,而钢轨向下变形的竖向转角影响系数主要介于 23.69 和 26.68 之间。在不同竖向转角工况下,梁体右端钢轨向上变形的竖向转角影响系数大于梁体左端钢轨变形的竖向转角影响系数,两者均以 -0.068 的斜率随转角的增大而线性增加,对于钢轨向下变形的竖向转角影响系数,该影响系数随转角的增大不断变小,这是因为底座板与梁体的脱空长度随转角的增大而非线性增大。

表 5-3 及图 5-11 分别给出了不同梁端竖向转角工况下钢轨变形区域长度、钢轨变形延伸系数与梁端竖向转角的关系曲线。

表 5-3 不同梁端竖向转角时钢轨变形区域数据表

计算结果	梁端竖向转角				
	0.2‰rad	0.4‰rad	0.6‰rad	0.8‰rad	1.0‰rad
钢轨变形区域长度	38.805m	40.69m	41.73m	43.75m	44.98m
钢轨变形延伸系数	1.187	1.244	1.276	1.338	1.376

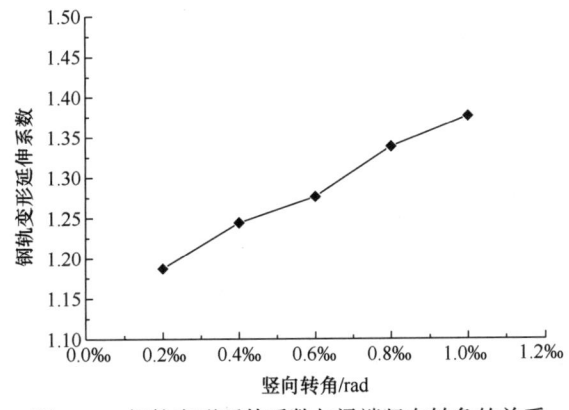

图 5-11 钢轨变形延伸系数与梁端竖向转角的关系

从表 5-3 及图 5-11 可以看出,当梁端竖向转角为 0.2‰~1.0‰rad 时,随转角值的增加,钢轨变形区域长度不断增大,钢轨变形延伸系数也不断增大,介于 1.187 和 1.376 之间,表明梁端竖向转角情况下,轨道附加不平顺波长随转角值的增大而增大,波长为梁长的 1.187~1.376 倍。

2. 梁端竖向转角幅值对层间相互作用力的影响

图 5-12(a)~(f)分别给出了不同竖向转角工况下扣件力、砂浆弹簧力、接触弹簧力沿里程的变化图。从图中可以看出,不同竖向转角工况下,扣件力、砂浆弹

簧力、接触弹簧力各自变化趋势相同。同一竖向转角工况下，4 号桥墩处层间相互作用力的峰值和突变区域均大于 3 号桥墩处，这是因为梁端竖向转角引起 3 号梁体(图 4-21)右侧产生较大的竖向位移，而相邻梁体无变形，导致层间结构竖向位移突变，使层间相互作用力突增。

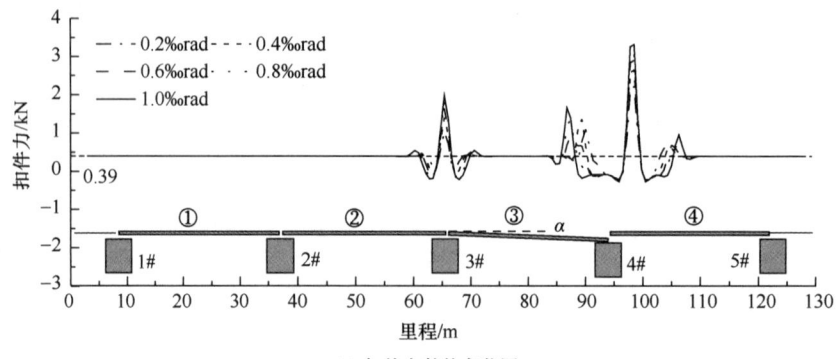

(a) 扣件力整体变化图

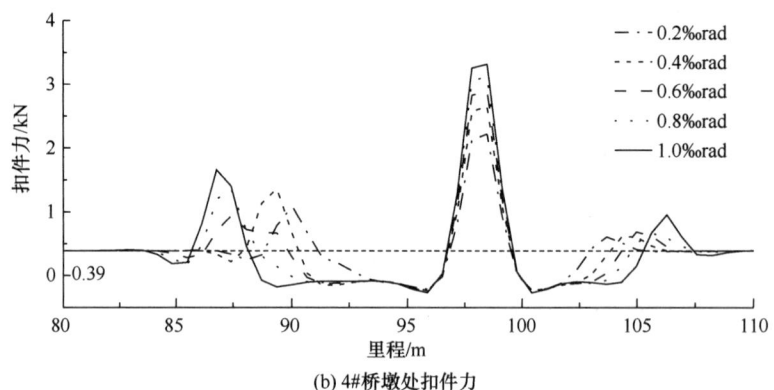

(b) 4#桥墩处扣件力

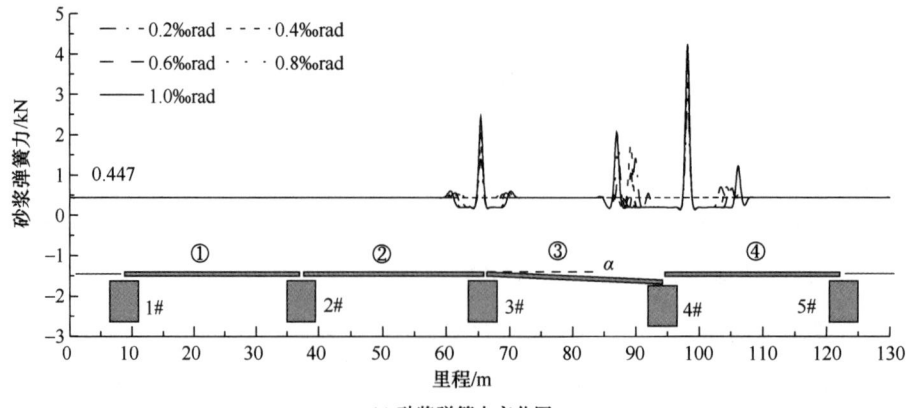

(c) 砂浆弹簧力变化图

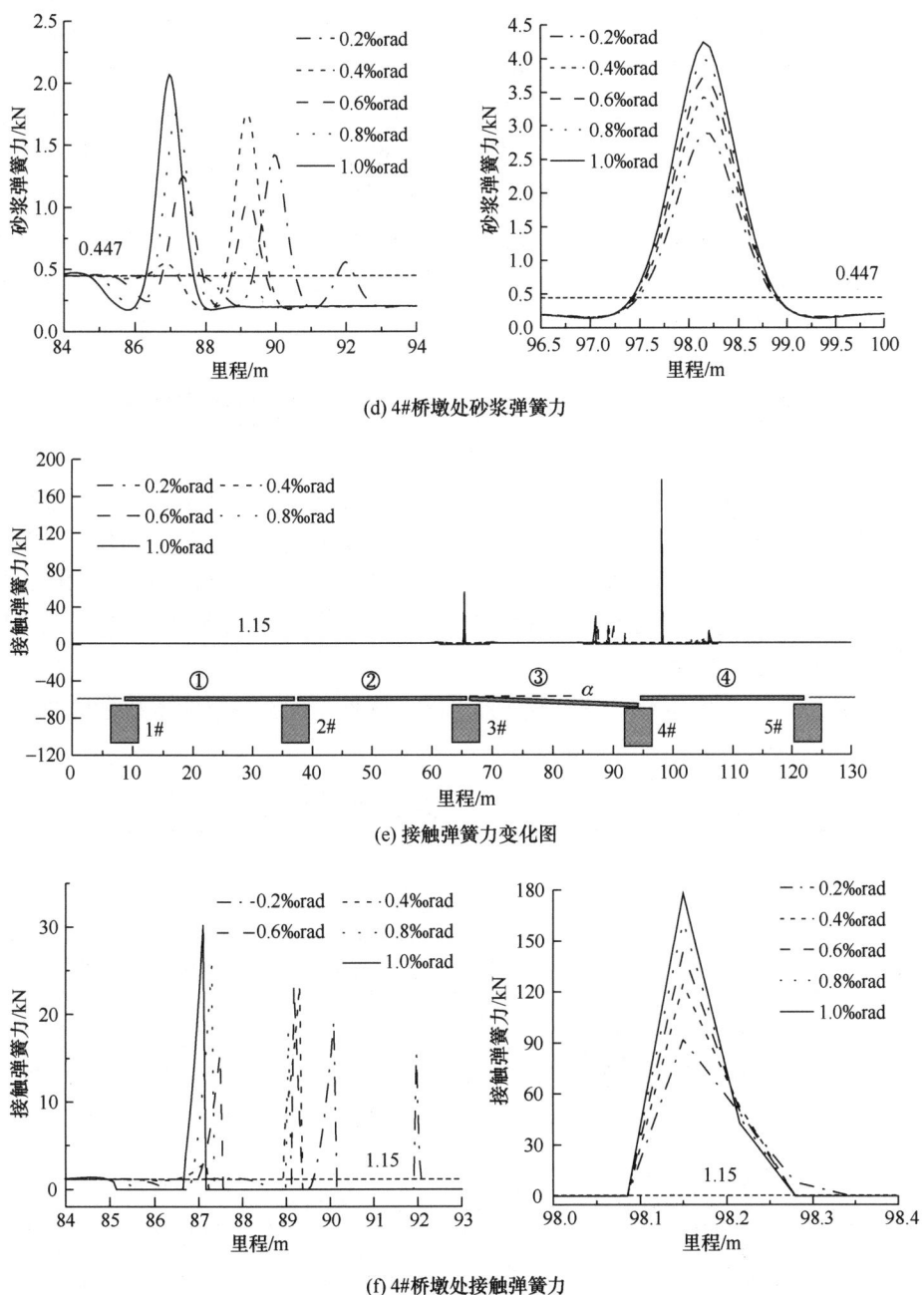

图 5-12 不同梁端竖向转角工况下层间相互作用力变化图

对于扣件力，随着梁端竖向转角的增加，3 号梁体端部扣件力峰值不断增加，4 号桥墩处扣件力的突变区域长度增加明显，而 3 号梁体突变区域长度无明显变化；对于接触弹簧力和砂浆弹簧力，沿里程增加的方向，4号桥墩处依次出现3个压力波峰，第二个波峰峰值最大，第一个次之，第三个最小，且第二个峰值与相邻峰值之间存在力的不变域。随着梁端竖向转角的增加，接触弹簧力和砂浆弹簧力的压力峰值均增加，两者的不变域长度也逐渐增大，这是因为当梁端竖向转角值增大时，发生竖向转角的梁体与底座板的接触位置左移，梁体与底座板的脱空区域变大，使脱空区附近区域的层间相互作用力增大。在远离梁端竖向转角的区域，层间作用力非零，其值不随梁端竖向转角的改变而改变，这是由结构自重引起的，与梁端竖向转角无关。

5.2 桥梁跨度对桥梁-轨道变形映射的影响

考虑到我国高速铁路常采用24m和32m两种跨度的简支梁，为深入分析桥梁跨度对桥梁-轨道变形映射的影响，本节基于无层间联结失效的解析模型，对比分析了不同桥梁跨度下钢轨变形最值、变形区域长度、变形延伸系数、扣件力最值、砂浆弹簧力最值、接触弹簧力最值等。其中，桥梁-轨道结构计算参数见表4-1，梁端悬出长度取0.55m。

以桥墩沉降和梁体竖向错台为计算工况，两种工况下钢轨变形数据以及层间相互作用力的最大值见表5-4和表5-5。

表5-4 不同桥梁跨度时钢轨变形结果对比表

计算结果	不同桥梁结构变形模式下桥梁跨度值			
	桥墩沉降 10mm		竖向错台 3mm	
	跨度 24m	跨度 32m	跨度 24m	跨度 32m
变形区域长度	61.49m	76.70m	36.335m	44.33m
变形延伸系数	1.245	1.173	1.471	1.356
向上变形最大值	−0.216mm	−0.143mm	−0.084mm	−0.084mm
钢轨向上变形的沉降影响系数	−0.022	−0.0143	—	—
钢轨向上变形的错台影响系数	—	—	−0.008	−0.008
向下变形最大值	9.900mm	9.950mm	2.020mm	2.020mm
钢轨向下变形的沉降影响系数	0.990	0.995	—	—
钢轨向下变形的错台影响系数	—	—	0.202	0.202

表 5-5 不同桥梁跨度时层间相互作用力最大值对比表(单位：kN)

层间相互作用力最大值	不同桥梁结构变形模式下桥梁跨度值			
	桥墩沉降 10mm		竖向错台 3mm	
	跨度 24m	跨度 32m	跨度 24m	跨度 32m
扣件力压力最大值	1.425	1.468	1.748	1.840
扣件力拉力最大值	−0.152	−0.177	−0.202	−0.203
砂浆弹簧力最大值	1.828	1.990	2.254	2.274
接触弹簧力最大值	40.859	48.960	57.608	57.608

由表 5-4 可以看出，在相同变形模式下，桥梁跨度越大，钢轨变形区域长度越大，变形延伸系数越小。当桥墩产生沉降时，钢轨向上变形的沉降影响系数随桥梁跨度的增大而减小，钢轨向下变形的沉降影响系数基本不受桥梁跨度的影响；当桥梁跨度不同时，钢轨向上变形和向下变形的错台影响系数基本不变。因此可以得出，桥梁跨度越大，钢轨跟随桥梁变形的性能越强，变形曲线越缓和，轨道附加不平顺激励越小。

从表 5-5 可以看出，在桥墩沉降情况下，随着桥梁跨度的增加，接触弹簧力最大值显著增大，而扣件力最大值和砂浆弹簧力最大值略微增加；当梁体发生竖向错台时，不同桥梁跨度下扣件力最大值、砂浆弹簧力最大值以及接触弹簧力最大值均无明显变化。

5.3 梁端悬出长度对桥梁-轨道变形映射的影响

梁端悬出长度是梁体变形的重要影响参数，为分析梁端悬出长度对桥梁-轨道系统的影响，本节基于变形映射通用解析模型，以 5 种梁端悬出长度即 0.3m、0.4m、0.55m、0.65m、0.75m 为计算工况，分别计算无层间联结失效情况下桥墩发生沉降时钢轨变形以及层间相互作用力，对比分析不同工况下钢轨变形最值、钢轨变形区域长度、层间相互作用力变化规律等。其中，桥梁为 4 跨 32m 简支梁，CRTSⅡ无砟轨道结构参数取值见表 4-1。

1. 梁端悬出长度对轨面变形的影响

当 3 号桥墩(图 4-19)沉降 10mm 时，2 号桥墩(里程 32.7m)及 3 号桥墩(里程 65.4m)处钢轨变形曲线图见 5-13，不同梁端悬出长度工况下钢轨变形数据见表 5-6。

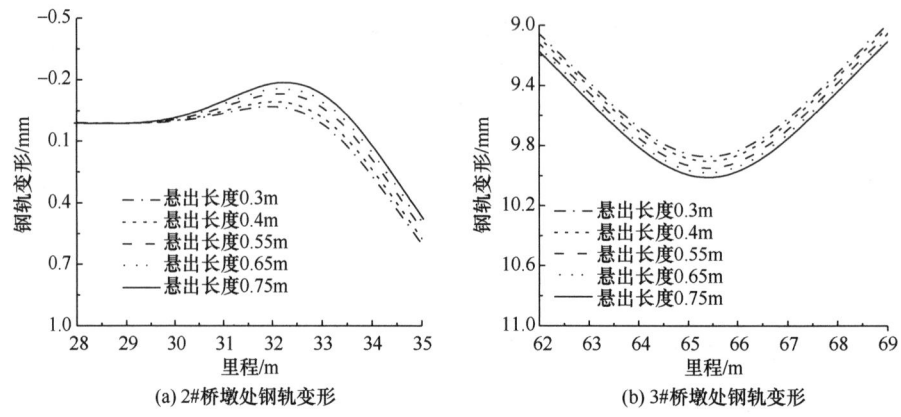

(a) 2#桥墩处钢轨变形　　　　(b) 3#桥墩处钢轨变形

图 5-13　不同梁端悬出长度工况下钢轨变形图

表 5-6　不同梁端悬出长度工况下钢轨变形结果

计算结果	梁端悬出长度				
	0.3m	0.4m	0.55m	0.65m	0.75m
变形区域长度	76.31m	76.44m	76.7m	76.83m	76.96m
变形延伸系数	1.167	1.169	1.173	1.175	1.177
向上变形最大值	−0.069mm	−0.093mm	−0.131mm	−0.158mm	−0.187mm
钢轨向上变形的沉降影响系数	−0.0069	−0.0093	−0.0131	−0.0158	−0.0187
向下变形最大值	9.874mm	9.904mm	9.950mm	9.981mm	10.013mm
钢轨向下变形的沉降影响系数	0.987	0.990	0.995	0.998	1.001

由图 5-13 及表 5-6 可知，当桥墩产生沉降时，随着梁端悬出长度的增加，进出桥墩沉降区域的钢轨上翘现象略微明显，钢轨向上弯曲形成的"折角"和下凸形成的"折角"变化不明显，钢轨变形最值及其沉降影响系数略微增加，说明梁端悬出长度对钢轨变形的沉降影响系数影响不大，对钢轨不平顺性影响较小。当梁端悬出长度逐渐变大时，轨道变形区域长度、变形延伸系数均缓慢增加，但增幅较小，说明梁端悬出长度对钢轨变形区域长度及钢轨变形延伸系数影响不大，对轨道附加不平顺波长影响较小。当梁端悬出长度为 0.3～0.75m 时，钢轨变形延伸系数、向上变形的沉降影响系数、向下变形的沉降影响系数分别为 1.167～1.177、−0.0187～−0.0069、0.987～1.001。

2. 梁端悬出长度对层间相互作用力的影响

图 5-14(a)～(f)分别给出了不同梁端悬出长度工况下，2 号桥墩(里程 32.7m)及

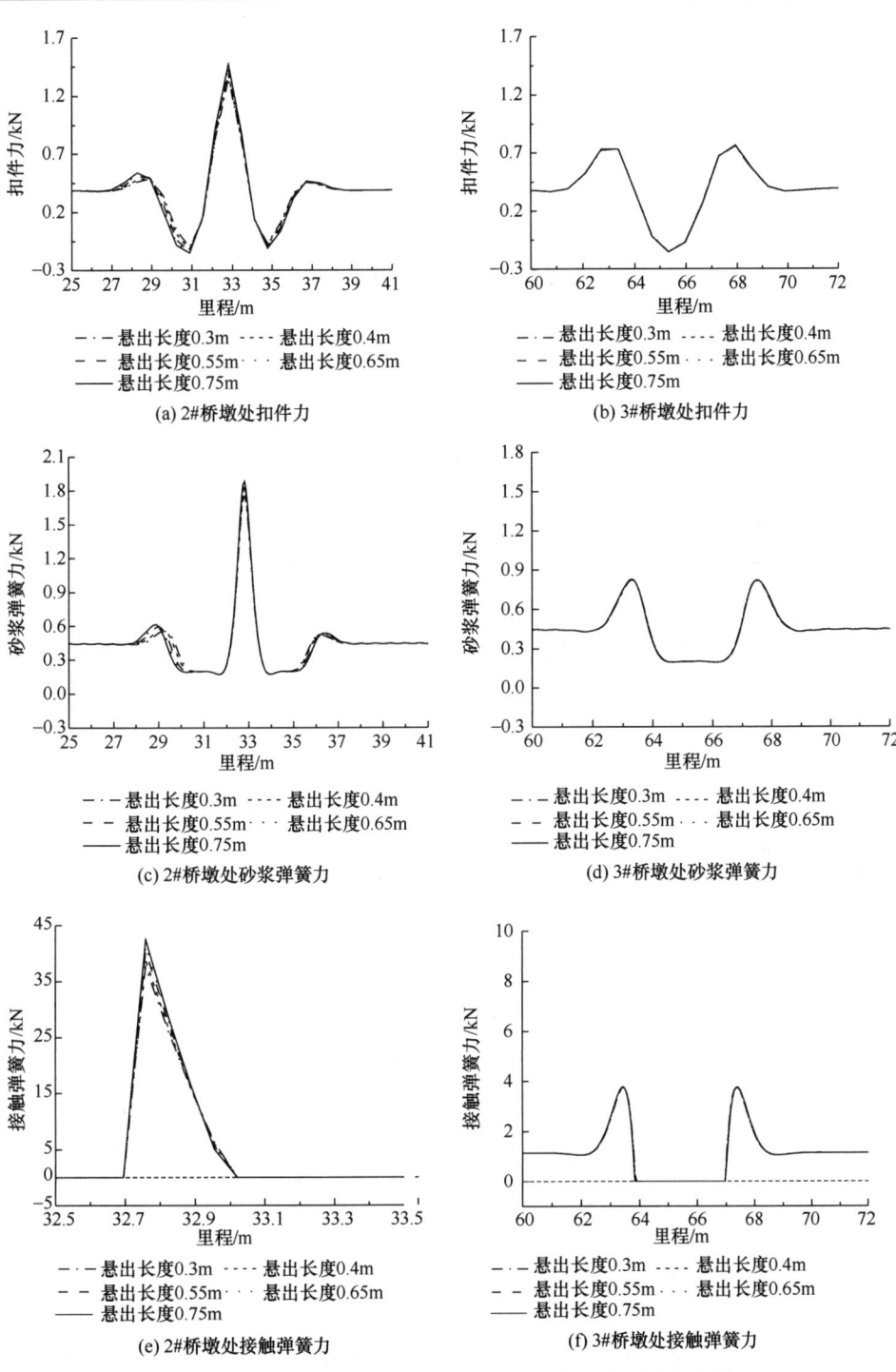

图 5-14 不同梁端悬出长度工况下层间相互作用力变化图

3号桥墩(里程65.4m)处扣件力、砂浆弹簧力、接触弹簧力沿里程的变化图。从图中可以看出,不同梁端悬出长度工况下,扣件力、砂浆弹簧力、接触弹簧力各自变化趋势相同。随着梁端悬出长度的增加,扣件力、砂浆弹簧力、接触弹簧力峰值及突变区域略微增加,但变化不明显,说明梁端悬出长度对层间相互作用力的影响较小。在桥墩沉降10mm情况下,当梁端悬出长度大于0.30m小于0.75m时,扣件压力最大值为1.30~1.41kN,扣件拉力最大值为0.231~0.241kN,砂浆层弹簧力最大值为1.75~1.88kN,接触弹簧力最大值为37.7~42.5kN。

5.4 扣件竖向刚度对桥梁-轨道变形映射的影响

结合其他学者研究,扣件是钢轨的重要支撑构件,对钢轨变形有直接的带动作用[30,124,125]。为分析扣件刚度对桥梁-轨道变形映射的影响规律,本节以5种不同扣件竖向刚度为计算工况(10kN/mm、30kN/mm、50kN/mm、60kN/mm、75kN/mm),对比分析3号桥墩(图4-19)沉降10mm时钢轨变形最值、钢轨变形区域长度、层间相互作用力变化规律等。计算模型采用4跨32m简支梁及CRTSⅡ型纵连板式无砟轨道结构,参数取值见表4-1,梁端悬出长度0.55m。

1. 扣件竖向刚度对轨面变形的影响

图5-15(a)和(b)分别给出了桥墩沉降10mm时,不同扣件竖向刚度工况下2号桥墩(里程32.7m)及3号桥墩(里程65.4m)处钢轨局部变形曲线。表5-7给出了不同扣件竖向刚度工况下钢轨变形数据。

由图5-15及表5-7可知,在桥墩产生沉降的情况下,当扣件竖向刚度较小时,

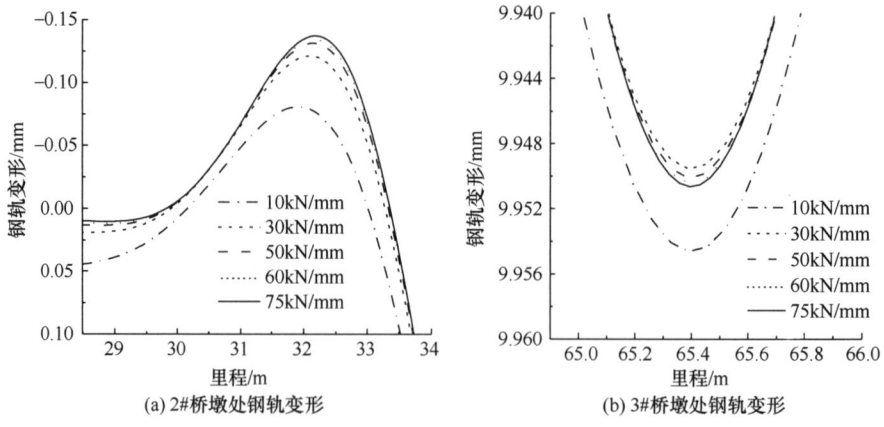

图5-15 不同扣件竖向刚度工况下钢轨变形图

如 10kN/mm，钢轨会产生明显的竖向位移，但钢轨向上弯曲形成的"折角"和下凸形成的"折角"无明显变化，说明较小的扣件竖向刚度会导致钢轨整体下移，但对钢轨的不平顺性无明显影响；当扣件竖向刚度较大(大于 30kN/mm)时，随着刚度值的增加，钢轨竖向最大位移变化较小。总之，扣件竖向刚度对钢轨附加不平顺幅值影响较小。

表 5-7 不同扣件竖向刚度工况下钢轨变形结果

计算结果	扣件竖向刚度				
	10kN/mm	30kN/mm	50kN/mm	60kN/mm	75kN/mm
变形区域长度	75.21m	72.79m	71.22m	70.63m	70.59m
变形延伸系数	1.150	1.130	1.089	1.080	1.079
向上变形最大值	−0.081mm	−0.121mm	−0.131mm	−0.134mm	−0.137mm
钢轨向上变形的沉降影响系数	−0.0081	−0.0121	−0.0131	−0.0134	−0.0137
向下变形最大值	9.955mm	9.950mm	9.950mm	9.950mm	9.950mm
钢轨向下变形的沉降影响系数	0.9955	0.9950	0.9950	0.9950	0.9950

由表 5-7 及图 5-16 可以看出，随着扣件竖向刚度的增加，钢轨变形区域长度和钢轨变形延伸系数先逐渐减小后保持不变。当扣件竖向刚度值大于 80kN/mm 时，钢轨变形延伸系数基本不受其影响，为 1.079，这表明轨道附加不平顺波长随扣件竖向刚度的增加先增加后不变。

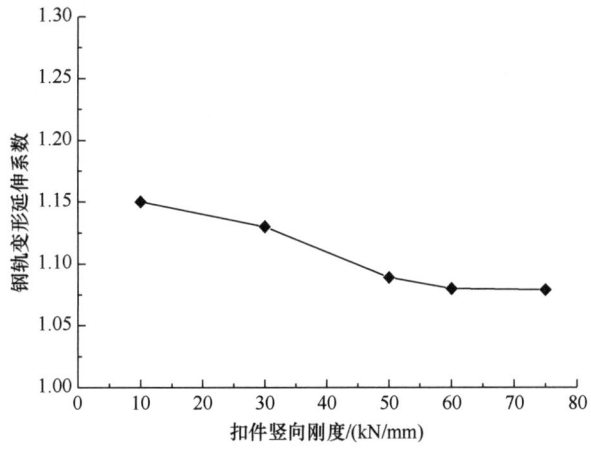

图 5-16 钢轨变形延伸系数与扣件竖向刚度的关系

2. 扣件竖向刚度对层间相互作用力的影响

图 5-17(a)～(f)分别给出了不同扣件竖向刚度工况下扣件力、砂浆弹簧力、接触弹簧力沿里程的变化图。从图中可以看出，随着扣件竖向刚度的增加，接触弹簧力峰值基本不变，砂浆弹簧力峰值及突变区域略微增加，但变化不明显，说明扣件竖向刚度对砂浆弹簧力和接触弹簧力的影响较小。然而，扣件力的最值随扣件竖向刚度的增加而增大，扣件力的突变区域基本不变，说明扣件竖向刚度对扣件力峰值的影响较大，但对扣件力的突变区域影响较小。

在桥墩沉降 10mm 情况下，当扣件竖向刚度大于 10kN/mm 小于 75kN/mm 时，扣件压力最大值为 0.92～1.56kN，扣件拉力最大值为 0.01～0.232kN，砂浆弹簧力最大值为 1.78～1.84kN，接触弹簧力最大值为 40.405～40.466kN。

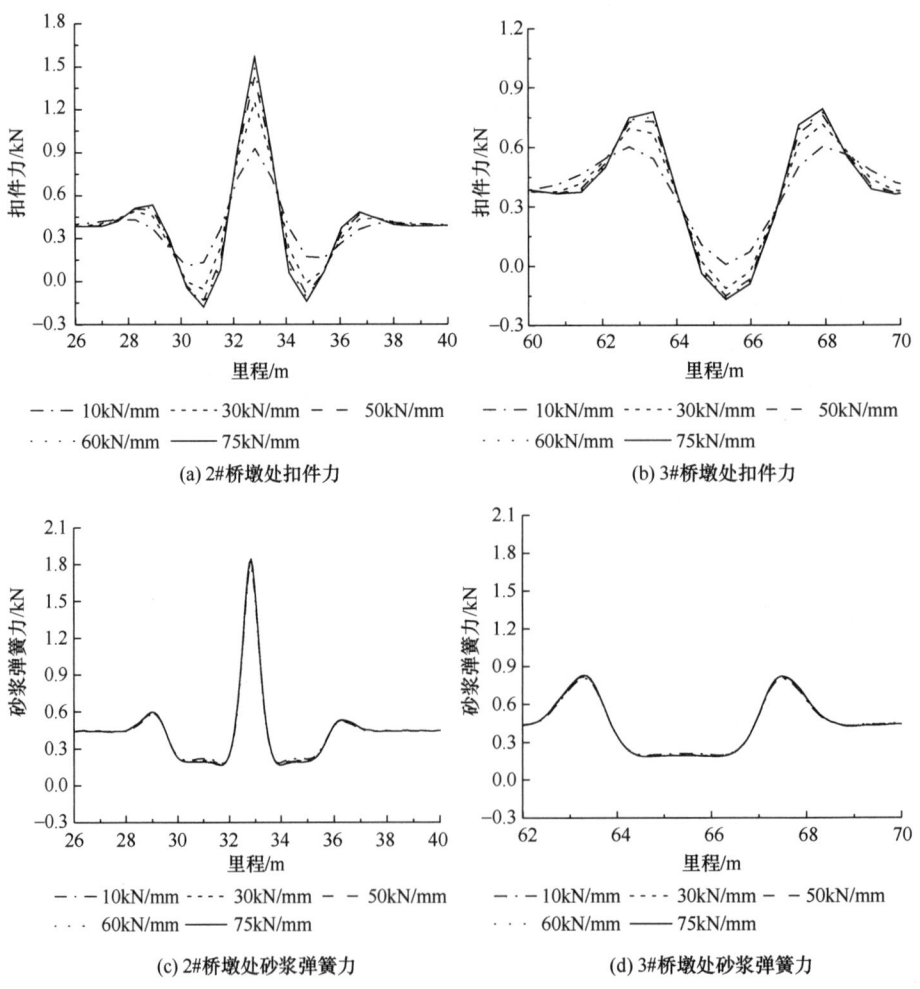

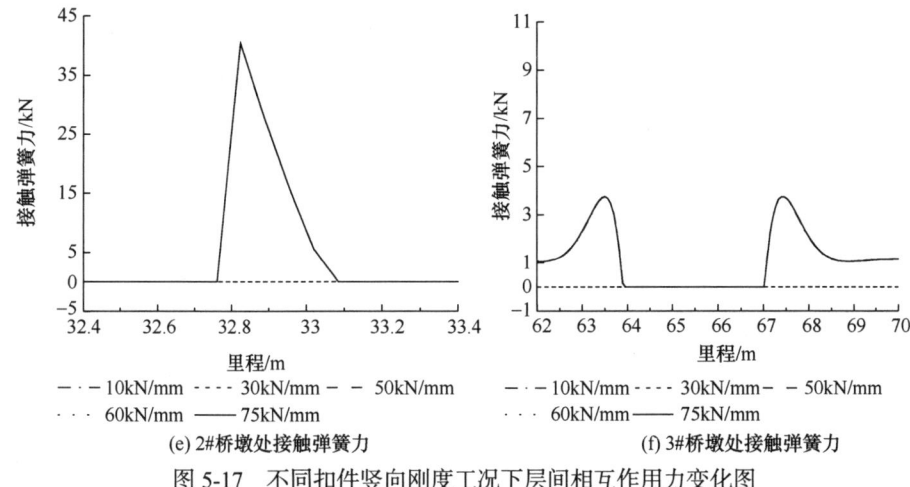

(e) 2#桥墩处接触弹簧力　　　　　　(f) 3#桥墩处接触弹簧力

图 5-17　不同扣件竖向刚度工况下层间相互作用力变化图

5.5　砂浆层竖向刚度对桥梁-轨道变形映射的影响

砂浆层作为桥梁-轨道系统重要的层间结构,其力学特性直接影响层间相互作用力的传递,从而间接影响钢轨变形。为探讨砂浆层竖向刚度对钢轨变形的影响规律,结合其他学者研究情况[119],本节采用 5 种砂浆层竖向刚度(面刚度),分别为 $0.03kN/mm^2$、$0.1kN/mm^2$、$0.25kN/mm^2$、$0.45kN/mm^2$、$0.6kN/mm^2$,以 3 号桥墩(图 4-19)沉降 10mm 为例,对比分析不同砂浆层竖向刚度时钢轨变形最值、钢轨变形区域长度、层间相互作用力变化规律等。计算模型为 4 跨 32m 简支梁,梁端悬出长度 0.55m,CRTS Ⅱ型纵连板式无砟轨道结构参数取值见表 4-1。

1. 砂浆层竖向刚度对轨面变形的影响

图 5-18(a)和(b)分别给出了桥墩沉降 10mm 时,不同砂浆层竖向刚度工况下 2 号桥墩(里程 32.7m)及 3 号桥墩(里程 65.4m)处钢轨局部变形曲线。表 5-8 给出了不同砂浆层竖向刚度工况下钢轨变形数据。

由图 5-18 及表 5-8 可知,砂浆层竖向刚度对钢轨变形的影响规律与扣件竖向刚度对钢轨变形的影响规律相似。在桥墩产生沉降的情况下,当砂浆层竖向刚度为 $0.03kN/mm^2$ 时,钢轨会产生明显的竖向位移,但钢轨向上弯曲形成的"折角"和下凸形成的"折角"无明显变化,说明较小的砂浆层竖向刚度会导致钢轨整体下移,但对钢轨的不平顺性幅值影响较小;当砂浆层竖向刚度大于 $0.03kN/mm^2$ 时,随着刚度值的增加,钢轨竖向最大位移无明显变化,钢轨向上变形的沉降影响系数和向下变形的沉降影响系数分别稳定在−0.0132、0.9750。总之,砂浆层竖向刚度对轨道附加不平顺幅值影响较小。

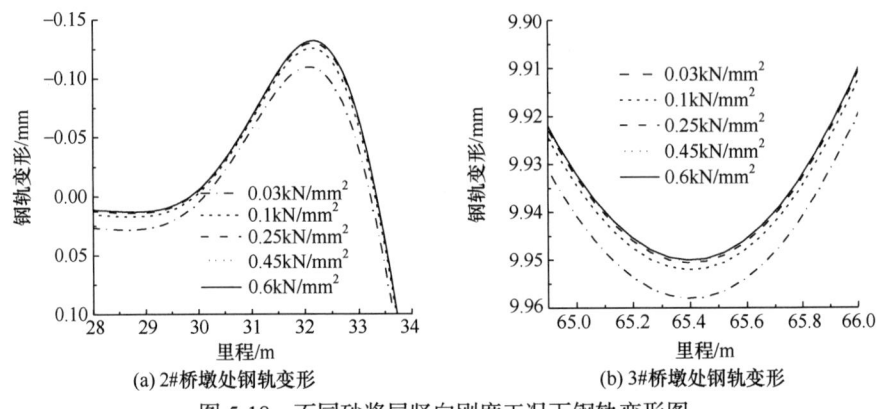

(a) 2#桥墩处钢轨变形　　　　　　(b) 3#桥墩处钢轨变形

图 5-18　不同砂浆层竖向刚度工况下钢轨变形图

表 5-8　不同砂浆层竖向刚度工况下钢轨变形结果

计算结果	砂浆层竖向刚度				
	$0.03kN/mm^2$	$0.1kN/mm^2$	$0.25kN/mm^2$	$0.45kN/mm^2$	$0.6kN/mm^2$
变形区域长度	70.59m	70.135m	70.07m	69.55m	69.55m
变形延伸系数	1.079	1.072	1.071	1.063	1.063
向上变形最大值	−0.110mm	−0.126mm	−0.130mm	−0.131mm	−0.132mm
钢轨向上变形的沉降影响系数	−0.0110	−0.0126	−0.0130	−0.0131	−0.0132
向下变形最大值	9.958mm	9.952mm	9.951mm	9.950mm	9.950mm
钢轨向下变形的沉降影响系数	0.9958	0.9952	0.9951	0.9950	0.9950

由表 5-8 及图 5-19 可以看出，随砂浆层竖向刚度的增加，钢轨变形区域长度及延伸系数先减小后保持不变。当砂浆层竖向刚度大于 $0.6kN/mm^2$ 时，钢轨变形延伸系数基本不受其影响，为 1.063。

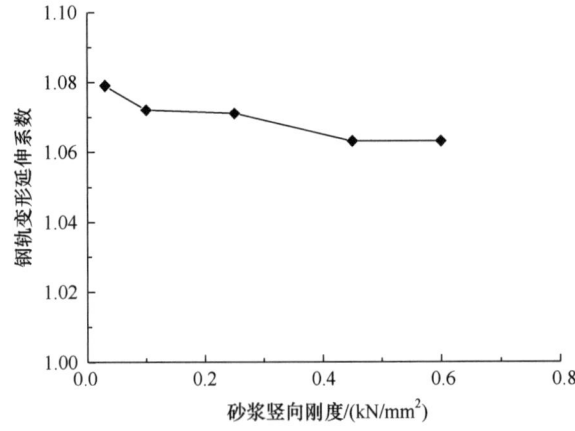

图 5-19　钢轨变形延伸系数与砂浆层竖向刚度的关系

2. 砂浆层竖向刚度对层间相互作用力的影响

图 5-20(a)~(f)分别给出了不同砂浆层竖向刚度工况下，扣件力、砂浆弹簧力、接触弹簧力沿里程的变化图。从图中可以看出，当砂浆层竖向刚度从 $0.03kN/mm^2$ 增大至 $0.6kN/mm^2$ 时，砂浆弹簧力峰值先快速增大后缓慢增大，介于 1.06kN 和 1.94kN 之间，而接触弹簧力基本不受砂浆层竖向刚度的影响，其峰值稳定在 40.4kN。当砂浆层竖向刚度小于 $0.1kN/mm^2$ 时，扣件力峰值随砂浆层竖向刚度的增加而增加，介于 1.16kN 和 1.31kN 之间；当砂浆层竖向刚度大于 $0.1kN/mm^2$ 时，扣件力峰值基本不变，为 1.4kN。总体来说，砂浆层竖向刚度对砂浆弹簧力峰值影响较大，对扣件力峰值的影响局限于一定砂浆层竖向刚度内，对接触弹簧力无影响。

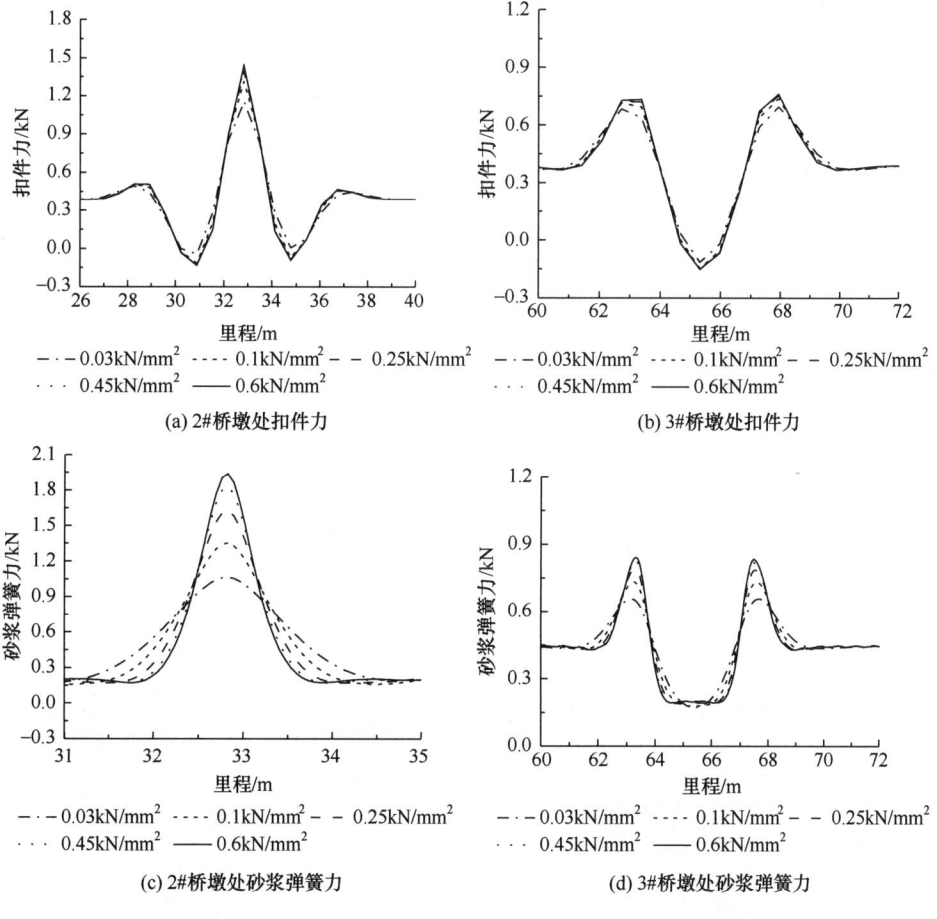

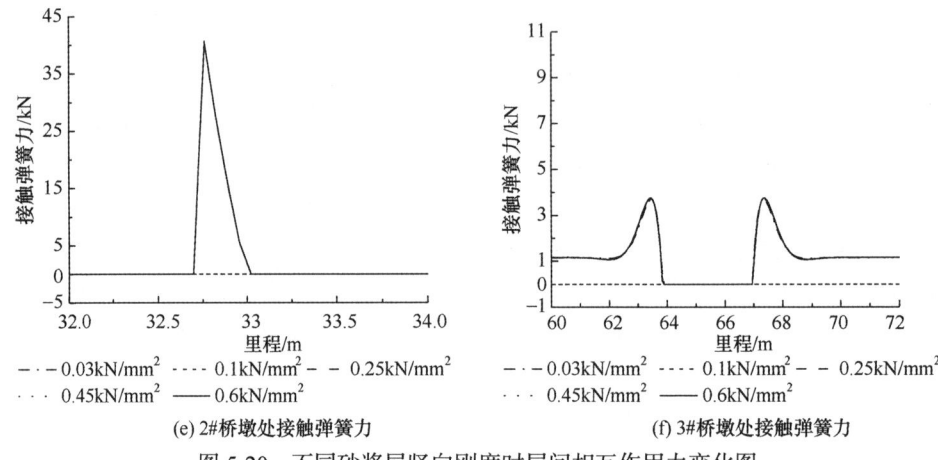

(e) 2#桥墩处接触弹簧力　　　　　　　(f) 3#桥墩处接触弹簧力

图 5-20　不同砂浆层竖向刚度时层间相互作用力变化图

5.6　板底脱空对桥梁-轨道变形映射的影响

同前文所述,板底脱空主要以两种形式影响桥梁附加变形对轨道不平顺的映射,一是板底脱空所在的位置,二是板底脱空的纵向长度。为深入研究不同脱空位置和脱空长度对桥梁-轨道变形的影响规律,本节基于变形映射通用解析模型,选取 4 跨 32m 简支梁桥及其上部无砟轨道进行计算。其中,桥梁-轨道结构计算参数取值见表 4-1,梁端悬出长度取 0.55m。

同时,为量化分析层间联结失效致钢轨变形区域(见 4.12.2 节)的影响程度,本节以联结失效致钢轨变形区域的长度与层间联结失效长度(见 4.12.2 节)的比值为联结失效致钢轨变形延伸系数。

5.6.1　板底脱空位置对桥梁-轨道变形映射的影响

以 2 号桥墩(里程 32.7m)、2 号梁体跨中(里程 49.05m)、3 号桥墩(里程 65.4m)处轨道板底部出现 3m 纵向脱空(图 5-21)为计算工况,对比分析桥墩沉降情况

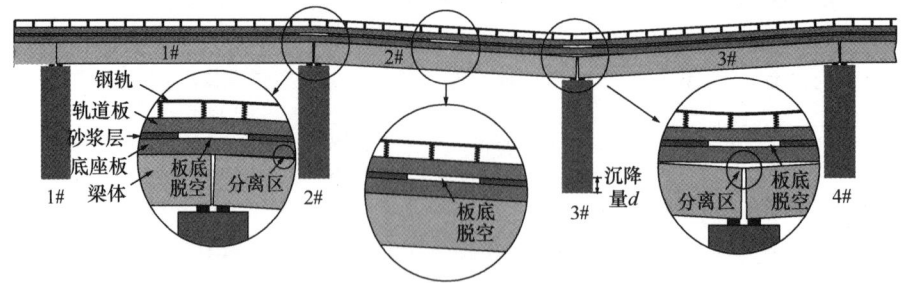

图 5-21　3#桥墩沉降情况下板底脱空示意图

下不同位置出现板底脱空时轨面几何特征、变化趋势、层间相互作用力变化规律等。

1. 脱空位置对轨道变形的影响

当 3 号桥墩沉降 10mm 时,不同脱空位置情况下钢轨变形见图 5-22,钢轨变形数据见表 5-9。

由图 5-22 可知,在桥墩沉降和板底脱空共同作用下,脱空区的钢轨在既有变形的基础上局部"下陷"。结合轨道不平顺特征波长的分类[124],在桥梁附加变形情况下,脱空引起的钢轨变形可认为是在既有不平顺长波的基础上,产生一个附加不平顺短波,这是由于板底脱空使脱空区底座板与轨道板之间不进行力学传递,进而改变脱空区梁体-轨道变形的映射路径,从而引起钢轨局部突变。

由表 5-9 可以看出,当板底脱空由非沉降墩(2 号桥墩)逐步向沉降墩(3 号桥墩)过渡时,联结失效致钢轨变形区域长度、变形延伸系数、变形最大值均依次降低,表明靠近沉降墩的桥墩处出现板底脱空对桥梁-钢轨变形映射的影响较为明显,沉降墩处板底脱空对钢轨变形影响较小。这是因为:桥墩沉降引起梁体下移,受底座板纵连特性的影响,沉降墩处底座板会与梁体分离,进而使该区域底座板对轨道板及上部结构的支撑作用较小,而附近底座板与梁体接触区的层间相互作用力较大,如果板底脱空长度小于梁体与底座板分离区的长度,板底脱空引起的砂浆弹簧力变化并不会对钢轨变形产生较大影响。对于梁体离沉降墩较远的一端,梁端对轨道结构有较强的支撑作用,那么板底脱空会导致底座板对轨道板的支撑作用缺失,对钢轨变形影响显著。当桥墩沉降 10mm 时,沉降墩的相邻桥墩、沉降墩、发生沉降的梁体跨中处联结失效致钢轨变形延伸系数分别为 1.582、1.17、1.257。

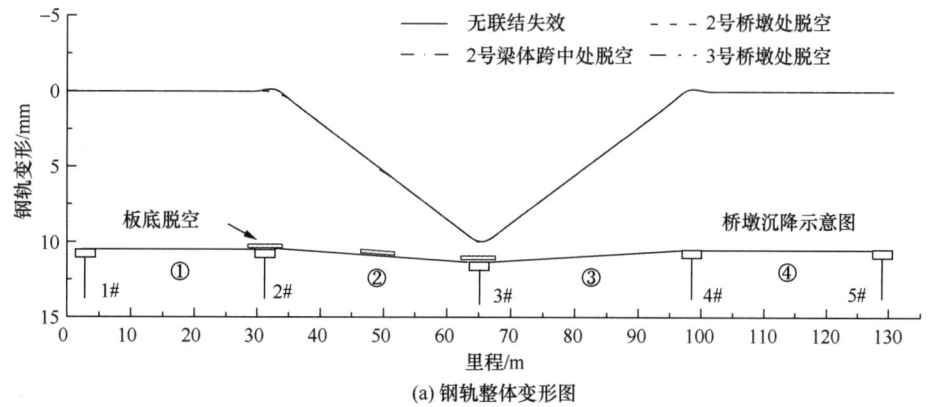

(a) 钢轨整体变形图

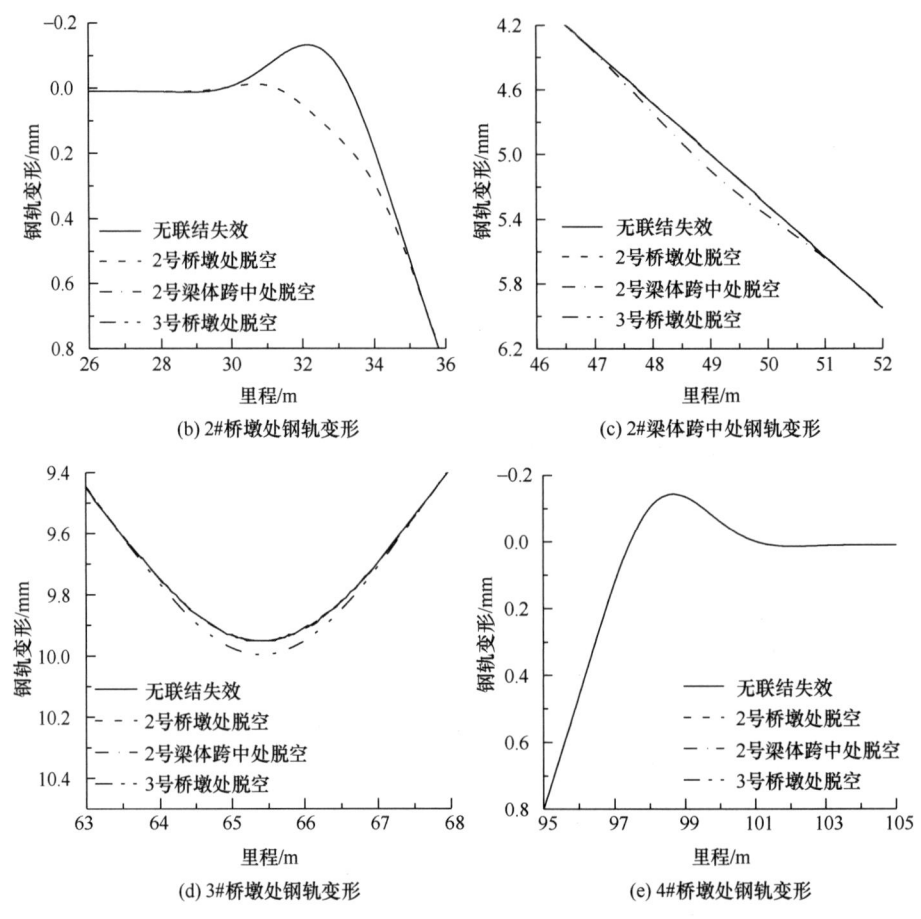

图 5-22　板底不同位置脱空时钢轨变形细节图

表 5-9　板底不同位置脱空时钢轨变形数据

钢轨变形	板底脱空位置		
	2号桥墩	2号梁体跨中	3号桥墩
脱空长度	3m	3m	3m
联结失效致钢轨变形区域长度	4.745m	3.77m	3.51m
联结失效致钢轨变形延伸系数	1.582	1.257	1.17
联结失效致钢轨变形最大值	0.225mm	0.103mm	0.047mm

2. 脱空位置对层间相互作用力的影响

图 5-23 分别给出了各脱空位置工况下扣件力、砂浆弹簧力、接触弹簧力沿里

程的变化图。由图可知，当板底脱空位置不同时，脱空只会引起层间相互作用力在脱空区域重新分布或者突变，对其他区域的力没有影响。对于扣件力，2号桥墩处砂浆脱空会使该处原受压扣件承受拉力，原受拉扣件承受压力，2号梁体跨

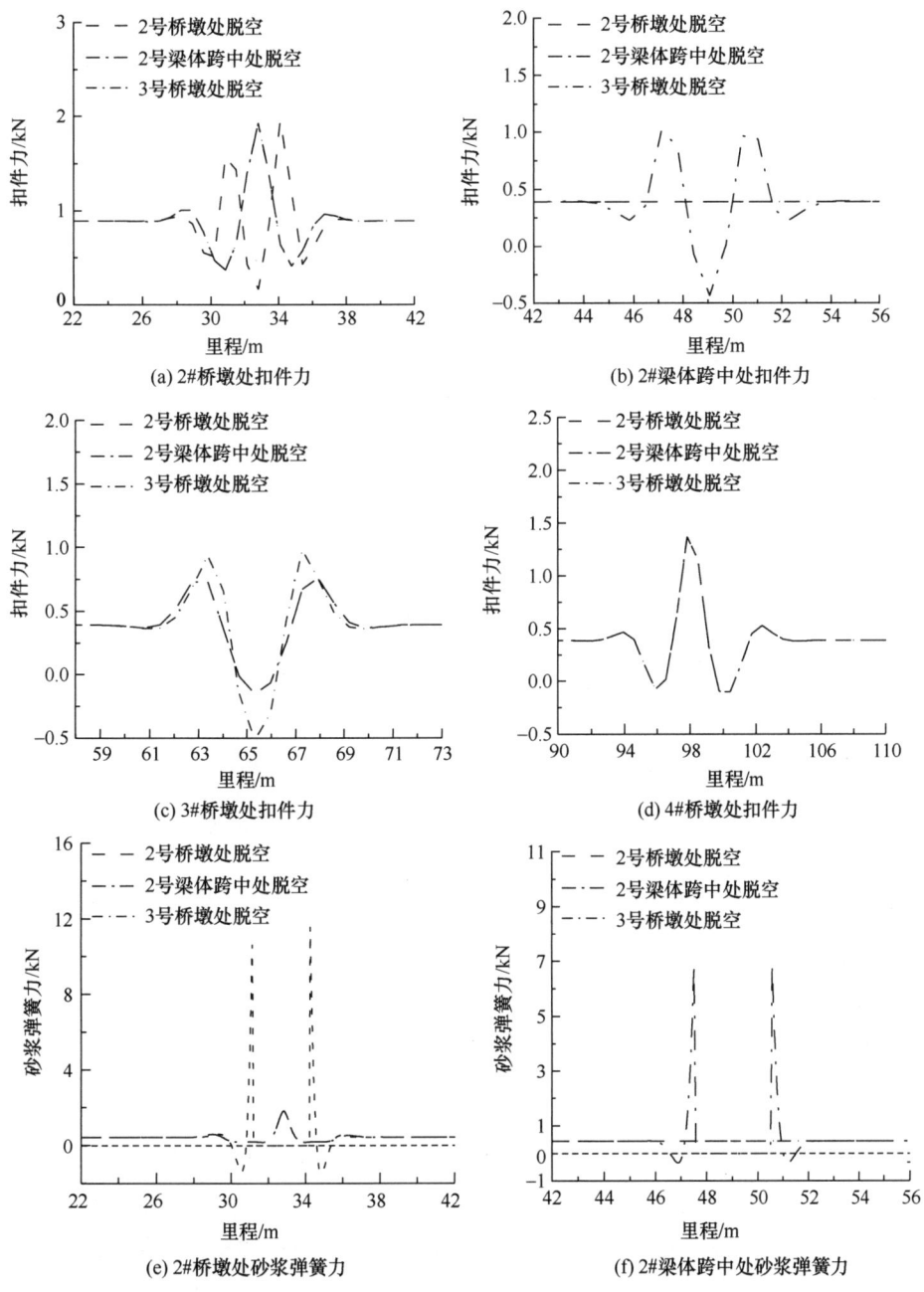

(a) 2#桥墩处扣件力　　(b) 2#梁体跨中处扣件力
(c) 3#桥墩处扣件力　　(d) 4#桥墩处扣件力
(e) 2#桥墩处砂浆弹簧力　(f) 2#梁体跨中处砂浆弹簧力

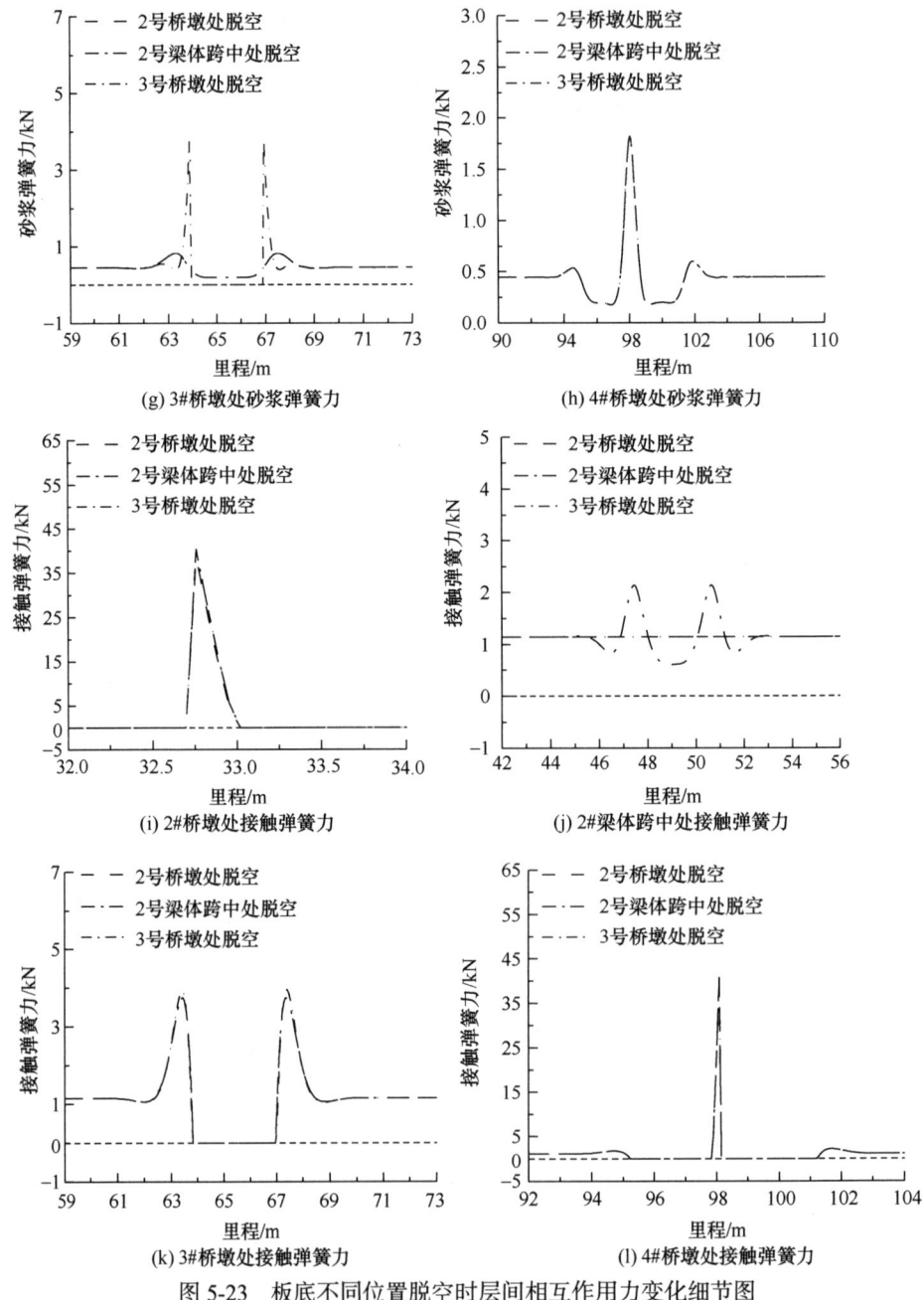

图 5-23 板底不同位置脱空时层间相互作用力变化细节图

中处砂浆脱空会使扣件力产生突变,3号桥墩处砂浆脱空会引起扣件力峰值增大;对于砂浆弹簧力,由于脱空区底座板与轨道板不进行力学传递,砂浆弹簧力为零,从而引起脱空区附近的砂浆弹簧力显著增大,尤其2号桥墩处板底脱空,这是因为 2 号桥墩处梁体上翘，底座板对轨道板及以上结构有较强的支撑作用，一旦板底脱空，轨道板将失去支撑，该区域附近的砂浆弹簧力将急剧增大；对于接触弹簧力，在板底脱空作用下，砂浆弹簧力变化规律及零域长度基本不变，表明板底脱空对梁体与底座板之间的非线性接触关系影响较小。

综上可以说明，板底脱空对砂浆弹簧力影响较大，进而向上映射，容易引起脱空区扣件力的重新分布，尤其是沉降墩相邻桥墩位置。然而，板底脱空对梁体与底座板之间的非线性接触关系影响较小。

5.6.2 板底脱空长度对桥梁-轨道变形映射的影响

由 5.6.1 节可知，当靠近沉降墩的桥墩处出现板底脱空时，脱空对钢轨变形和层间相互作用力的影响最为明显。因此，结合其他学者研究[59,61-63]，本节以 3 号桥墩(图 5-21)沉降 10mm 为例，拟定 2 号桥墩处板底脱空纵向长度分别为 0.5m、1m、3m、5m、6m，对比分析不同脱空长度引起的轨面几何形态发展规律，层间相互作用力变化规律以及脱空长度对变形映射路径的影响规律等。

不同脱空长度情况下，2 号桥墩处钢轨变形见图 5-24，钢轨变形数据见表 5-10。

由图 5-24 及表 5-10 可知，当板底脱空长度小于等于 1m 时，脱空区钢轨无明显变化，这是由于轨道板刚度较大，小区域的板底脱空并不会引起轨道板产生明显变形，进而对轨面变形影响较小；当脱空长度大于 1m 时，随着板底脱空长度的增加，联结失效致钢轨变形区域长度近似线性增大，其最大值近似二次曲线增长，即脱空引起的轨道不平顺短波幅值和波长不断增大，这与脱空长度和底座板-梁体分离区域长度的相对大小有关。当板底脱空长度小于底座板-梁体分离区的长度时，脱空引起底座板和砂浆层之间相互作用的改变对变形映射路径的影响较小，轨道不平顺短波幅值和波长较小，反之，随着板底脱空长度的增加，脱空对钢轨

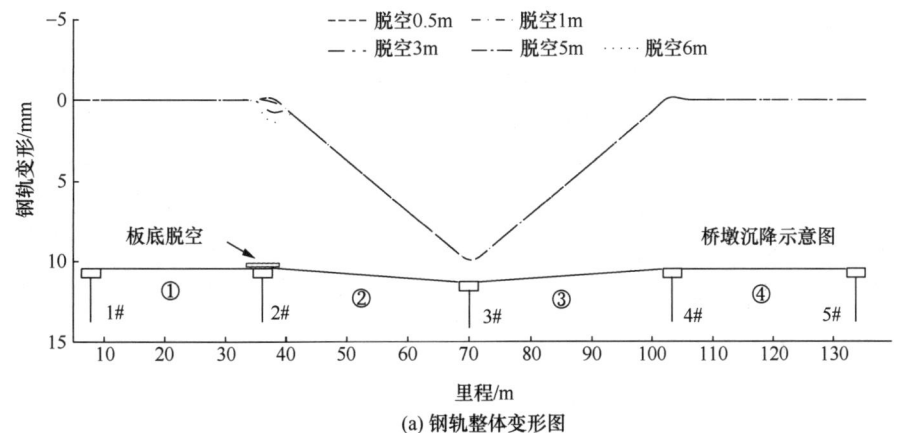

(a) 钢轨整体变形图

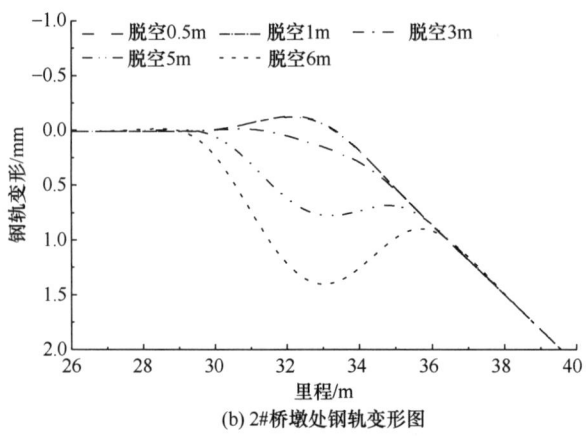

(b) 2#桥墩处钢轨变形图

图 5-24 不同板底脱空长度时 2 号桥墩处钢轨变形图

变形映射路径的影响逐渐增大，轨道不平顺短波变化越发明显。当板底脱空长度为 0.5~1m 时，联结失效致钢轨变形延伸系数较小，小于等于 0.910，而联结失效致钢轨变形最大值小于等于 0.012mm；当板底脱空长度为 3~6m 时，联结失效致钢轨变形延伸系数主要介于 1.583 和 1.768 之间，而联结失效致钢轨变形最大值主要介于 0.225mm 和 1.492mm 之间。

表 5-10 不同板底脱空长度时 2 号桥墩处钢轨变形数据表

钢轨变形	2 号桥墩处板底脱空长度				
	0.5m	1m	3m	5m	6m
联结失效致钢轨变形区域长度	0m	0.91m	4.75m	8.84m	10.34m
联结失效致钢轨变形延伸系数	0	0.910	1.583	1.768	1.723
联结失效致钢轨变形最大值	0mm	0.012mm	0.225mm	0.857mm	1.492mm

由于板底脱空对脱空区扣件力和砂浆弹簧力的影响较为明显，故本节重点对不同脱空长度下脱空区的扣件力和砂浆弹簧力进行分析，2 号桥墩处扣件力和砂浆弹簧力变化见图 5-25，层间相互作用力最大值见表 5-11。

从图 5-25 及表 5-11 可以看出，当脱空长度小于等于 1m 时，扣件拉力基本没有变化；当脱空长度大于 1m 时，脱空长度越大，扣件压力峰值越大，而扣件拉力峰值达到 0.725kN 后便不再增大。随着板底脱空长度的增大，砂浆弹簧力零域长度逐渐增大，砂浆弹簧力峰值也逐渐增大，各峰值均分布在脱空区的边缘。对于接触弹簧力，其数值基本不变，稳定在 40.858kN。

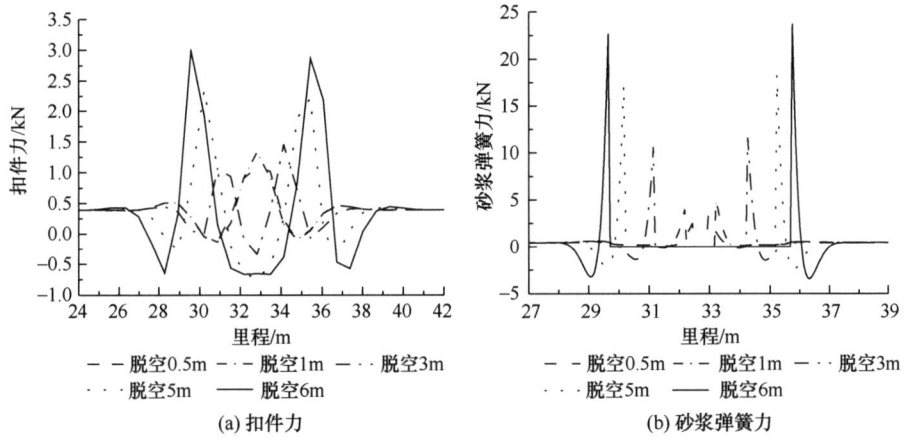

图 5-25 不同板底脱空长度时 2 号桥墩处层间相互作用力变化

表 5-11 不同板底脱空长度时 2 号桥墩处层间相互作用力最大值对比(单位：kN)

钢轨变形	2 号桥墩处板底脱空长度				
	0.5m	1m	3m	5m	6m
扣件压力最大值	1.330	1.084	1.459	2.361	2.994
扣件拉力最大值	−0.152	−0.152	−0.337	−0.725	−0.663
砂浆弹簧力最大值	3.266	4.871	11.580	18.396	23.724
接触弹簧力最大值	40.858	40.858	40.857	40.858	40.858

5.7 层间离缝对桥梁-轨道变形映射的影响

当层间离缝的初始高度一定时，参考板底脱空对桥梁-轨道变形的影响，层间离缝对桥梁-轨道变形映射的影响方式也可总结为离缝的位置和离缝长度。结合上文，本节假定层间离缝初始高度为 0.5mm，以 4 跨 32m 简支梁桥及其上部无砟轨道为研究对象，分别从层间离缝位置和离缝长度入手，基于变形映射通用解析模型，定量化讨论层间离缝情况下桥梁-轨道变形机制。其中，桥梁-轨道结构计算参数取值见表 4-1，梁端悬出长度取 0.55m。

5.7.1 层间离缝位置对桥梁-轨道变形映射的影响

综合考虑其他学者对层间离缝的研究[125]，以 3 号桥墩沉降 10mm 为例，分别分析 2 号桥墩、2 号梁体跨中、3 号桥墩处层间出现 5m 纵向离缝时轨面几何特征、变化趋势、层间相互作用力变化规律等，离缝示意图见图 5-26。

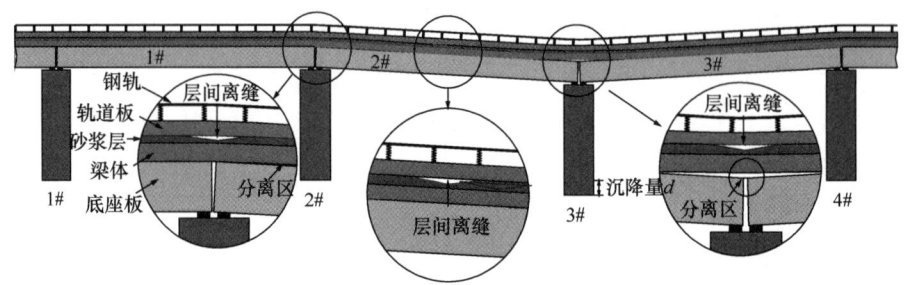

图 5-26 3#桥墩沉降情况下层间离缝示意图

1. 离缝位置对轨道变形的影响

图 5-27(a)~(d)分别给出了不同层间离缝位置情况下钢轨垂向位移沿里程的变化图，具体变形数据见表 5-12。

由图 5-27 及表 5-12 可知，当桥梁发生竖向变形时，层间离缝使离缝区的轨道呈现出局部下陷的空间特征，换言之，层间离缝会使钢轨产生一个附加不平顺短波。当层间离缝纵向长度为 5m 时，对于不同位置的层间离缝，钢轨下陷程度相差不大，即联结失效致钢轨变形区域长度、变形延伸系数、变形最大值相差不大，这是因为在桥墩沉降情况下，由层间离缝的初始状态至最终状态，离缝区轨道板与砂浆层之间的间隙逐渐变小，当轨道板与砂浆层接触时，砂浆层对轨道板有较好的支撑作用，有效阻止了轨道板及钢轨进一步下陷，使不同离缝位置的钢轨最终变形相近。沿里程增加的方向，2 号桥墩、2 号梁体跨中、3 号桥墩处联结失效致钢轨变形延伸系数分别为 1.196、1.192、1.184，其变形最大值分别为 0.480mm、0.479mm、0.405mm。

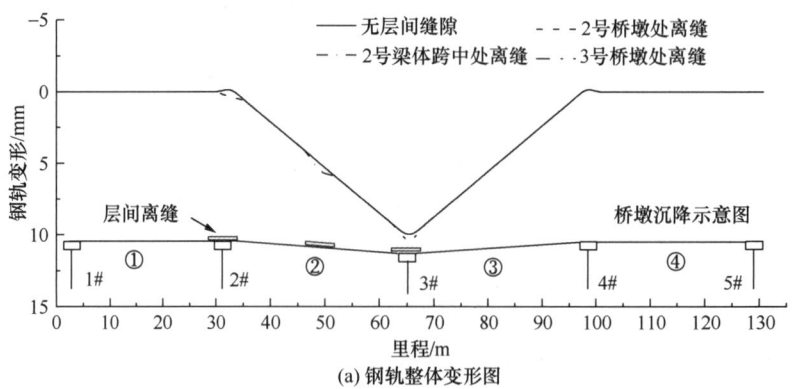

(a) 钢轨整体变形图

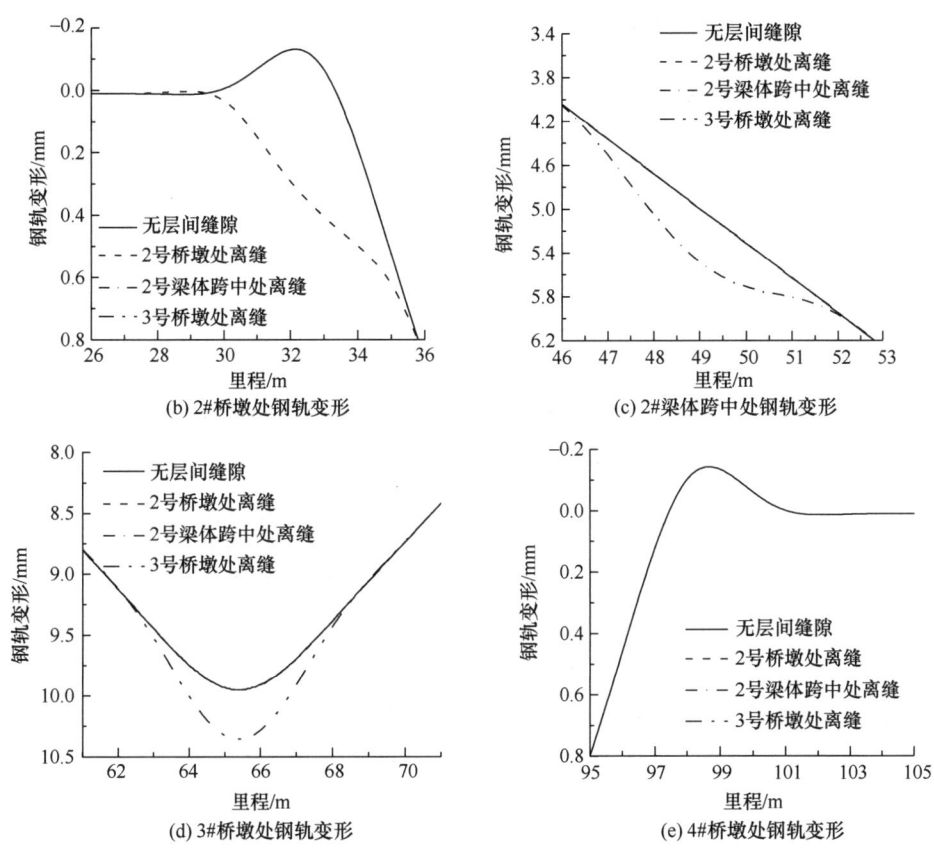

图 5-27 砂浆层不同位置出现离缝时钢轨变形图

表 5-12 砂浆层不同位置出现离缝时钢轨变形数据

钢轨变形	层间离缝位置		
	2 号桥墩	2 号梁体跨中	3 号桥墩
离缝长度	5m	5m	5m
联结失效致钢轨变形区域长度	5.98m	5.96m	5.92m
联结失效致钢轨变形延伸系数	1.196	1.192	1.184
联结失效致钢轨变形最大值	0.480mm	0.479mm	0.405mm

2. 离缝位置对层间相互作用力的影响

2 号桥墩、2 号梁体跨中、3 号桥墩处出现 5m 层间离缝时,扣件力、砂浆弹簧力、接触弹簧力沿里程的变化见图 5-28。

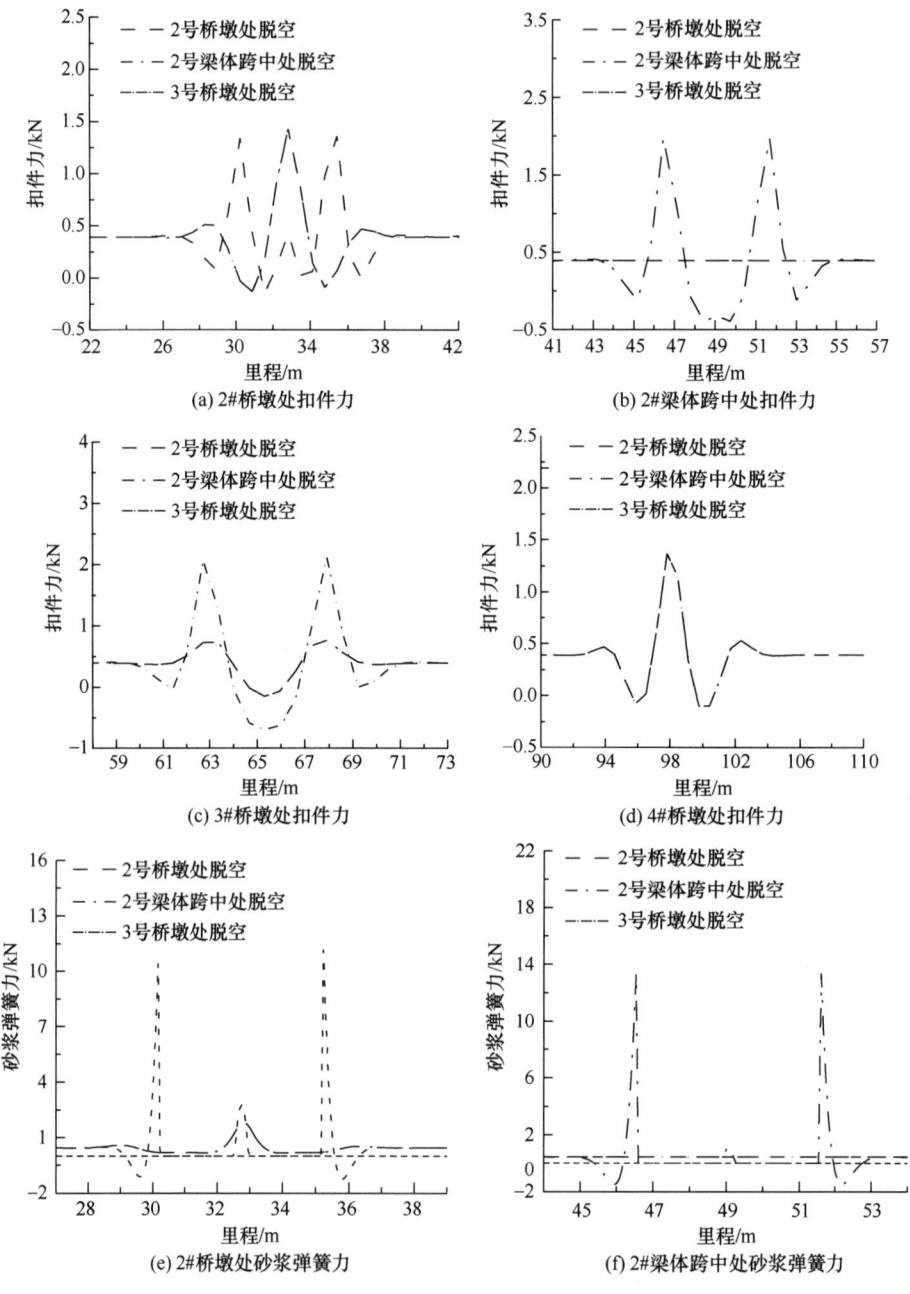

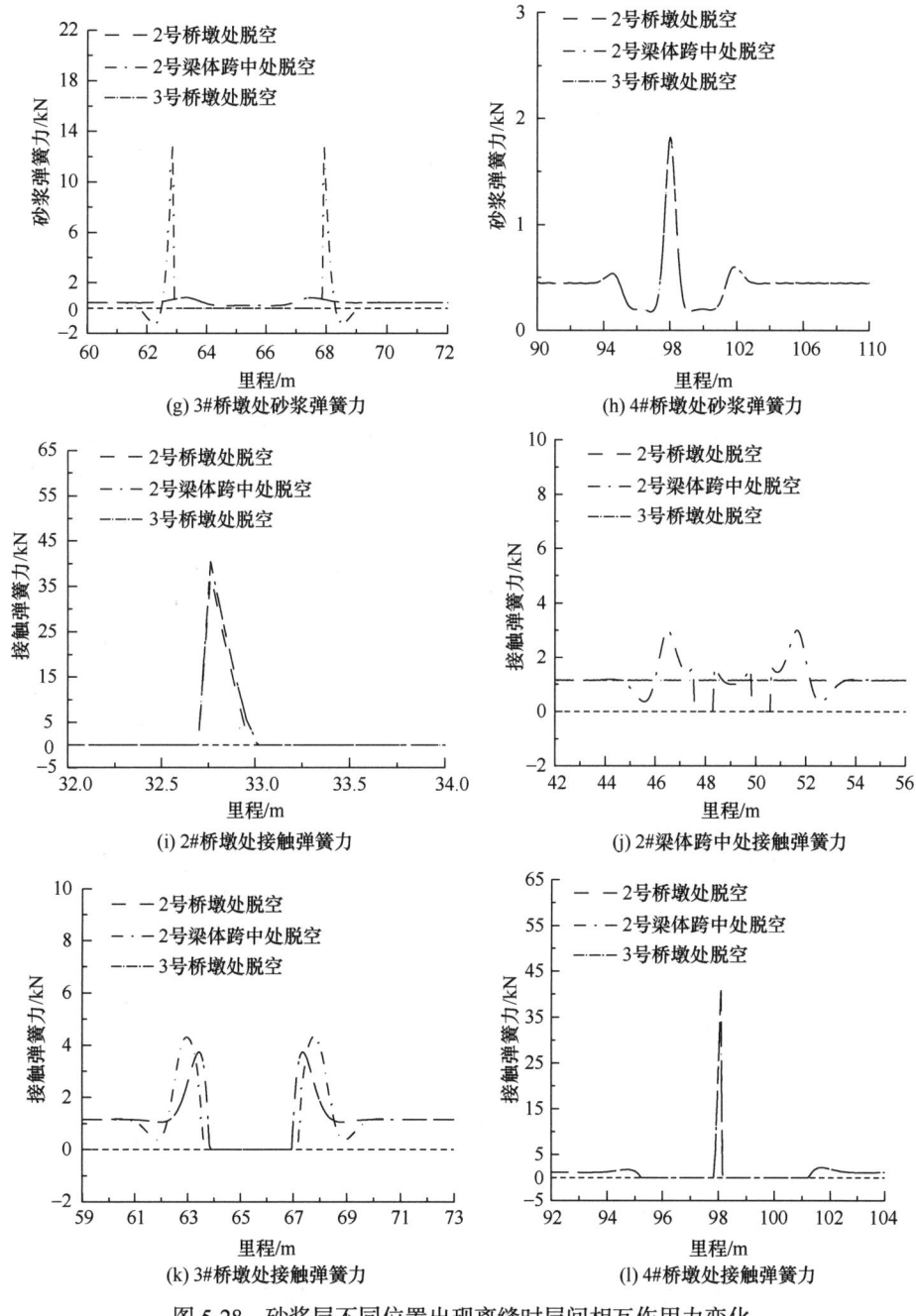

图 5-28 砂浆层不同位置出现离缝时层间相互作用力变化

从图 5-28 可以看出，层间离缝作用下，接触弹簧力无明显变化，换言之，层间离缝对底座板与梁体之间的非线性接触关系影响较小。在层间离缝区内，离缝区中心位置的砂浆弹簧力表现为压力,其他区域砂浆弹簧力为零,这是因为在桥墩沉降和层间离缝共同作用下,从结构变形的初始状态至最终状态,离缝区内砂浆层和轨道板之间的间隙逐渐变小,当达到最终状态时,离缝区中心位置的砂浆层与轨道板接触,并对轨道板产生支撑作用,而其他区域砂浆层与轨道板仍处于分离状态。从 2 号桥墩到 3 号桥墩,离缝区砂浆弹簧力非零区域的长度逐渐变小,表明砂浆层与轨道板之间的接触长度逐渐变小。对于扣件力,离缝区内各曲线均呈现出"M"形,这与砂浆层和轨道板之间的非线性接触关系相符。

5.7.2 层间离缝长度对桥梁-轨道变形映射的影响

结合 5.7.1 节,考虑到 2 号桥墩处层间离缝对砂浆弹簧力的影响最为明显,因此本节以 2 号桥墩处出现层间离缝为例,取层间离缝长度分别为 0.5m、1m、3m、5m、6m,定量化讨论不同离缝长度下轨面几何形态发展规律、层间相互作用力变化规律,以及离缝长度对变形映射路径的影响等。

在不同层间离缝长度情况下,钢轨变形见图 5-29,钢轨变形数据见表 5-13。

由图 5-29 及表 5-13 可以得出,当层间离缝长度小于等于 1m 时,离缝区钢轨变形无明显变化,与板底脱空对钢轨变形的影响相似,这是因为轨道板刚度较大,轨道板与砂浆层小区域的分离并不会引起轨道板及上部结构的变形产生明显改变;当层间离缝长度介于 1m 和 6m 时,随着离缝长度的增加,联结失效致钢轨变形区域长度和最大值先增大后不变,这与离缝区砂浆层与轨道板最终的接触状态有关。当离缝长度小于等于 3m 时,最终状态下离缝区砂浆层与轨道板分离,这与板底脱空对钢轨变形的影响机理类似;当层间离缝长度大于等于 5m 时,最终状态下砂浆层与轨道板接触,并对轨道板产生支撑,有效地阻止了钢轨进一步变

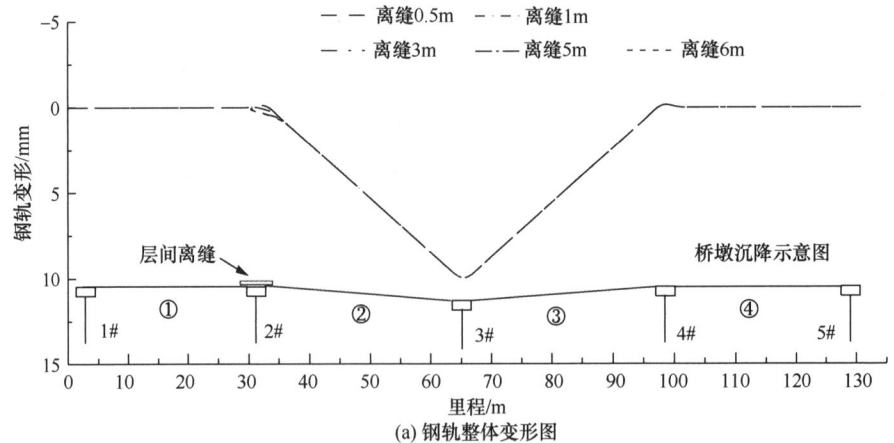

(a) 钢轨整体变形图

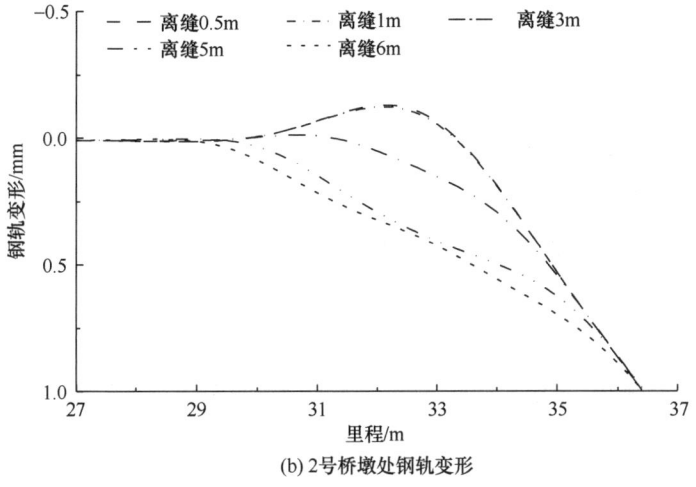

(b) 2号桥墩处钢轨变形

图 5-29 不同层间离缝长度时钢轨变形

形,且砂浆层与轨道板接触区随离缝长度的增加而增大。因此可以说明,离缝长度通过改变砂浆层和对轨道板之间的接触长度来影响桥梁-轨道变形的映射路径。当离缝长度不断增大时,联结失效致钢轨变形最大值稳定在 0.49mm 左右(约为初始离缝高度),其区域长度稳定在 6m 左右。

表 5-13 不同层间离缝长度时联结失效致钢轨变形数据表

钢轨变形	2号桥墩处层间离缝长度				
	0.5m	1m	3m	5m	6m
联结失效致钢轨变形区域长度	0m	0.91m	4.75m	5.98m	6.325m
联结失效致钢轨变形延伸系数	0	0.91	1.583	1.196	1.053
联结失效致钢轨变形最大值	0mm	0.012mm	0.225mm	0.480mm	0.495mm

由于砂浆层离缝对离缝区砂浆弹簧刚度的影响最为直接,即砂浆层离缝对砂浆弹簧力影响较大,故本节重点对离缝区的砂浆弹簧力进行分析,2号桥墩处(里程 32.7m)砂浆弹簧力变化见图 5-30,层间相互作用力最大值见表 5-14。

从图 5-30 及表 5-14 可以看出,当离缝长度小于等于 1m 时,砂浆弹簧力的最大值介于 3.266kN 和 4.871kN 之间;当离缝长度介于 1m 和 3m 时,砂浆弹簧力的最大值随离缝长度的增加而显著增大,离缝长度等于 3m 时对应的砂浆弹簧力最大值为 11.580kN;当离缝长度介于 3m 和 6m 时,砂浆弹簧力的最大峰值基本保持不变,离缝中心位置出现压力,压力区域逐渐增大,这与钢轨变形相符。当离缝长度为 0.5~6m 时,扣件压力最大值基本不变,稳定在 1.367kN,扣件拉力最大值为 0.152~0.337kN,接触弹簧力最大值在 40.858kN 左右波动,分别与无层间联结失效情况下扣件力和接触弹簧力的最大值相近。

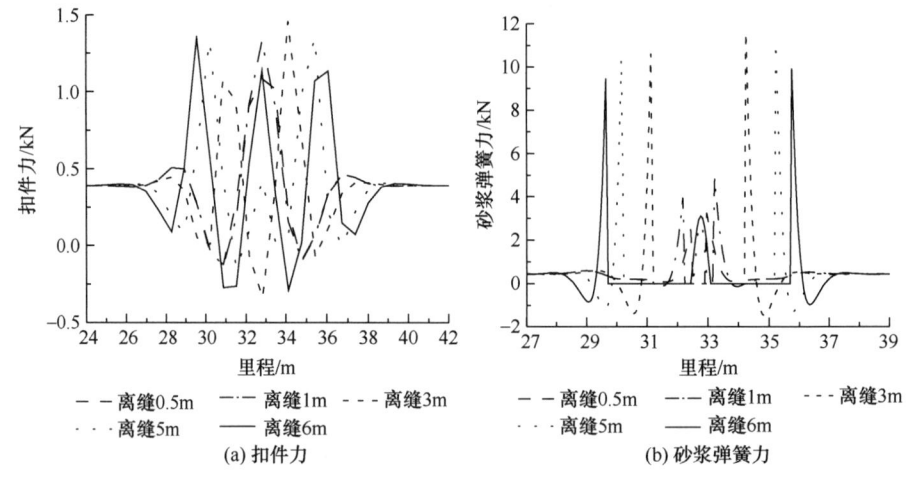

图 5-30　不同层间离缝长度时扣件力和砂浆弹簧力变化图

表 5-14　不同层间离缝长度时层间相互作用力最大值对比(单位：kN)

钢轨变形	2 号桥墩处层间离缝长度				
	0.5m	1m	3m	5m	6m
扣件压力最大值	1.367	1.367	1.459	1.367	1.367
扣件拉力最大值	−0.152	−0.152	−0.337	−0.153	−0.290
砂浆弹簧力最大值	3.266	4.871	11.580	11.166	9.930
接触弹簧力最大值	40.858	40.858	40.858	40.858	40.858

5.8　扣件弹条断裂对桥梁-轨道变形映射的影响

由 5.4 节可知，扣件对钢轨变形具有重要的制约作用，进而对行车安全有重大影响。结合 5.6 节和 5.7 节以及其他学者研究[126]，本节重点讨论扣件弹条断裂位置和断裂个数对桥梁-轨道变形机制的影响，并以 4 跨 32m 简支梁桥及其上部无砟轨道为计算模型。其中，桥梁-轨道映射模型的计算参数取值见表 4-1，梁端悬出长度取 0.55m。

为定量化研究扣件弹条断裂对桥梁-轨道变形映射的影响，假定断裂扣件周围一半扣件间距的区域为扣件弹条断裂区域，以联结失效致钢轨变形区域长度与扣件弹条断裂区域长度的比值为联结失效致钢轨变形延伸系数。

5.8.1 扣件弹条断裂位置对桥梁-轨道变形映射的影响

如图 5-31 所示，以 2 号桥墩、2 号梁体跨中、3 号桥墩处 5 个扣件连续断裂为计算工况，对比分析 3 号桥墩沉降 10mm 情况下，不同位置出现扣件弹条断裂时轨面几何特征、变化趋势、层间相互作用力变化规律等。

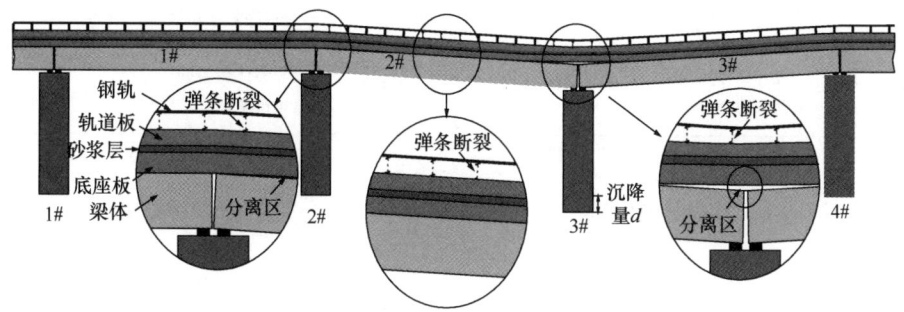

图 5-31 3 号桥墩沉降情况下扣件弹条断裂示意图

1. 扣件弹条断裂位置对轨面变形的影响

当扣件弹条断裂位置不同时，钢轨垂向位移沿里程的变化见图 5-32，具体变形数据见表 5-15。

由图 5-32 及表 5-15 可得，扣件弹条断裂对钢轨变形的影响与其他层间联结失效情况类似，扣件弹条断裂区的钢轨局部下陷，从而生成一个轨道不平顺短波，这是由于扣件弹条断裂通过改变轨道板与钢轨之间的相互作用,改变了钢轨变形。沿里程增大的方向，2 号桥墩至 3 号桥墩处联结失效致钢轨变形区域长度及其最大值依次减小，表明靠近沉降墩的桥墩处出现扣件弹条断裂对轨面变形影响较大。当桥墩沉降 10mm 时，2 号桥墩、2 号梁体跨中、3 号桥墩处联结失效致钢轨变形延伸系数分别为 1.48、1.36、0.42。

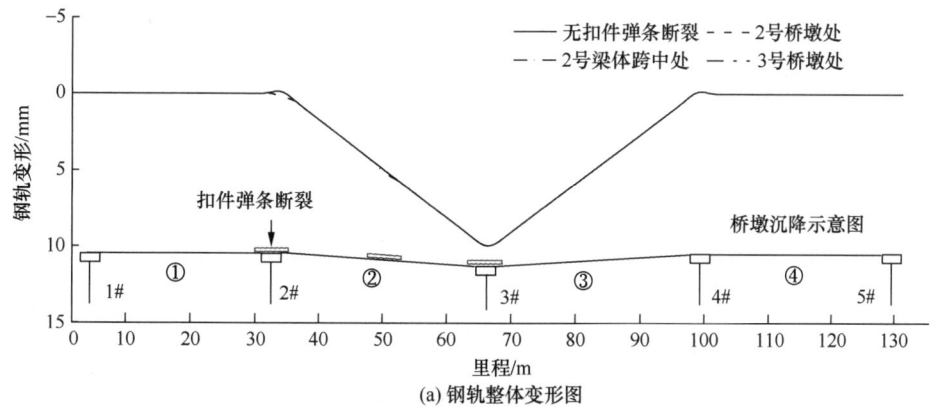

(a) 钢轨整体变形图

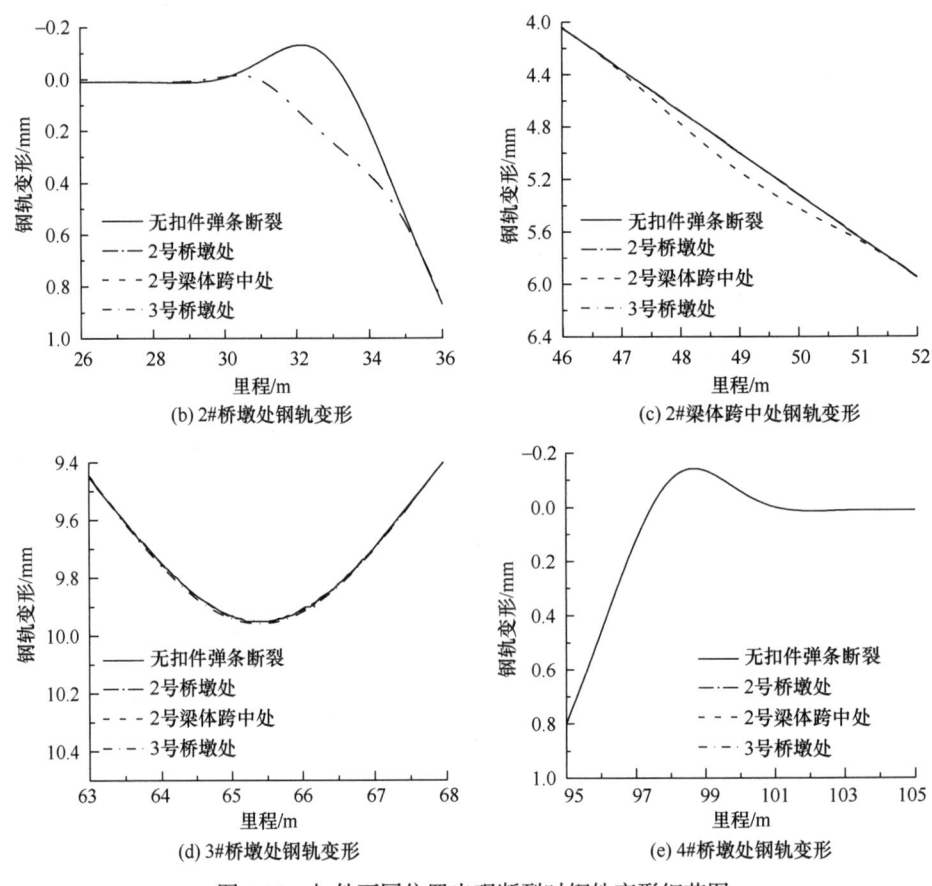

图 5-32 扣件不同位置出现断裂时钢轨变形细节图

表 5-15 扣件不同位置出现断裂时钢轨变形数据

钢轨变形	扣件弹条断裂位置		
	2 号桥墩	2 号梁体跨中	3 号桥墩
扣件弹条断裂个数	5	5	5
扣件弹条断裂区域长度	3.25m	3.25m	3.25m
联结失效致钢轨变形区域长度	4.81m	4.42m	1.365m
联结失效致钢轨变形延伸系数	1.48	1.36	0.42
联结失效致钢轨变形最大值	0.312mm	0.142mm	0.014mm

2. 扣件弹条断裂位置对层间相互作用力的影响

图 5-33(a)~(l)分别给出了不同扣件弹条断裂位置情况下，扣件力、砂浆弹簧

力、接触弹簧力沿里程的变化图。

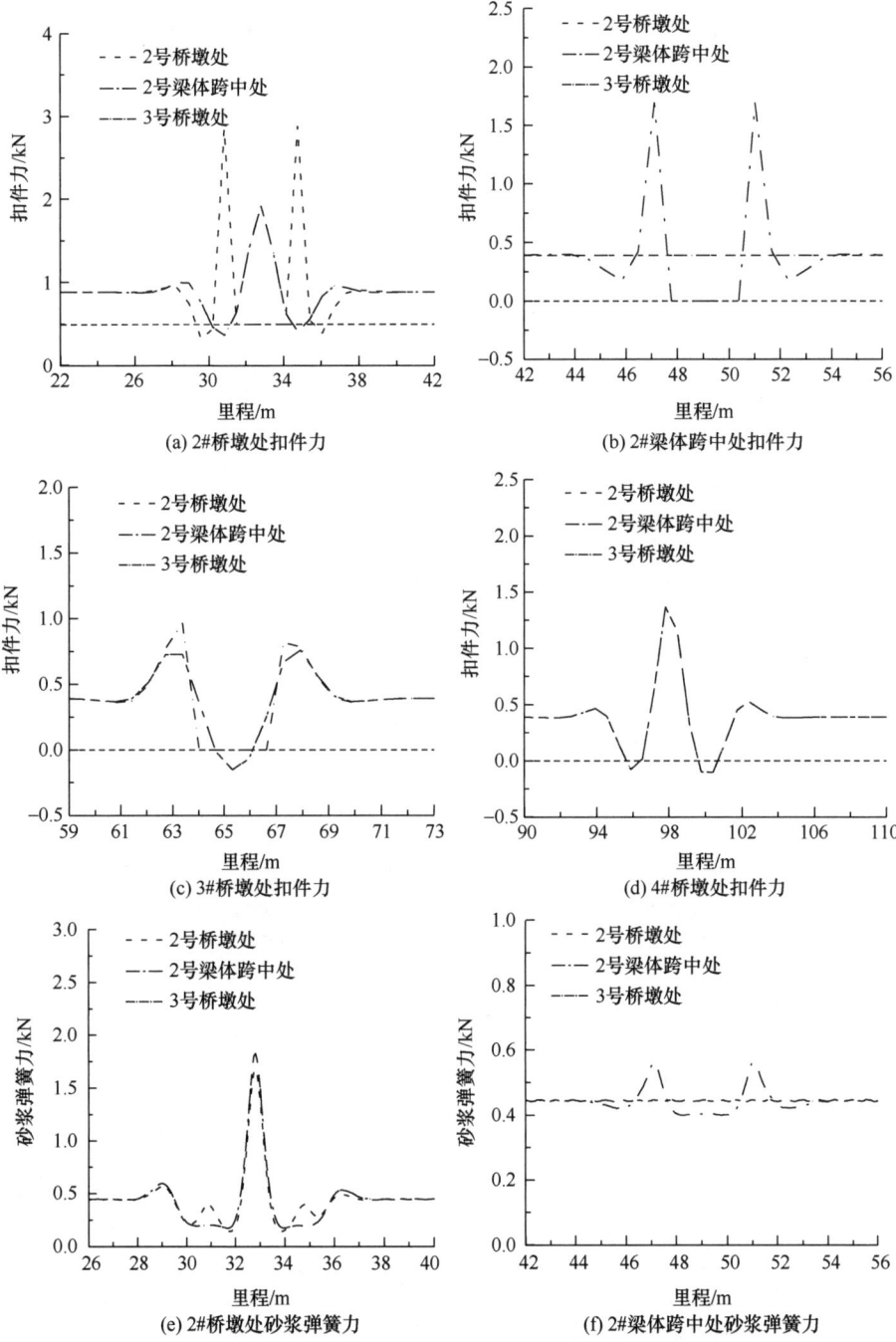

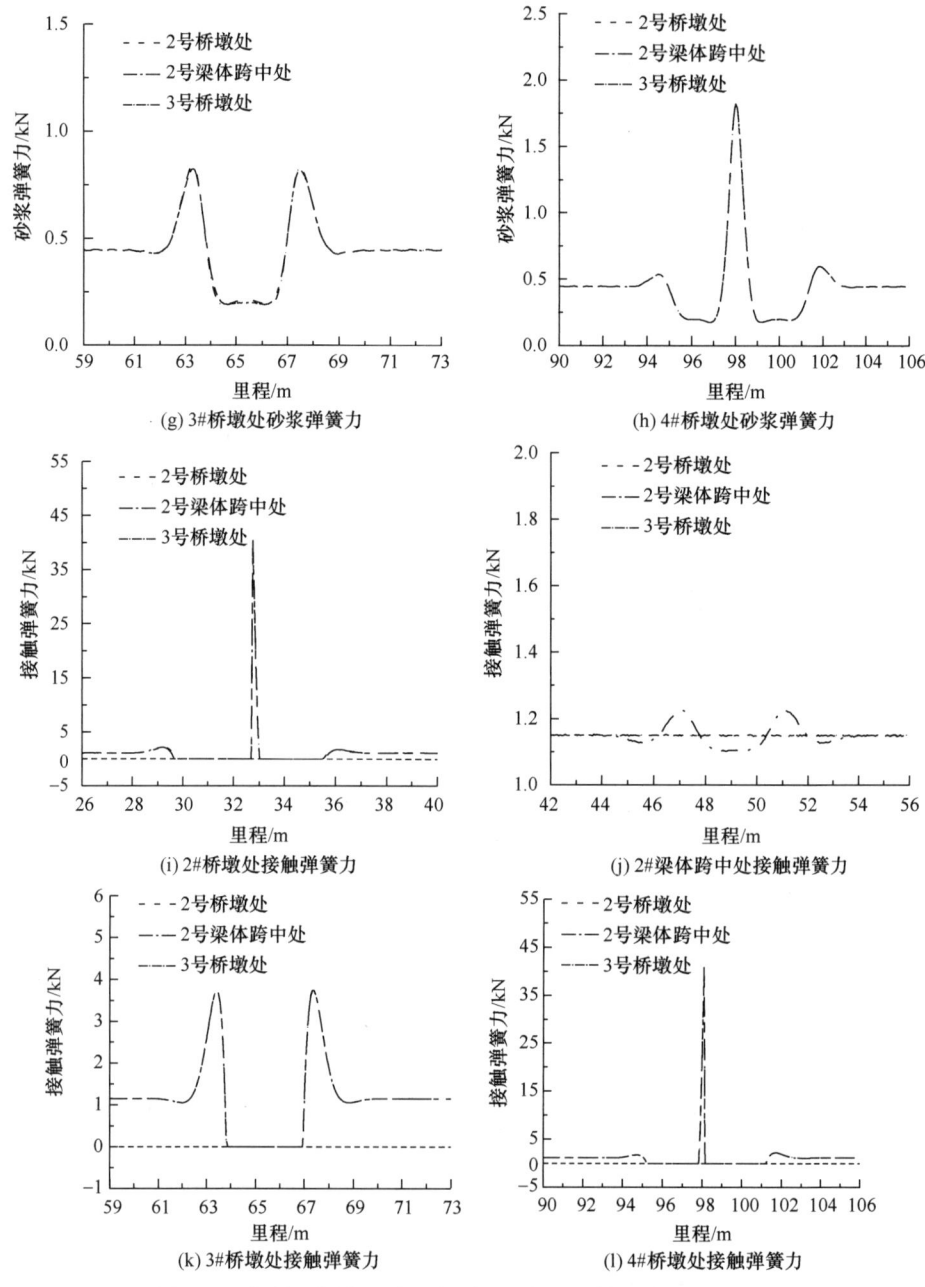

图 5-33 扣件不同位置出现断裂时层间相互作用力变化细节图

从图 5-33 可以看出，扣件弹条断裂会引起已断裂扣件的相邻扣件弹簧力突然增大，进一步恶化相邻扣件的受力性能。沿里程增加的方向，2 号桥墩处扣件力最大峰值最大，2号梁体跨中处次之，3号桥墩处最小。受扣件弹条断裂影响，扣件弹条断裂区域的扣件力为零。相比于扣件力，扣件弹条断裂对砂浆弹簧力和接触弹簧力影响较小，表明扣件弹条断裂并不会引起梁体与底座板之间、底座板与轨道板之间的接触关系发生明显改变。

5.8.2 扣件弹条断裂个数对桥梁-轨道变形映射的影响

为研究扣件弹条断裂个数对桥梁-轨道变形映射的影响，假定2号桥墩处扣件弹条断裂个数为1、3、5、7、10，对比分析各情况下轨面几何形态变化的发展规律、断裂个数对变形映射路径的影响、层间相互作用力变化趋势等。

当扣件弹条断裂个数不同时，钢轨变形见图5-34，钢轨变形数据见表5-16。

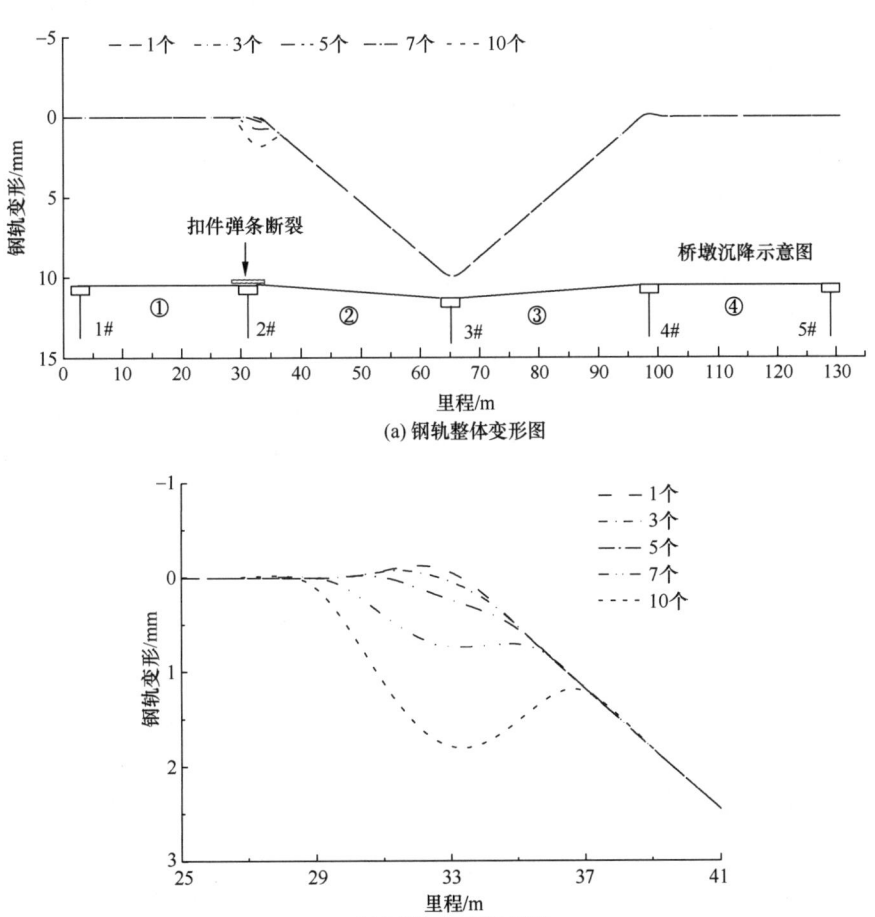

图5-34 不同扣件弹条断裂个数情况下钢轨变形

表 5-16 不同扣件弹条断裂个数情况下钢轨变形数据表

钢轨变形	2号桥墩处扣件弹条断裂个数				
	1	3	5	7	10
扣件弹条断裂区域长度	0.65m	1.95m	3.25m	4.55m	6.50m
联结失效致钢轨变形区域长度	1.56m	3.51m	4.81m	9.62m	11.83m
联结失效致钢轨变形延伸系数	2.40	1.80	1.48	2.11	1.82
联结失效致钢轨变形最大值	0.021mm	0.119mm	0.312mm	0.825mm	1.86mm

由图 5-34 及表 5-16 可知，随着扣件弹条断裂个数的增多，联结失效致钢轨变形区域长度近似线性增大，最大值近似二次曲线增大，这与扣件弹条断裂区域长度和底座板-梁体分离区域长度的相对大小有关。当扣件弹条断裂区域长度大于底座板-梁体分离区域长度时，随着弹条断裂区域长度的增加，弹条断裂对钢轨变形映射路径的影响逐渐增大，钢轨局部"下陷"现象越发明显。当扣件断裂区域长度为 0.65~6.50m 时，联结失效致钢轨变形延伸系数介于 1.48 和 2.40 之间。

当扣件弹条断裂个数不同时，2 号桥墩(里程 32.7m)处扣件力和砂浆弹簧力见图 5-35，层间相互作用力的最大值见表 5-17。

从图 5-35 及表 5-17 可以看出，随着扣件弹条断裂个数的增加，扣件拉力和压力最大值先缓慢增大后迅速增大，而砂浆弹簧力最大峰值基本不变(稳定在 1.823kN)，附近的波峰数值略微增大。当桥墩沉降 10mm 时，扣件弹条断裂长度对接触弹簧力的最大值无明显影响，稳定在 40.858kN。

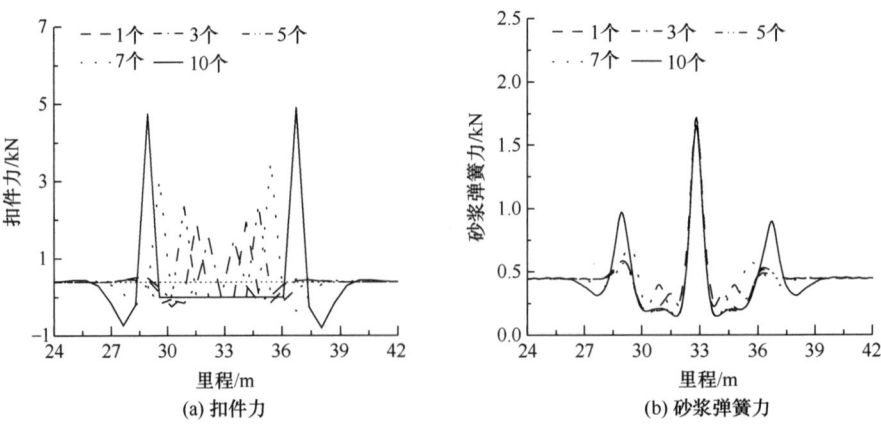

图 5-35 不同扣件弹条断裂个数情况下 2 号桥墩处扣件力和砂浆弹簧力变化图

表 5-17　不同扣件弹条断裂个数情况下层间相互作用力最大值对比(单位：kN)

钢轨变形	2 号桥墩处扣件弹条断裂个数				
	1	3	5	7	10
扣件压力最大值	1.533	1.965	2.389	3.518	4.917
扣件拉力最大值	−0.158	−0.250	−0.174	−0.362	−0.792
砂浆弹簧力最大值	1.823	1.823	1.823	1.823	1.823
接触弹簧力最大值	40.859	40.858	40.859	40.859	40.858

5.9　本章小结

本章首先基于已提出的桥梁-CRTS Ⅰ型无砟轨道变形映射模型，量化研究了无层间联结失效时不同桥梁结构变形幅值、梁体跨度、梁端悬出长度、扣件刚度等形位变化和材料参数对轨道不平顺的影响机制，以及各参数对层间相互作用力变化趋势的影响规律。然后，基于桥梁-CRTS Ⅱ型轨道变形映射模型，定量化研究了层间离缝位置、层间离缝长度、板底脱空位置、板底脱空长度、扣件弹条断裂位置及个数等层间联结失效参数引起的轨面几何形态分布特征、发展规律，深入分析了层间界面状态演变对层间相互作用力、桥梁-轨道变形映射路径、变形协调效应的影响机制，最后得到如下结论：

(1) 不同桥梁结构变形模式下，钢轨会随梁体发生明显的跟随性变形。在桥梁结构变形区域内，钢轨变形趋势整体与梁体变形趋势一致；在远离桥梁结构变形区域时，桥墩结构变形对钢轨变形没有影响，钢轨受自重作用而整体下移；在进出桥梁结构变形区域时，钢轨变形曲线过渡缓和，无明显尖角。

在同一桥梁结构变形模式下，不同桥梁附加变形幅值引起的钢轨变形趋势基本一致。桥梁附加变形幅值越大，轨道附加不平顺的幅值和波长越大，进出桥梁结构变形区域位置处的钢轨"上翘"现象越明显。随着桥梁附加变形幅值的增加，钢轨向上变形的影响系数以及钢轨变形的延伸系数均非线性增大，这与底座板和梁体之间的脱空长度不同有关。

当桥梁结构变形引起钢轨变形时，接触弹簧力最大，砂浆弹簧力次之，扣件力最小，且层间相互作用力峰值均随结构变形幅值的增大而增大。同一桥梁变形工况下，靠近变形区域和变形区域内的层间相互作用力存在突变，相比于变形区域内的层间相互作用力，靠近变形区域的层间相互作用力峰值较大。

在相同变形模式下，桥梁跨度越大，钢轨跟随桥梁变形的性能越强，变形曲线越缓和，轨道附加不平顺激励越小，附加不平顺波长越长。

桥墩沉降情况下，梁端悬出长度对轨道附加不平顺幅值以及波长影响较小。梁端悬出长度不同时，层间相互作用力的峰值基本无变化。

当扣件竖向刚度不同时，轨道附加不平顺幅值无明显变化。随着扣件竖向刚度的增加，轨道高低附加不平顺波长先减小后保持不变，为梁长的 2.15 倍。扣件力峰值对扣件竖向刚度较为敏感，而砂浆弹簧力峰值和接触弹簧力峰值基本不受扣件刚度的影响。

随砂浆层刚度的增加，轨道附加不平顺幅值无明显变化，其波长逐渐减小，最后保持不变。砂浆层刚度对砂浆弹簧力峰值影响较大，对扣件力峰值的影响局限于一定砂浆层刚度内，对接触弹簧力无影响。

(2) 在桥墩沉降情况下，板底脱空、层间离缝、扣件弹条断裂等层间联结失效会使钢轨在既有变形的基础上局部"下陷"，换言之，在轨道附加不平顺的基础上，会产生一个附加不平顺短波。当进出沉降区域的位置出现层间联结失效时，轨面几何形态变化最为明显，而沉降墩位置的层间联结失效对钢轨变形影响较小。

当沉降墩的相邻桥墩处出现板底脱空时，若横向贯通的板底脱空长度小于等于 1m，且小于底座板-梁体分离区的长度，则脱空区钢轨无明显变化；当板底脱空长度大于 1m 时，随脱空长度的增加，联结失效致钢轨变形长度近似线性增大，最大值近似二次曲线增长。当板底脱空长度逐渐增大时，砂浆弹簧力零域长度和峰值逐渐增大。对于接触弹簧力，其数值基本不变，稳定在 40.858kN。

当沉降墩的相邻桥墩处出现层间离缝(初始高度为 0.5mm)时，横向贯通的离缝纵向长度小于等于 1m，离缝区钢轨变形无明显变化，与板底脱空引起的轨面几何形态变化相同；如果层间离缝长度为 1～6m，那么随着离缝长度的增加，联结失效致钢轨变形区域长度和最大值均先增大后保持不变，这与离缝区砂浆层与轨道板最终的接触状态有关。当离缝长度不断增大时，联结失效致钢轨变形最大值稳定在 0.49mm(约为初始离缝高度)，联结失效致钢轨变形区域长度稳定在 6m 左右；当离缝长度介于 1m 和 3m 时，砂浆弹簧力的最大峰值随离缝长度的增加而增加，离缝区砂浆弹簧力为零；当离缝长度介于 5m 和 6m 时，砂浆弹簧力的最大峰值基本保持不变，离缝中心位置出现压力，压力区域逐渐增大。

当沉降墩的相邻桥墩处扣件出现弹条断裂时，随扣件断裂区域长度的增大，联结失效致钢轨变形区域长度近似线性增大，其最大值近似二次曲线增长。当扣件断裂区域长度为 0.65～6.5m 时，联结失效致钢轨变形延伸系数介于 1.48 和 2.4 之间。当扣件弹条断裂个数不断增加时，扣件拉力和压力最大值先缓慢增大后迅速增大，而砂浆弹簧力最大峰值基本不变(稳定在 1.823kN)，接触弹簧力的最大值也基本不变，稳定在 40.858kN。

层间联结失效对轨道不平顺的影响较为明显，是引起轨道产生不平顺短波的主要因素。层间离缝和板底脱空对砂浆层与轨道板之间的相互作用力影响较大。

在高速铁路运营养护过程中，轨道出现非周期性的不平顺短波(0.5~3m)时，应主要从层间联结失效入手进行判断。对于出现层间离缝和板底脱空的区段，应尽快修复处理，防止轨道平顺性的加速恶化。靠近沉降墩的非沉降墩处易出现层间联结失效，且对行车安全极为不利，应重点检查。

第6章 高速铁路列车-轨道-桥梁耦合振动分析方法

随着列车运行速度的不断提高、车辆载重的不断加大,列车与轨道和桥梁的动力相互作用问题越来越显著。列车通过桥梁时,会对桥梁结构产生动力冲击,使桥梁产生振动,而桥梁结构的振动又反过来对桥上运行的列车的安全性和舒适性造成影响。由此可见,机车车辆与桥梁结构是相互作用、相互影响的。

基于以上列车-轨道-桥梁系统动力相互作用原理,本章首先介绍车辆、桥梁、轨道结构的振动分析模型,轮轨相互作用分析方法,再结合第4章介绍的桥轨相互作用关系,构建列车-轨道-桥梁系统的振动方程。然后通过多体动力学软件 SIMPACK 和有限元软件 ANSYS 联合仿真建立列车-轨道-桥梁耦合振动分析模型,叠加轨道随机不平顺和轨道附加不平顺作为系统激励。最后介绍列车运行安全性和舒适性评价指标。

6.1 车辆模型及运动方程

6.1.1 车辆动力学模型

高速铁路列车车辆主要由车体、转向架、轮对三大部分组成,各部分通过弹簧阻尼装置连接成一个多自由度的振动系统。考虑到车辆悬挂系统非线性及车辆各部件运动复杂性等特点,在进行列车-轨道-桥梁耦合振动分析时,需要对车辆模型进行简化[87]。针对本节建立的车辆动力学分析模型,主要做以下假定:①将车体、构架及轮对均视为刚体,即忽略车体、构架及轮对的弹性变形;②忽略一、二系悬挂装置的非线性,将其当成线性弹簧-阻尼考虑;③各刚体在其平衡位置做小位移振动。四轴车辆主要包括 1 个车体、2 个构架和 4 副轮对共 7 个刚体及一、二系悬挂装置等,见图 6-1。在局部坐标系中,x 代表纵向(列车行驶方向),y 代表横向,z 代表垂向。每个刚体考虑伸缩、沉浮、横摆、侧滚、点头、摇头 6 个运动自由度(图中仅标出车体自由度,转向架及轮对自由度的定义类似)。因此,每辆车共包含 42 个运动自由度。车辆模型各项参数的具体含义见表 6-1。

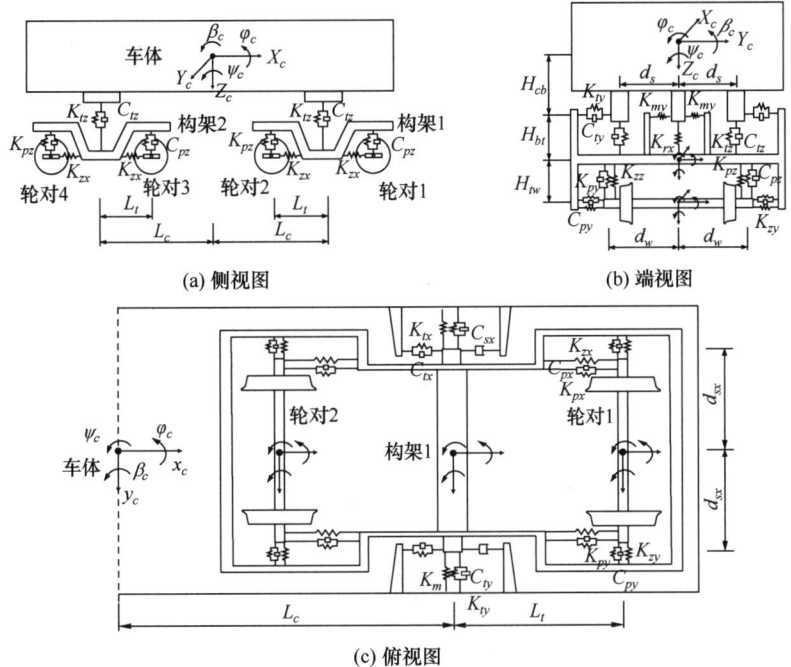

图 6-1 四轴机车车辆动力学模型

表 6-1 车辆模型参数及含义

参数	含义	参数	含义
M_c	车体质量	I_{wz}	轮对绕 Z 轴转动惯量
M_t	构架质量	K_{px}	一系悬挂纵向刚度
M_w	轮对质量	K_{py}	一系悬挂横向刚度
I_{cx}	车体绕 X 轴转动惯量	K_{pz}	一系悬挂垂向刚度
I_{cy}	车体绕 Y 轴转动惯量	C_{px}	一系悬挂纵向阻尼
I_{cz}	车体绕 Z 轴转动惯量	C_{py}	一系悬挂横向阻尼
I_{tx}	构架绕 X 轴转动惯量	C_{pz}	一系悬挂垂向阻尼
I_{ty}	构架绕 Y 轴转动惯量	K_{tx}	二系悬挂纵向刚度
I_{tz}	构架绕 Z 轴转动惯量	K_{ty}	二系悬挂横向刚度
I_{wx}	轮对绕 X 轴转动惯量	K_{tz}	二系悬挂垂向刚度
I_{wy}	轮对绕 Y 轴转动惯量	C_{tx}	二系悬挂横向阻尼

续表

参数	含义	参数	含义
C_{ty}	二系悬挂横向阻尼	H_{tw}	构架质心与轮对质心的距离
C_{tz}	二系悬挂垂向阻尼	l_c	车辆定距之半
K_{zx}	转臂纵向刚度	l_t	车辆固定轴距之半
K_{zy}	转臂横向刚度	d_s	二系悬挂横向距离之半
K_{zz}	转臂垂向刚度	d_w	一系悬挂横向距离之半
K_m	横向止挡刚度	d_{sx}	抗蛇行减振器横向距离之半
K_{rx}	抗侧滚刚度	X	纵向位移
C_{sx}	抗蛇行减振器阻尼	Y	横向位移
H_{cb}	车体质心与摇枕质心的距离	Z	垂向位移
H_{bt}	摇枕质心与构架质心的距离		

6.1.2 受力分析

为了建立高速铁路列车车辆的运动方程，首先应对车辆系统的各部件进行受力分析。车辆各组成部件之间的相互作用力主要包括一系及二系悬挂系统的弹簧-阻尼力，车辆和基础结构之间的相互作用力主要包括轮轨间的法向接触力和切向蠕滑力。

如图 6-2 所示，分别对轮对、构架及车体进行了受力分析，图中仅对第一轮对和前转向架进行了受力分析，其他轮对及后转向架的受力与此类似，图中参数的具体含义见表 6-2。

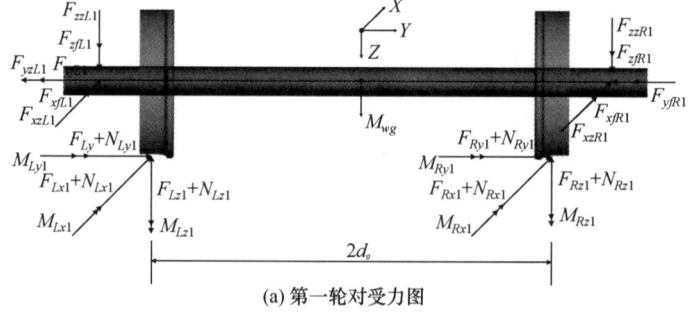

(a) 第一轮对受力图

第 6 章 高速铁路列车-轨道-桥梁耦合振动分析方法

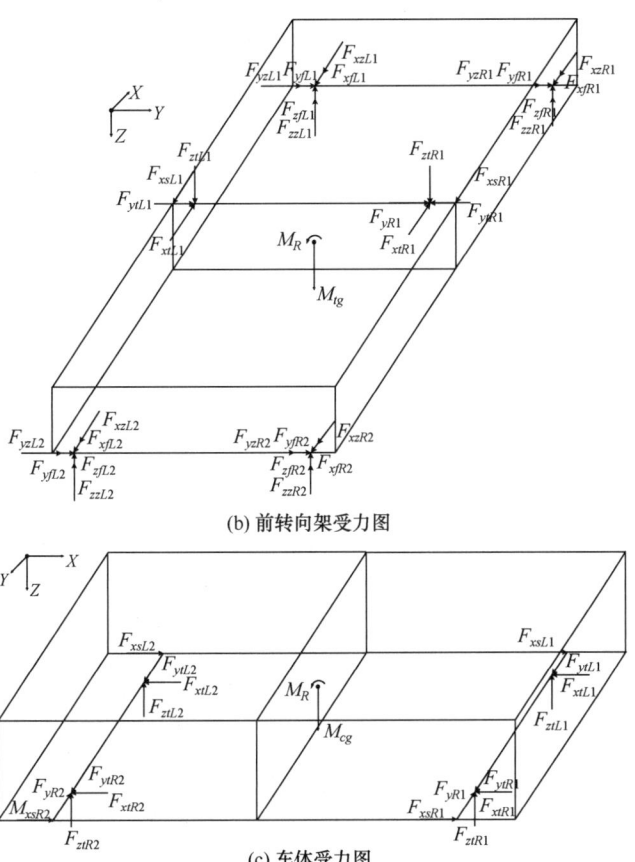

(b) 前转向架受力图

(c) 车体受力图

图 6-2 四轴机车车辆受力图

表 6-2 车辆部件受力分析图参数及含义

参数	含义	参数	含义
F_{Lxi}、F_{Rxi}	第 i 轮对左、右轮蠕滑力在 x 轴上的分量(i=1,2,3,4)	N_{Lzi}、N_{Rzi}	第 i 轮对左、右轮法向力在 z 轴上的分量(i=1,2,3,4)
F_{Lyi}、F_{Ryi}	第 i 轮对左、右轮蠕滑力在 y 轴上的分量(i=1,2,3,4)	M_{Lxi}、M_{Rxi}	第 i 轮对左、右轮蠕滑力矩在 x 轴上的分量(i=1,2,3,4)
F_{Lzi}、F_{Rzi}	第 i 轮对左、右轮蠕滑力在 z 轴上的分量(i=1,2,3,4)	M_{Lyi}、M_{Ryi}	第 i 轮对左、右轮蠕滑力矩在 y 轴上的分量(i=1,2,3,4)
N_{Lxi}、N_{Rxi}	第 i 轮对左、右轮法向力在 x 轴上的分量(i=1,2,3,4)	M_{Lzi}、M_{Rzi}	第 i 轮对左、右轮蠕滑力矩在 z 轴上的分量(i=1,2,3,4)
N_{Lyi}、N_{Ryi}	第 i 轮对左、右轮法向力在 y 轴上的分量(i=1,2,3,4)	F_{xfLi}、F_{xfRi}	第 i 轮对左、右一系悬挂纵向力(i=1,2,3,4)

续表

参数	含义	参数	含义
F_{yfLi}、F_{yfRi}	第 i 轮对左、右一系悬挂横向力($i=1,2,3,4$)	d_0	左右轮轨接触点距离之半
F_{zfLi}、F_{zfRi}	第 i 轮对左、右一系悬挂垂向力($i=1,2,3,4$)	F_{yzLi}、F_{yzRi}	第 i 轮对左、右转臂横向力($i=1,2,3,4$)
F_{xtLi}、F_{xtRi}	第 i 构架左、右二系悬挂纵向力($i=1,2$)	F_{zzLi}、F_{zzRi}	第 i 轮对左、右转臂垂向力($i=1,2,3,4$)
F_{ytLi}、F_{ytRi}	第 i 构架左、右二系悬挂横向力($i=1,2$)	F_{xsLi}、F_{xsRi}	第 i 构架左、右抗蛇行减振器纵向力($i=1,2$)
F_{ztLi}、F_{ztRi}	第 i 构架左、右二系悬挂垂向力($i=1,2$)	F_{yRi}	二系横向止挡的横向力($i=1,2$)
F_{xzLi}、F_{xzRi}	第 i 轮对左、右转臂纵向力($i=1,2,3,4$)	M_{Ri}	抗侧滚力矩($i=1,2$)

悬挂力可通过分析上述各受力图得到：

(1) 一系悬挂纵向力($i=1,2,j=1; i=3,4,j=2$)

$$F_{xfLi} = K_{px}\left[d_w\psi_{tj} + H_{tw}\beta_{tj} - d_w\psi_{wi}\right] + C_{px}\left[d_w\dot{\psi}_{tj} + H_{tw}\dot{\beta}_{tj} - d_w\dot{\psi}_{wi}\right] \quad (6\text{-}1)$$

$$F_{xfRi} = K_{px}\left[-d_w\psi_{tj} + H_{tw}\beta_{tj} + d_w\psi_{wi}\right] + C_{px}\left[-d_w\dot{\psi}_{tj} + H_{tw}\dot{\beta}_{tj} + d_w\dot{\psi}_{wi}\right] \quad (6\text{-}2)$$

(2) 一系悬挂横向力($i=1,2,j=1; i=3,4,j=2$)

$$F_{yfLi} = K_{py}\left[y_{wi} - y_{tj} + H_{tw}\varphi_{tj} - l_t\psi_{tj}\right] + C_{py}\left[\dot{y}_{wi} - \dot{y}_{tj} + H_{tw}\dot{\varphi}_{tj} - l_t\dot{\psi}_{tj}\right] \quad (6\text{-}3)$$

$$F_{yfRi} = F_{yfLi}, \quad i=1,2,3,4 \quad (6\text{-}4)$$

(3) 一系悬挂垂向力($i=1,2,j=1; i=3,4,j=2$)

$$\begin{aligned}F_{zfLi} = {} & K_{pz}\left[z_{tj} - z_{wi} - l_t\beta_{tj} + d_w\varphi_{wi} - d_w\varphi_{tj}\right] \\ & + C_{pz}\left[\dot{z}_{tj} - \dot{z}_{wi} - l_t\dot{\beta}_{tj} + d_w\dot{\varphi}_{wi} - d_w\dot{\varphi}_{tj}\right]\end{aligned} \quad (6\text{-}5)$$

$$\begin{aligned}F_{zfRi} = {} & K_{pz}\left[z_{tj} - z_{wi} - l_t\beta_{tj} - d_w\varphi_{wi} + d_w\varphi_{tj}\right] \\ & + C_{pz}\left[\dot{z}_{tj} - \dot{z}_{wi} - l_t\dot{\beta}_{tj} - d_w\dot{\varphi}_{wi} + d_w\dot{\varphi}_{tj}\right]\end{aligned} \quad (6\text{-}6)$$

(4) 转臂纵向力($i=1,2,j=1; i=3,4,j=2$)

$$F_{xzLi} = K_{zx}\left[d_w\psi_{tj} + H_{tw}\beta_{tj} - d_w\psi_{wi}\right] \quad (6\text{-}7)$$

$$F_{xzRi} = K_{zx}\left[-d_w\psi_{tj} + H_{tw}\beta_{tj} + d_w\psi_{wi}\right] \tag{6-8}$$

(5) 转臂横向力($i=1,2, j=1$; $i=3,4, j=2$)

$$F_{yzLi} = K_{zy}\left[y_{wi} - y_{tj} + H_{tw}\varphi_{tj} - l_t\psi_{tj}\right] \tag{6-9}$$

$$F_{yzRi} = F_{yzLi} \ (i=1,2,3,4) \tag{6-10}$$

(6) 转臂垂向力($i=1,2, j=1$; $i=3,4, j=2$)

$$F_{zzLi} = K_{zz}\left[z_{tj} - z_{wi} - l_t\beta_{tj} + d_w\varphi_{wi} - d_w\varphi_{tj}\right] \tag{6-11}$$

$$F_{zzRi} = K_{zz}\left[z_{tj} - z_{wi} - l_t\beta_{tj} - d_w\varphi_{wi} + d_w\varphi_{tj}\right] \tag{6-12}$$

(7) 二系悬挂纵向力($i=1,2$)

$$\begin{aligned}F_{xtLi} &= K_{tx}\left[H_{cb}\beta_c + H_{bt}\beta_{ti} + d_s\psi_c - d_s\psi_{ti}\right] \\ &+ C_{tx}\left[H_{cb}\dot\beta_c + H_{bt}\dot\beta_{ti} + d_s\dot\psi_c - d_s\dot\psi_{ti}\right]\end{aligned} \tag{6-13}$$

$$\begin{aligned}F_{xtRi} &= K_{tx}\left[H_{cb}\beta_c + H_{bt}\beta_{ti} - d_s\psi_c + d_s\psi_{ti}\right] \\ &+ C_{tx}\left[H_{cb}\dot\beta_c + H_{bt}\dot\beta_{ti} - d_s\dot\psi_c + d_s\dot\psi_{ti}\right]\end{aligned} \tag{6-14}$$

(8) 二系悬挂横向力($i=1,2$)

$$\begin{aligned}F_{ytLi} &= K_{ty}\left[y_{ti} - y_c + H_{bt}\varphi_{ti} + H_{cb}\varphi_c - (-1)^{i-1}l_c\psi_c\right] \\ &+ C_{ty}\left[\dot y_{ti} - \dot y_c + H_{bt}\dot\varphi_{ti} + H_{cb}\dot\varphi_c - (-1)^{i-1}l_c\dot\psi_c\right]\end{aligned} \tag{6-15}$$

$$F_{ytRi} = F_{ytLi} \tag{6-16}$$

$$F_{ytRi} = K_{my}\left[y_{ti} - y_c - H_{bt}\varphi_{ti} + H_{cb}\varphi_c - (-1)^{i-1}l_c\psi_c\right] \tag{6-17}$$

(9) 二系悬挂垂向力($i=1,2$)

$$\begin{aligned}F_{ztLi} &= K_{tz}\left[z_c - z_{ti} + d_s\varphi_{ti} - d_s\varphi_c - (-1)^{i-1}l_s\beta_c\right] \\ &+ C_{tz}\left[\dot z_c - \dot z_{ti} + d_s\dot\varphi_{ti} - d_s\dot\varphi_c - (-1)^{i-1}l_s\dot\beta_c\right]\end{aligned} \tag{6-18}$$

$$\begin{aligned}F_{ztRi} &= K_{tz}\left[z_c - z_{ti} - d_s\varphi_{ti} + d_s\varphi_c - (-1)^{i-1}l_s\beta_c\right] \\ &+ C_{tz}\left[\dot z_c - \dot z_{ti} - d_s\dot\varphi_{ti} + d_s\dot\varphi_c - (-1)^{i-1}l_s\dot\beta_c\right]\end{aligned} \tag{6-19}$$

(10) 抗蛇行阻尼力($i=1,2$)

$$F_{xsLi} = C_{sx}\left[H_{cb}\dot\beta_c + H_{bt}\dot\beta_{ti} + d_{sx}\dot\psi_c - d_{sx}\dot\psi_{ti}\right] \tag{6-20}$$

$$F_{xsRi} = C_{sx}\left[H_{cb}\dot\beta_c + H_{bt}\dot\beta_{ti} - d_{sx}\dot\psi_c + d_{sx}\dot\psi_{ti}\right] \tag{6-21}$$

(11) 抗侧滚力矩($i=1,2$)

$$M_{Ri} = K_{rx}[\varphi_c - \varphi_{ti}] \quad (6-22)$$

6.1.3 车辆运动方程

定义车轮名义滚动圆半径为 r_0，第 i 轮对左、右车轮的滚动圆半径分别为 r_{Li}、r_{Ri}，车轮名义滚动角速度为 Ω。应用达朗贝尔原理，可以得到车辆振动方程[127]。

1) 轮对运动方程($i=1,2,3,4$)

伸缩运动：

$$M_w \ddot{X}_{wi} = F_{xfLi} + F_{xfRi} + F_{xzLi} + F_{xzRi} + F_{Lxi} + F_{Rxi} + N_{Lxi} + N_{Rxi} \quad (6-23)$$

横摆运动：

$$M_w \ddot{Y}_{wi} = -F_{yfLi} - F_{yfRi} - F_{yzLi} - F_{yzRi} + F_{Lyi} + F_{Ryi} + N_{Lyi} + N_{Ryi} \quad (6-24)$$

浮沉运动：

$$M_w \ddot{Z}_{wi} = -F_{Lzi} - F_{Rzi} - N_{Lzi} - N_{Rzi} + F_{zfLi} + F_{zfRi} + F_{zzLi} + F_{zzRi} + M_w g \quad (6-25)$$

侧滚运动：

$$\begin{aligned} I_{wx}\ddot{\varphi}_{wi} - I_{wy}\dot{\psi}_{wi}(\dot{\beta}_{wi} - W) = &\, d_0(F_{Lzi} + N_{Lzi} - F_{Rzi} - N_{Rzi}) - r_{Li}(F_{Lyi} + N_{Lyi}) \\ & - r_{Ri}(F_{Ryi} + N_{Ryi}) + M_{Lxi} + M_{Rxi} \\ & + d_w(F_{zfRi} - F_{zfLi} + F_{zzRi} - F_{zzLi}) \end{aligned} \quad (6-26)$$

摇头运动：

$$\begin{aligned} I_{wz}\ddot{\psi}_{wi} + I_{wy}\dot{\varphi}_{wi}(\dot{\beta}_{wi} - \Omega) = &\, d_0(F_{Lxi} - F_{Rxi}) \\ & + d_0\psi_{wi}(F_{Lyi} + N_{Lyi} - F_{Ryi} - N_{Ryi}) \\ & + M_{Lzi} + M_{Rzi} + d_w(F_{xfLi} - F_{xfRi} + F_{xzLi} - F_{xzRi}) \\ & + d_0(N_{Lxi} - N_{Rxi}) \end{aligned} \quad (6-27)$$

点头运动：

$$\begin{aligned} I_{wy}\ddot{\beta}_{wi} = &\, r_{Ri}(F_{Rxi} + N_{Rxi}) + r_{Li}(F_{Lxi} + N_{Lxi}) \\ & + r_{Ri}\psi_{wi}(F_{Rxi} + N_{Rxi}) + r_{Li}\psi_{wi}(F_{Lxi} + N_{Lxi}) + M_{Lyi} + M_{Ryi} \end{aligned} \quad (6-28)$$

2) 构架运动方程($i=1,2$)

伸缩运动：

$$\begin{aligned} M_t \ddot{X}_{ti} = &\, -F_{xfL(2i-1)} - F_{xfL(2i)} - F_{xzL(2i-1)} - F_{xzL(2i)} - F_{xfR(2i-1)} - F_{xfR(2i)} \\ & - F_{xzR(2i-1)} - F_{xzR(2i)} + F_{xtLi} + F_{xtRi} - F_{xsLi} - F_{xsRi} \end{aligned} \quad (6-29)$$

横摆运动：

$$M_t \ddot{Y}_{ti} = F_{yfL(2i-1)} + F_{yfL(2i)} + F_{yzL(2i-1)} + F_{yzL(2i)} - F_{ytLi} + F_{yRi} \\ + F_{yfR(2i-1)} + F_{yfR(2i)} + F_{yzR(2i-1)} + F_{yzR(2i)} - F_{ytRi} \tag{6-30}$$

浮沉运动：

$$M_t \ddot{Z}_{ti} = F_{ztLi} + F_{ztRi} + M_t g - F_{zfL(2i-1)} - F_{zfL(2i)} - F_{zfR(2i-1)} - F_{zfR(2i)} \\ - F_{zzL(2i-1)} - F_{zzL(2i)} - F_{zzR(2i-1)} - F_{zzR(2i)} \tag{6-31}$$

侧滚运动：

$$I_{tx} \ddot{\varphi}_{ti} = -(F_{yfL(2i-1)} + F_{yfR(2i-1)} + F_{yfL(2i)} + F_{yfR(2i)})H_{tw} \\ - (F_{yzL(2i-1)} + F_{yzR(2i-1)} + F_{yzL(2i)} + F_{yzR(2i)})H_{tw} \\ + (F_{zfL(2i-1)} - F_{zfR(2i-1)} + F_{zfL(2i)} - F_{zfR(2i)})d_w \\ + (F_{zzL(2i-1)} - F_{zzR(2i-1)} + F_{zzL(2i)} - F_{zzR(2i)})d_w \\ + (F_{ztRi} - F_{ztLi})d_s - (F_{ytLi} + F_{ytRi} - F_{yRi})H_{bt} + M_{Ri} \tag{6-32}$$

摇头运动：

$$I_{tz} \ddot{\psi}_{ti} = (F_{yfL(2i-1)} + F_{yfR(2i-1)} - F_{yfL(2i)} - F_{yfR(2i)})l_t \\ + (F_{yzL(2i-1)} + F_{yzR(2i-1)} - F_{yzL(2i)} - F_{yzR(2i)})l_t \\ + (F_{xfR(2i-1)} + F_{xfR(2i)} - F_{xfL(2i-1)} - F_{xfL(2i)})d_w \\ + (F_{xzR(2i-1)} + F_{xzR(2i)} - F_{xzL(2i-1)} - F_{xzL(2i)})d_w \\ + (F_{xtLi} - F_{xtRi})d_s + (F_{xsLi} - F_{xsRi})d_{sx} \tag{6-33}$$

点头运动：

$$I_{ty} \ddot{\beta}_{ti} = (F_{zfL(2i-1)} + F_{zfR(2i-1)} - F_{zfL(2i)} - F_{zfR(2i)})l_t \\ + (F_{zzL(2i-1)} + F_{zzR(2i-1)} - F_{zzL(2i)} - F_{zzR(2i)})l_t \\ - (F_{xfL(2i-1)} + F_{xfR(2i-1)} + F_{xfL(2i)} + F_{xfR(2i)})H_{tw} \\ - (F_{xzL(2i-1)} + F_{xzR(2i-1)} + F_{xzL(2i)} + F_{xzR(2i)})H_{tw} \\ - (F_{xtLi} + F_{xtRi})H_{bt} - (F_{xsLi} + F_{xsRi})H_{bt} \tag{6-34}$$

3) 车体运动方程

伸缩运动：

$$M_c \ddot{X}_c = -F_{xtL1} - F_{xtL2} - F_{xtR1} - F_{xtR2} + F_{xsL1} + F_{xsL2} + F_{xsR1} + F_{xsR2} \tag{6-35}$$

横摆运动：

$$M_c \ddot{Y}_c = -F_{yR1} - F_{yR2} + F_{ytL1} + F_{ytL2} + F_{ytR1} + F_{ytR2} \tag{6-36}$$

浮沉运动：

$$M_c \ddot{Z}_c = M_c g - F_{ztL1} - F_{ztL2} - F_{ztR1} - F_{ztR2} \quad (6\text{-}37)$$

侧滚运动：

$$\begin{aligned} I_{cx}\ddot{\varphi}_c = &-M_{R1} - M_{R2} - (F_{ytL1} + F_{ytR1} + F_{ytL2} + F_{ytR2})H_{cb} \\ &+ (F_{ztL1} - F_{ztR1} + F_{ztL2} - F_{ztR2})d_s + (F_{yR1} + F_{yR2})H_{cb} \end{aligned} \quad (6\text{-}38)$$

摇头运动：

$$\begin{aligned} I_{cz}\ddot{\psi}_c = &(F_{ytL1} + F_{ytR1} - F_{ytL2} - F_{ytR2})l_c \\ &+ (F_{xtR1} + F_{xtR2} - F_{xtL1} - F_{xtL2})d_s + (F_{yR2} - F_{yR1})l_c \\ &+ (F_{xsR1} + F_{xsR2} - F_{xsL1} - F_{xsL2})d_{sx} \end{aligned} \quad (6\text{-}39)$$

点头运动：

$$\begin{aligned} I_{cy}\ddot{\beta}_c = &(F_{ztL1} + F_{ztR1} - F_{ztL2} - F_{ztR2})l_c \\ &- (F_{xtL1} + F_{xtR1} + F_{xtL2} + F_{xtR2})H_{cb} \\ &- (F_{xsL1} + F_{xsR1} + F_{xsL2} + F_{xsR2})H_{cb} \end{aligned} \quad (6\text{-}40)$$

6.2 桥梁有限元模型

在列车-轨道-桥梁动力学耦合分析中，为适应不同类型桥跨结构受力特点，通常采用有限元方法建立桥梁结构模型以求解桥梁动力学响应。本节主要介绍采用空间梁单元建立的桥梁有限元模型。

局部坐标系下的空间梁单元见图 6-3。空间梁单元在节点处承受轴力、剪力、弯矩及扭矩，其每个节点具有 6 个自由度，即沿局部坐标系 x、y、z 轴的线位移及角位移，故每个单元具有 12 个自由度。

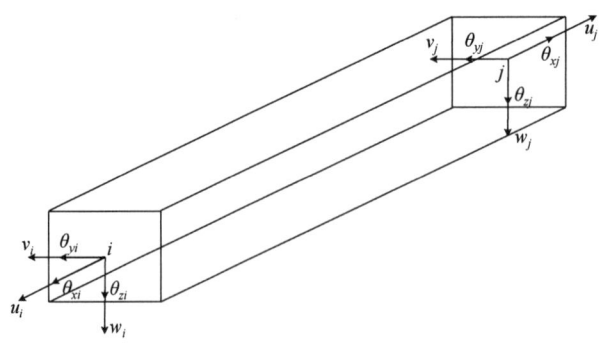

图 6-3 空间梁单元示意图

梁单元的位移向量可写为

$$\delta^e = \{u_i\ v_i\ w_i\ \theta_{xi}\ \theta_{yi}\ \theta_{zi}\ u_j\ v_j\ w_j\ \theta_{xj}\ \theta_{yj}\ \theta_{zj}\}^{\mathrm{T}} \tag{6-41}$$

梁单元的力向量可写为

$$F^e = \{N_{xi}\ Q_{yi}\ Q_{zi}\ M_{xi}\ M_{yi}\ M_{zi}\ N_{xj}\ Q_{yj}\ Q_{zj}\ M_{xj}\ M_{yj}\ M_{zj}\}^{\mathrm{T}} \tag{6-42}$$

式中,N_{xi}、N_{xj}表示轴力;Q_{yi}、Q_{zi}、Q_{yj}、Q_{zj}表示剪力;M_{xi}、M_{xj}表示扭矩;M_{yi}、M_{zi}、M_{yj}、M_{zj}表示弯矩。

单元应变与节点位移的关系可表示为

$$\varepsilon = B\delta^e \tag{6-43}$$

式中,B为单元应变矩阵。

单元应力与节点位移的关系可表示为

$$\sigma = DB\delta^e \tag{6-44}$$

式中,D为弹性矩阵。

把单元应变矩阵B和弹性矩阵D代入式$K^e = \int_v B^{\mathrm{T}}DB\mathrm{d}v$,可得到局部坐标系下的空间梁单元刚度矩阵$K^e$为

$$K^e = \begin{bmatrix}
\dfrac{EA}{L} & & & & & & & & & & & \\
0 & \dfrac{12EI_z}{L^3} & & & & & & & & & & \\
0 & 0 & \dfrac{12EI_y}{L^3} & & & & & & & & & \\
0 & 0 & 0 & \dfrac{GI_x}{L} & & & \text{sym} & & & & & \\
0 & 0 & -\dfrac{6EI_y}{L^2} & 0 & \dfrac{4EI_y}{L} & & & & & & & \\
0 & \dfrac{6EI_z}{L^2} & 0 & 0 & 0 & \dfrac{4EI_z}{L} & & & & & & \\
-\dfrac{EA}{L} & 0 & 0 & 0 & 0 & 0 & \dfrac{EA}{L} & & & & & \\
0 & -\dfrac{12EI_z}{L^3} & 0 & 0 & 0 & -\dfrac{6EI_z}{L^2} & 0 & \dfrac{12EI_z}{L^3} & & & & \\
0 & 0 & -\dfrac{12EI_y}{L^3} & 0 & \dfrac{6EI_y}{L^2} & 0 & 0 & 0 & \dfrac{12EI_y}{L^3} & & & \\
0 & 0 & 0 & -\dfrac{GI_x}{L} & 0 & 0 & 0 & 0 & 0 & \dfrac{GI_x}{L} & & \\
0 & 0 & -\dfrac{6EI_y}{L^2} & 0 & \dfrac{2EI_y}{L} & 0 & 0 & 0 & \dfrac{6EI_y}{L^2} & 0 & \dfrac{4EI_y}{L} & \\
0 & \dfrac{6EI_z}{L^2} & 0 & 0 & 0 & \dfrac{2EI_z}{L} & 0 & -\dfrac{6EI_z}{L^2} & 0 & 0 & 0 & \dfrac{4EI_z}{L}
\end{bmatrix}$$

$$\tag{6-45}$$

式中，A 为单元横截面面积；I_x、I_y、I_z 分别为单元截面绕局部坐标系 x、y、z 轴的惯性矩；E 为弹性模量；G 为剪切模量；L 为单元长度。

在动力学分析中，单元的质量矩阵通常采用一致质量矩阵或者集中质量矩阵来表示。空间梁单元的一致质量矩阵计算公式可表达为

$$M^e = \int_v \rho N^T N \mathrm{d}v \tag{6-46}$$

式中，N 为形函数，ρ 为材料密度。

局部坐标系下的空间梁单元一致质量矩阵为

$$M^e = \frac{\rho A L}{420} \begin{bmatrix} 140 & & & & & & & & & & & \\ 0 & 156 & & & & & & & & & & \\ 0 & 0 & 156 & & & & & & & & & \\ 0 & 0 & 0 & 140\frac{I_x}{A} & & & \text{sym} & & & & & \\ 0 & 0 & -22L & 0 & 4L^2 & & & & & & & \\ 0 & 22L & 0 & 0 & 0 & 4L^2 & & & & & & \\ 70 & 0 & 0 & 0 & 0 & 0 & 140 & & & & & \\ 0 & 54 & 0 & 0 & 0 & 13L & 0 & 156 & & & & \\ 0 & 0 & 54 & 0 & -13L & 0 & 0 & 0 & 156 & & & \\ 0 & 0 & 0 & 70\frac{I_x}{A} & 0 & 0 & 0 & 0 & 0 & 140\frac{I_x}{A} & & \\ 0 & 0 & 13L & 0 & -3L^2 & 0 & 0 & 0 & 22L & 0 & 4L^2 & \\ 0 & -13L & 0 & 0 & 0 & -3L^2 & -22L & 0 & 0 & 0 & 4L^2 \end{bmatrix} \tag{6-47}$$

集中质量矩阵是把单元所有质量凝聚在节点上，其通常为对角阵，集中质量矩阵可表示为

$$M^e = \mathrm{diag}\frac{\rho A L}{2} \begin{bmatrix} 1 & 1 & 1 & \frac{I_x}{A} & 0 & 0 & 1 & 1 & 1 & \frac{I_x}{A} & 0 & 0 \end{bmatrix} \tag{6-48}$$

为建立结构整体运动方程，还需组建结构的总体质量、刚度矩阵，总体刚度(质量)矩阵均通过对号入座法[128]将单元刚度(质量)矩阵累加组装获得。而阻尼矩阵一般可表示为质量、刚度矩阵的线性组合：

$$C = \alpha M + \beta K \tag{6-49}$$

对于常用的 Rayleigh 阻尼，其阻尼矩阵系数可表示为

$$\begin{cases} \alpha = 2\omega_1\omega_2 \dfrac{\xi_2\omega_1 - \xi_1\omega_2}{\omega_1^2 - \omega_2^2} \\ \beta = 2\dfrac{\xi_1\omega_1 - \xi_2\omega_2}{\omega_1^2 - \omega_2^2} \end{cases} \qquad (6\text{-}50)$$

式中，ω_1、ω_2、ξ_1、ξ_2 分别表示结构的前两阶自振频率及其相应的阻尼比。

在多体动力学分析软件 SIMPACK 中，通常采用模态叠加法计算柔性体的动力学响应[129]。模态叠加法是将 N 个自由度体系的运动方程解耦，得到 N 个非耦合运动方程，其计算步骤如下。

首先建立桥梁的运动方程：

$$M\ddot{X} + K\dot{X} + CX = P(t) \qquad (6\text{-}51)$$

求解桥梁特征根：

$$\left| K - \omega^2 M \right| = 0 \qquad (6\text{-}52)$$

由上一步获得桥梁振型和频率，然后求解桥梁广义质量与广义荷载，设第 N 阶振型向量为 ψ_n，则其对应的广义质量及广义荷载如下：

$$M_n = \psi_n^T M \psi_n, \quad p_n(t) = \psi_n^T p(t) \qquad (6\text{-}53)$$

根据各振型的广义质量、广义荷载、频率及阻尼比可得到解耦的运动方程：

$$\ddot{Y}_n + 2\xi_n\omega_n\dot{Y}_n + \omega_n^2 Y_n = \frac{p_n(t)}{M_n} \qquad (6\text{-}54)$$

求解各振型的运动方程，可得到每一振型对应的响应分量，通常低频率振型对整体响应的贡献较大，因此为了减小计算量一般取前 n 阶贡献较大振型参与计算，将各振型响应叠加可得到桥梁位移表达式：

$$X(t) = \psi_1 Y_1(t) + \psi_2 Y_2(t) + \cdots + \psi_n Y_n(t) \qquad (6\text{-}55)$$

6.3 轨道结构振动模型

轨道结构是列车-轨道-桥梁系统中的一个重要组成部分，桥上的轨道结构直接影响车辆和桥梁的动力相互作用。车辆荷载通过轮轨作用向下传递给桥梁，使桥梁产生振动和变形，而桥梁的振动和变形又通过轨道向上传递给车辆从而影响车辆的动力学响应。因此，为更准确地模拟列车-轨道-桥梁耦合系统的动力相互作用，需要考虑轨道结构参振(参数振动)的影响。

本节主要建立 CRTS Ⅱ 型板式无砟轨道钢轨的振动模型，轨道板和底座板以参振质量的形式考虑到桥梁振动模型中。模型的侧视图及端视图见图 6-4。图中，K_{pv} 和 C_{pv} 分别为扣件垂向刚度及阻尼，K_{ph} 和 C_{ph} 分别为扣件横向刚度及阻尼。

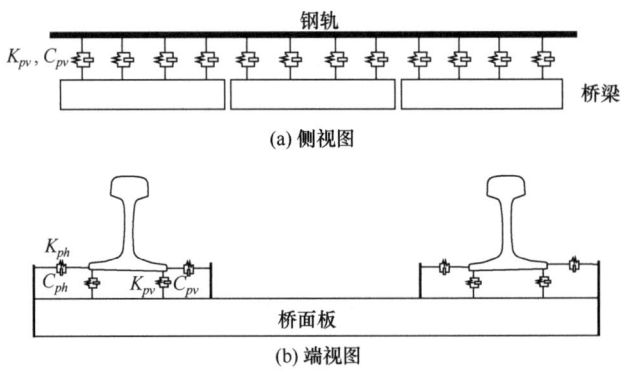

图 6-4 CRTS Ⅱ 型板式无砟轨道振动分析模型

钢轨的计算长度为左右路基段和桥上长度之和，故可将钢轨简化为两端简支的有限长梁模型[130]。钢轨在车轮荷载作用下的振动方程可表示为

$$E_r I_{ry}\frac{\partial^4 z_r(x,t)}{\partial x^4}+\rho_r A_r\frac{\partial^2 z_r(x,t)}{\partial t^2}=-\sum_{i=1}^{N_s}F_{rVi}(t)\delta(x-x_{Fi})+\sum_{j=1}^{N_w}P_{Vj}(t)\delta(x-x_{Pj}) \quad (6\text{-}56)$$

$$E_r I_{rz}\frac{\partial^4 y_r(x,t)}{\partial x^4}+\rho_r A_r\frac{\partial^2 y_r(x,t)}{\partial t^2}=-\sum_{i=1}^{N_s}F_{rHi}(t)\delta(x-x_{Fi})+\sum_{j=1}^{N_w}P_{Hj}(t)\delta(x-x_{Pj}) \quad (6\text{-}57)$$

$$\rho_r I_{r0}\frac{\partial^2 \phi_r(x,t)}{\partial t^2}+G_r I_{rt}\frac{\partial^2 \phi_r(x,t)}{\partial x^2}=-\sum_{i=1}^{N_s}F_{rTi}(t)\delta(x-x_{Fi})+\sum_{j=1}^{N_w}P_{Tj}(t)\delta(x-x_{Pj}) \quad (6\text{-}58)$$

式中，$z_r(x,t)$、$y_r(x,t)$、$\phi_r(x,t)$ 分别表示钢轨的垂向、横向及扭转位移；x 表示钢轨纵向位置；t 表示时间；δ 表示 Dirac 函数；E_r、G_r 分别表示钢轨的弹性、剪切模量；A_r、ρ_r 分别表示钢轨的截面面积与密度；I_{ry}、I_{rz} 分别表示钢轨的垂向、竖向惯性矩；I_{r0}、I_{rt} 分别表示钢轨的极惯性矩和抗扭惯性矩；N_s、N_w 分别表示钢轨长度范围内扣件数和轮对数；F_{rVi}、F_{rHi}、F_{rTi} 分别表示钢轨第 i 个支点的竖、横向及扭矩反力；P_{Vj}、P_{Hj}、P_{Tj} 分别表示第 j 个轮对对钢轨的垂向力、横向力及扭矩；x_{Fi}、x_{Pj} 分别表示钢轨第 i 个支点与轨上第 j 个轮对的纵向坐标。

采用模态坐标法求解方程(6-56)～(6-58)，将钢轨的振动位移表示为振型函数和广义坐标的乘积，可以得到如下结论。

垂向位移：

$$\begin{cases} z_r(x,t) = \sum_{k=1}^{N_z} Z_k(x) q_{zk}(t) \\ Z_k(x) = \sqrt{\dfrac{2}{\rho_r A_r l}} \sin \dfrac{k\pi x}{l} \end{cases} \quad (6\text{-}59)$$

横向位移：

$$\begin{cases} y_r(x,t) = \sum_{k=1}^{N_y} Y_k(x) q_{yk}(t) \\ Y_k(x) = \sqrt{\dfrac{2}{\rho_r A_r l}} \sin \dfrac{k\pi x}{l} \end{cases} \quad (6\text{-}60)$$

扭转位移：

$$\begin{cases} \phi_r(x,t) = \sum_{k=1}^{N_t} \Phi_k(x) q_{tk}(t) \\ \Phi_k(x) = \sqrt{\dfrac{2}{\rho_r I_{r0} l}} \sin \dfrac{k\pi x}{l} \end{cases} \quad (6\text{-}61)$$

式中，Z_k、Y_k、Φ_k 分别表示钢轨的垂向、横向及扭转振型函数；$q_{zk}(t)$、$q_{yk}(t)$、$q_{tk}(t)$ 分别表示钢轨的垂向、横向及扭转广义坐标；l 表示钢轨长度；k 表示振型阶数；N_z、N_y、N_t 分别表示钢轨的垂向、横向及扭转振型的截断模态阶数。

6.4 轮轨相互作用分析模型

列车-轨道-桥梁动力学耦合系统中，轮轨关系与桥轨关系是联系车辆、轨道及桥梁三个子系统的纽带。通过计算轮轨相互作用力与桥轨相互作用力，就可以求解车辆、轨道及桥梁的运动方程，获取列车-轨道-桥梁耦合系统的动力学响应。本节依次介绍轮轨接触几何关系、轮轨法向力的计算以及轮轨蠕滑力的计算。

6.4.1 轮轨接触几何关系

车轮和钢轨之间为空间动态接触，轮轨的几何接触关系一般采用迹线法计算。其原理是将车轮和钢轨之间可能接触的点在车轮上连接成一条空间曲线(迹线)，用这条空间曲线(迹线)来替代车轮整个踏面，从而将二维的面问题降低为一维的线问题。轮轨接触示意图如图 6-5[131]所示。

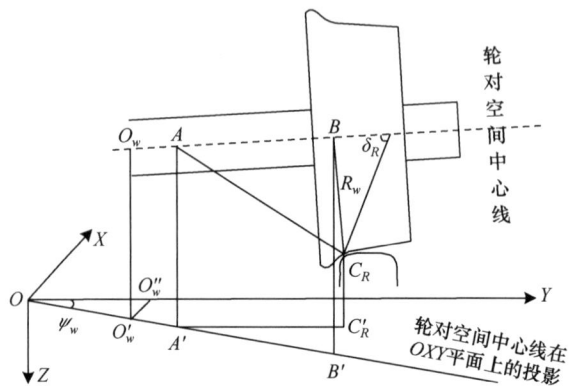

图 6-5 轮轨接触示意图

根据图 6-5，可计算得到轮轨接触点 C_R 的坐标：

$$\begin{cases} x_C = x_B + l_x R_w \tan\delta_R \\ y_C = y_B - \dfrac{R_w}{1-l_x^2}\left[l_x^2 l_y \tan\delta_R + l_z\sqrt{1-l_x^2(1+\tan^2\delta_R)}\right] \\ z_C = z_B - \dfrac{R_w}{1-l_x^2}\left[l_x^2 l_z \tan\delta_R - l_y\sqrt{1-l_x^2(1+\tan^2\delta_R)}\right] \end{cases} \quad (6\text{-}62)$$

式中，R_w、δ_R 分别为车轮滚动圆半径及右侧轮轨接触角；l_x、l_y、l_z 分别为轮对轴线方向数；x_B、y_B、z_B 为车轮滚动圆心坐标。其中

$$\begin{cases} l_x = -\cos\varphi_w \sin\psi_w \\ l_y = \cos\varphi_w \cos\psi_w \\ l_z = \sin\varphi_w \end{cases} \quad (6\text{-}63)$$

$$\begin{cases} x_B = d_w l_x \\ y_B = d_w l_y + Y_w \\ z_B = d_w l_z \end{cases} \quad (6\text{-}64)$$

式中，φ_w、ψ_w、Y_w 分别为轮对的侧滚角、摇头角及横向位移；d_w 为车轮踏面各离散点对应的滚动圆在轮对坐标系中的横向坐标。当轮对横向位移、摇头角、侧滚角确定时，逐步改变车轮踏面、各滚动圆的横坐标，就可以构成轮轨空间接触的迹线。

6.4.2 轮轨法向力计算

轮轨法向力通常采用 Hertz 非线性弹性接触理论[132]计算：

$$P_N(t) = \left(\frac{1}{G}\delta N(t)\right)^{3/2} \tag{6-65}$$

式中，$\delta N(t)$ 为轮轨接触点轮轨间的法向弹性压缩量；G 为轮轨接触常数，对于锥形车轮踏面有 $G=4.57R^{-0.149}\times10^{-8}(\text{m/N}^{2/3})$，对于磨耗型车轮踏面有 $G=3.86R^{0.115}\times10^{-8}(\text{m/N}^{2/3})$，$R$ 为车轮的滚动圆半径。

由轮轨接触关系可以得到 t 时刻第 j 位轮对处左右轮轨垂向相对位移：

$$\begin{cases} \delta Z_{Lj} = Z_{Lwj}(t) - Z_{Lrj}(t) - (Z_{Lj0} + Z_{Ljr0}) \\ \delta Z_{Rj} = Z_{Rwj}(t) - Z_{Rrj}(t) - (Z_{Rj0} + Z_{Rjr0}) \end{cases} \tag{6-66}$$

式中，$Z_{Lwj}(t)$、$Z_{Rwj}(t)$ 为 t 时刻第 j 位轮对处左、右车轮垂向位移；$Z_{Lrj}(t)$、$Z_{Rrj}(t)$ 为 t 时刻第 j 位轮对处左、右车轮下钢轨垂向位移；Z_{Lj0}、Z_{Rj0} 为第 j 位轮对处左、右车轮下轨道随机不平顺；Z_{Ljr0}、Z_{Rjr0} 为第 j 位轮对处左、右车轮下轨道附加变形。

根据轮轨接触法向压缩量与轮轨垂向相对位移之间的几何关系，第 j 位轮对处左、右轮轨法向压缩量表示为

$$\begin{cases} \delta N_{Lj} = \dfrac{\delta Z_{Lj}}{\cos(\delta_{Lj} + \varphi_{wj})} \\ \delta N_{Rj} = \dfrac{\delta Z_{Rj}}{\cos(\delta_{Rj} - \varphi_{wj})} \end{cases} \tag{6-67}$$

式中，δ_{Lj}、δ_{Rj} 分别为第 j 位轮对的左右轮轨接触角；φ_{wj} 为第 j 位轮对的侧滚角。

在多体动力学分析软件 SIMPACK 中，轮轨接触的处理方法为等效弹性法。该方法采用弹簧阻尼来模拟轮轨接触——其假设轮轨接触点位置有一个仅受压的弹簧阻尼元件，当轮轨处于接触状态时，轮轨法向力等于弹簧阻尼力，当发生跳车，轮轨分离时，轮轨法向力为零。接触法向力计算公式如下：

$$P_N = \begin{cases} k\delta_N + c\dot{\delta}_N, & \delta_N \leqslant 0, \text{轮轨接触} \\ 0, & \delta_N \geqslant 0, \text{轮轨分离} \end{cases} \tag{6-68}$$

式中，δ_N 为轮轨法向压缩量；$\dot{\delta}_N$ 为轮轨法向压缩速度；k 为接触弹簧刚度；$k=5\times10^9\text{N/m}$；c 为接触弹簧阻尼，$c=2\xi\sqrt{km}$，ξ 为阻尼系数，$0.1\leqslant\xi\leqslant0.5$；$m$ 为轮对质量之半。

6.4.3 轮轨蠕滑力计算

对于轮轨蠕滑力的计算一般采用 Kalker 非线性简化理论——FASTSIM 算

法[133,134]。纵、横向及自旋蠕滑率 ξ_x、ξ_y、ξ_φ 在局部坐标系中可表示为

$$\begin{cases} \xi_x = (V_{w1} - V_{r1})/V \\ \xi_y = (V_{w2} - V_{r2})/V \\ \xi_\varphi = (\Omega_{w3} - \Omega_{r3})/V \end{cases} \quad (6\text{-}69)$$

式中，V_{w1}、V_{w2}、Ω_{w3} 分别为车轮上接触斑的纵向、横向位移速度及绕垂直轴的旋转速度；V_{r1}、V_{r2}、Ω_{r3} 分别为钢轨上接触斑的纵向、横向位移速度及绕垂直轴的旋转速度；V 是车轮的名义前进速度。

根据 Kalker 蠕滑理论，轮轨的纵向蠕滑力 T_x、横向蠕滑力 T_y、自旋蠕滑力 M_z 可由式(6-70)得到

$$\begin{cases} F_x = \iint_E X\mathrm{d}x\mathrm{d}y = -abGC_{11}\xi_x \\ F_y = \iint_E Y\mathrm{d}x\mathrm{d}y = -abG(C_{22}\xi_y + \sqrt{ab}C_{23}\xi_\varphi) \\ M_z = \iint_E (xY - yX)\mathrm{d}x\mathrm{d}y = -G(ab)^{3/2}(C_{22}\xi_x + C_{33}\sqrt{ab}\xi_\varphi) \end{cases} \quad (6\text{-}70)$$

式中，X、Y 分别为接触斑上的垂向、横向切应力；E 为接触斑；G 为轮轨材料的合成剪切模量，假设轮轨材料的剪切模量分别为 G_w、G_r，则 $G=2G_wG_r/(G_w+G_r)$；a、b 分别为接触斑的长、短半轴；C_{ij} 为 Kalker 系数，由接触斑长短半轴之比 a/b 确定。

6.5 列车-轨道-桥梁耦合振动方程

将前面介绍的各个子系统动力学分析模型进行归纳，基于各子系统间的位移协调与力平衡条件，以轮轨接触力和桥轨相互作用力为纽带，可以将列车-轨道-桥梁耦合大系统的动力学方程表示为

$$\begin{cases} M_v\ddot{X}_v + C_v\dot{X}_v + K_vX_v = -F_{wr} \\ M_r\ddot{X}_r + C_r\dot{X}_r + K_rX_r = F_{wr} - F_f \\ M_b\ddot{X}_b + C_b\dot{X}_b + K_bX_b = F_f \end{cases} \quad (6\text{-}71)$$

式中，M_v、M_r、M_b 分别是车辆、钢轨及桥梁系统的质量矩阵；C_v、C_r、C_b 分别是车辆、钢轨及桥梁系统的阻尼矩阵；K_v、K_r、K_b 分别是车辆、钢轨及桥梁系统的刚度矩阵；X_v、X_r、X_b 分别是车辆、钢轨及桥梁系统的位移向量；$\dot{X}_v$、$\dot{X}_r$、$\dot{X}_b$ 分

别是车辆、钢轨及桥梁系统的速度向量；$\ddot{X}_v$、$\ddot{X}_r$、$\ddot{X}_b$ 分别是车辆、钢轨及桥梁系统的加速度向量；F_{wr} 为轮轨相互作用力向量；F_f 为扣件力向量。

轮轨作用力竖向分量可以表示为

$$F_{wrv} = K_{wr}(Z_w - Z_r - Z_0 - Z_{r0}) + C_{wr}(\dot{Z}_w - \dot{Z}_r - \dot{Z}_0 - \dot{Z}_{r0}) \quad (6\text{-}72)$$

式中，K_{wr} 为轮轨接触刚度矩阵；C_{wr} 为轮轨接触阻尼矩阵；Z_w 为车轮竖向位移向量；Z_r 为钢轨竖向位移向量；Z_0 为轨道随机不平顺向量；Z_{r0} 为由桥梁变形引起的钢轨附加变形向量。

扣件力向量可以表示为

$$F_f = K_f \cdot (X_r - X_b) + C_f \cdot (\dot{X}_r - \dot{X}_b) \quad (6\text{-}73)$$

式中，K_f 为扣件刚度矩阵；C_f 为扣件阻尼矩阵。

6.6 基于 SIMPACK 与 ANSYS 的列车-轨道-桥梁耦合振动分析模型

铁路车辆是一个包含复杂非线性特性的多自由度空间振动系统。随着软件技术的逐渐成熟，通过多体动力学软件建立车辆系统空间模型，实现程式化的建模，已成为当下的一种趋势。多体动力学软件能更完整地考虑车辆各部件运动关系和相互作用关系，进而更精细、准确地模拟运营车辆的振动性能。本节主要介绍基于多体动力学软件 SIMPACK 和有限元软件 ANSYS 联合仿真建立的列车-轨道-桥梁耦合振动分析模型。

6.6.1 车辆多体动力学模型

本节参考国内 CRH380B 及 CRH2 型列车结构进行建模，车辆主要组成结构包括车体、构架、轮对、一二系悬挂、轴箱、抗蛇行减振器、横向减振器、抗侧滚扭杆、转臂、横向止挡、牵引拉杆等。车体、构架及轮对均采用 7 号铁路铰(general rail track joint)与大地坐标系连接，有 6 个自由度；轴箱采用 2 号铰(revolute joint be)与轮对连接，仅有绕轮轴转动 1 个自由度。一二系悬挂、抗蛇行减振器、横向减振器、竖向减振器、抗侧滚扭杆、转臂、横向止挡及牵引拉杆均采用力元模拟。车辆模型见图 6-6，车辆的建模参数见表 6-3 和表 6-4。

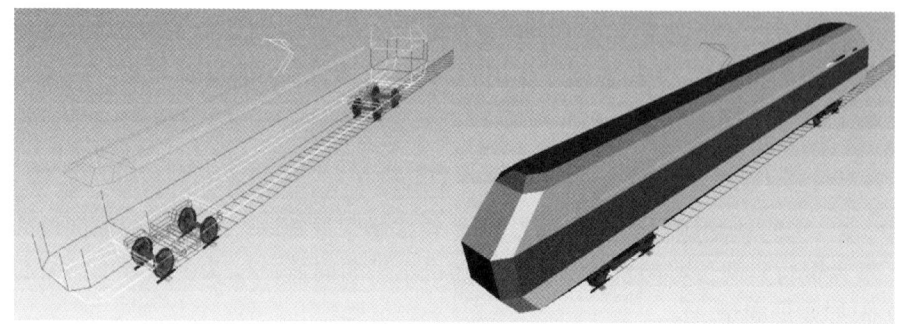

(a) CRH380B 车辆模型

(b) CRH2 车辆模型

图 6-6　SIMPACK 车辆多体动力学模型

表 6-3　CRH380B 车辆建模参数

参数含义	数值	单位
轮对质量	1517	kg
轮对侧滚转动惯量	693	kg·m²
轮对点头转动惯量	118	kg·m²
轮对摇头转动惯量	693	kg·m²
轴箱质量	84	kg
轴箱侧滚转动惯量	1.29	kg·m²
轴箱点头转动惯量	4.63	kg·m²
轴箱摇头转动惯量	5.92	kg·m²
构架质量	2953	kg
构架侧滚转动惯量	1846	kg·m²
构架点头转动惯量	1293	kg·m²
构架摇头转动惯量	2792	kg·m²
车体质量	38884	kg
车体侧滚转动惯量	92500	kg·m²

续表

参数含义	数值	单位
车体点头转动惯量	1756000	kg·m²
车体摇头转动惯量	1728000	kg·m²
一系弹簧纵向刚度	919800	N/m
一系弹簧横向刚度	919800	N/m
一系弹簧垂向刚度	886500	N/m
一系垂向减振器节点刚度	7500000	N/m
一系垂向减振器垂向阻尼	10000	N·s/m
转臂纵向刚度	120000000	N/m
转臂横向刚度	12500000	N/m
转臂垂向刚度	120000000	N/m
二系空气弹簧纵向刚度	131000	N/m
二系空气弹簧横向刚度	131000	N/m
二系空气弹簧垂向刚度	195000	N/m
二系空气弹簧垂向阻尼	30000	N·s/m
抗蛇形减振器节点刚度	35000000	N/m
抗蛇形减振器阻尼	非线性	—
二系横向减振器节点刚度	4250000	N/m
二系横向减振器阻尼	15000	N·s/m
二系垂向减振器节点刚度	7500000	N/m
二系垂向减振器阻尼	10400	N·s/m
横向止挡刚度	非线性	—
牵引拉杆纵向刚度	1260000	N/m
牵引拉杆横向刚度	16000	N/m
牵引拉杆垂向刚度	16000	N/m
抗侧滚扭杆角刚度	4150000	N·m/rad
轨距	1435	mm
车轮名义滚动圆直径	920	mm
滚动圆横向跨距	1500	mm
轴距	2500	mm
车辆定距	17375	mm

表 6-4　CRH2 车辆建模参数

参数含义	数值	单位
轮对质量	2000	kg
轮对侧滚转动惯量	720	kg·m²
轮对点头转动惯量	80	kg·m²
轮对摇头转动惯量	980	kg·m²
轴箱质量	108	kg
轴箱侧滚转动惯量	2	kg·m²
轴箱点头转动惯量	9	kg·m²
轴箱摇头转动惯量	7	kg·m²
构架质量	3200	kg
构架侧滚转动惯量	2592	kg·m²
构架点头转动惯量	1753	kg·m²
构架摇头转动惯量	3200	kg·m²
车体质量	31600	kg
车体侧滚转动惯量	123444	kg·m²
车体点头转动惯量	1866900	kg·m²
车体摇头转动惯量	1609725	kg·m²
一系弹簧纵向刚度	980000	N/m
一系弹簧横向刚度	980000	N/m
一系弹簧垂向刚度	1176000	N/m
一系垂向减振器节点刚度	4900000	N/m
一系垂向减振器垂向阻尼	19600	N·s/m
转臂纵向刚度	14700000	N/m
转臂横向刚度	6500000	N/m
二系空气弹簧纵向刚度	158760	N/m
二系空气弹簧横向刚度	158760	N/m
二系空气弹簧垂向刚度	189140	N/m
二系空气弹簧垂向阻尼	40000	N·s/m
抗蛇形减振器节点刚度	8820000	N/m
抗蛇形减振器阻尼	非线性	—
二系横向减振器节点刚度	17150000	N/m

续表

参数含义	数值	单位
二系横向减振器阻尼	58800	N·s/m
横向止挡刚度	非线性	—
牵引拉杆纵向刚度	7882600	N/m
牵引拉杆横向刚度	16000	N/m
牵引拉杆垂向刚度	16000	N/m
抗侧滚扭杆 a1 角刚度	2000000	N·m/rad
轨距	1435	mm
车轮名义滚动圆直径	860	mm
滚动圆横向跨距	1493	mm
轴距	2500	mm
车辆定距	17500	mm

其中抗蛇形减振器阻尼及横向止挡刚度为非线性，通过输入函数定义其力学特性，抗蛇形减振器阻尼的位移-阻尼曲线及横向止挡刚度的位移-刚度曲线见图 6-7。

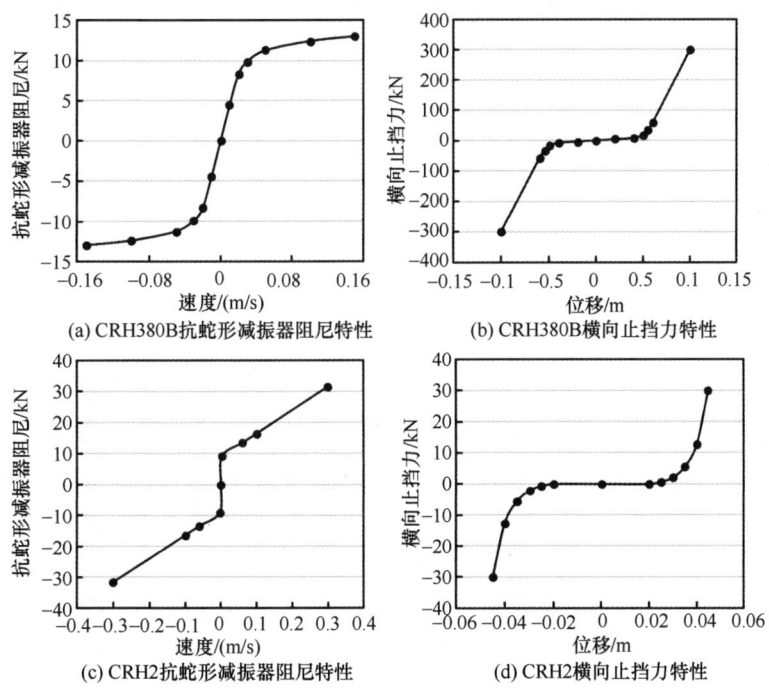

(a) CRH380B抗蛇形减振器阻尼特性　　(b) CRH380B横向止挡力特性

(c) CRH2抗蛇形减振器阻尼特性　　(d) CRH2横向止挡力特性

图 6-7　车辆非线性特性

6.6.2 桥梁-轨道模型

SIMPACK 通常采用模态综合法来描述柔性体的弹性变形,即柔性体在多体系统中以模态集的形式存在,而不是以有限单元的形式存在。要得到柔性体的模态集,需要先建立柔性体的有限元模型,并进行子结构分析,以获得 SIMPACK 需要的柔性体输入文件。本节采用有限元软件 ANSYS 建立高速铁路常用双线 32m 简支梁桥和 60kg/m 钢轨精细化有限元仿真模型,如图 6-8 和图 6-9 所示;材料参数见表 6-5。

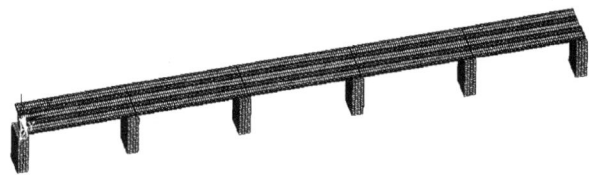

图 6-8　跨度 32m 简支梁桥有限元模型

图 6-9　60kg/m 钢轨有限元模型

表 6-5　桥梁-轨道结构材料参数

参数	主梁	桥墩	钢轨	单位
弹性模量	3.45×10^{10}	3.45×10^{10}	2.1×10^{11}	N/m^2
密度	2400	2400	7850	kg/m^3
泊松比	0.2	0.2	0.3	—

有限元模型建成后,在 ANSYS 中通过子结构分析得到桥梁和钢轨模型的质量、刚度信息文件(后缀名".sub")及几何信息文件(后缀名".cdb"),然后通过 SIMPACK 的 FBI(flexible body input)文件生成器生成桥梁及钢轨结构的柔性体输入文件(后缀名".fbi"),最后经 SIMPACK 的有限元接口模块(FlexModal)实现有限元模型向多体动力学系统的导入。SIMPACK 中导入的桥梁-轨道模型如图 6-10 所示,具体实现过程在 6.6.3 节介绍。

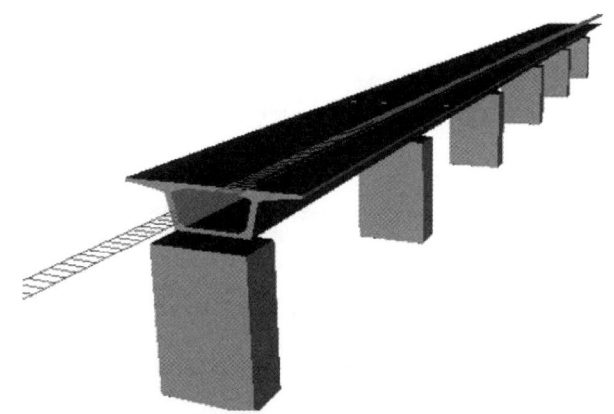

图 6-10 SIMPACK 导入的桥梁-轨道模型

6.6.3 SIMPACK 中列车-轨道-桥梁耦合振动的实现

在车辆和桥梁-轨道耦合之前,需要分别对车辆模型、桥梁-轨道模型进行名义力计算(preload)和静平衡分析(static equilibrium),以验证建立的模型是否正确[135,136]。SIMPACK 通过计算模型的初始最大残余加速度来评价模型是否平衡,若模型的最大残余加速度小于 0.01m/s^2,则认为模型在初始状态下是平衡的,模型正确。本节建立的车辆、桥梁-轨道模型最大残余加速度计算结果见图 6-11,车辆模型的最大残余加速度约为 $1.17\times10^{-10}\text{m/s}^2$,桥梁-轨道模型的最大残余加速度约为 $1.62\times10^{-6}\text{m/s}^2$。由此可以判断,车辆和桥梁-轨道模型在初始状态下是平衡的,模型建立正确。

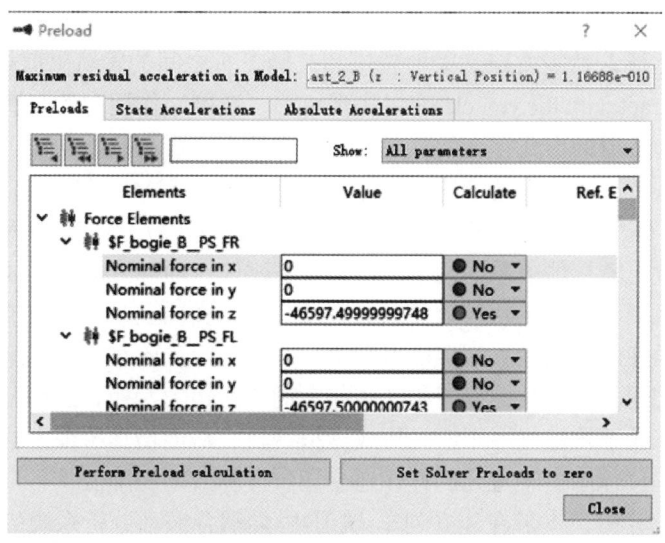

(a) 车辆模型名义力计算结果

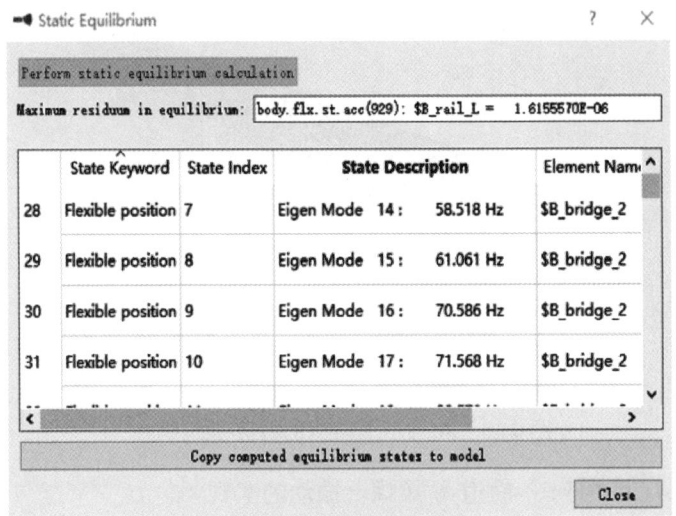

(b) 桥梁-轨道模型静平衡计算结果

图 6-11　SIMPACK 模型最大残余加速度

完成初始平衡计算后，需要将桥梁-轨道模型导入车辆模型中，形成能计算车辆和桥梁动力学响应的列车-轨道-桥梁耦合振动模型。SIMPACK 软件中自带的有限元-多体动力学接口(FEMBS)可以实现桥梁-轨道模型与列车车辆模型之间的连接。主要的方法可以分为弹性轨道法(flexible track)法和弹性体(flexible body)法。

弹性轨道法将由有限元模型转化得到的柔性体文件直接导入 SIMPACK 的柔性轨道模块。这时，导入的整个模型结构并不以常规认为的"体"的形式存在，而是一个具有原来有限元特性的"轨道"，可以看成铁路轨下基础的一部分。要使车辆在上面运行，就需要定义柔性轨道和车辆轮对之间的轮轨离散接触点(nodes which can interact with the vehicle)，以实现位移、速度、作用力的交换。但由于柔性轨道是作为轨道的形式存在的，因此不能在其上施加荷载。

弹性体法将需要导入的结构以"体"的形式导入 SIMPACK 中。由于整个导入的结构以"体"的形式存在，因此可以在其上施加外力。但是，SIMPACK 软件规定需要设置轮轨接触关系的两个物体必须是刚体，而导入的整个模型结构是柔性体，故引入哑元实现轮轨接触关系的定义。哑元实质上是一个虚拟的钢轨，通过在车轮和柔性体之间建立一个虚拟钢轨，并分别定义轮对与虚拟钢轨、虚拟钢轨与柔性体之间的约束从而实现柔性体与车辆的轮轨力交换。这种方法的不足是要求在每个车轮下均建立一个哑元形成虚拟钢轨，从而增加了模型的前处理任务量，且在求解过程中由于哑元的存在还会导致计算效率的降低。

综合以上分析，本节在建立列车-轨道-桥梁耦合振动分析系统的过程中，将桥梁模型以柔性体的形式导入 SIMPACK 中，而将钢轨以柔性轨道的形式导入。

通过采用两种方法结合的方式实现列车和桥梁的作用力交换。然后，需要在桥梁-轨道结构设置边界条件的位置以及桥梁模型与外部进行连接的位置生成标识点(maker)，如墩底节点、桥梁-轨道连接的扣件节点等。同时，墩底和大地坐标系之间通过设置约束(constraint)进行墩底固结。而桥梁柔性体与钢轨柔性轨道则通过添加 SIMPACK 中的 5 号力元(Spring-Damper Parallel Cmp)模拟扣件作用从而实现连接。在定义轮轨接触关系时，本节轮轨接触采用法向上的 Hertz 非线性弹性接触理论和切向上的 Kalker 非线性简化理论——FASTSIM 算法[133,134]，具体操作流程如图 6-12 所示。

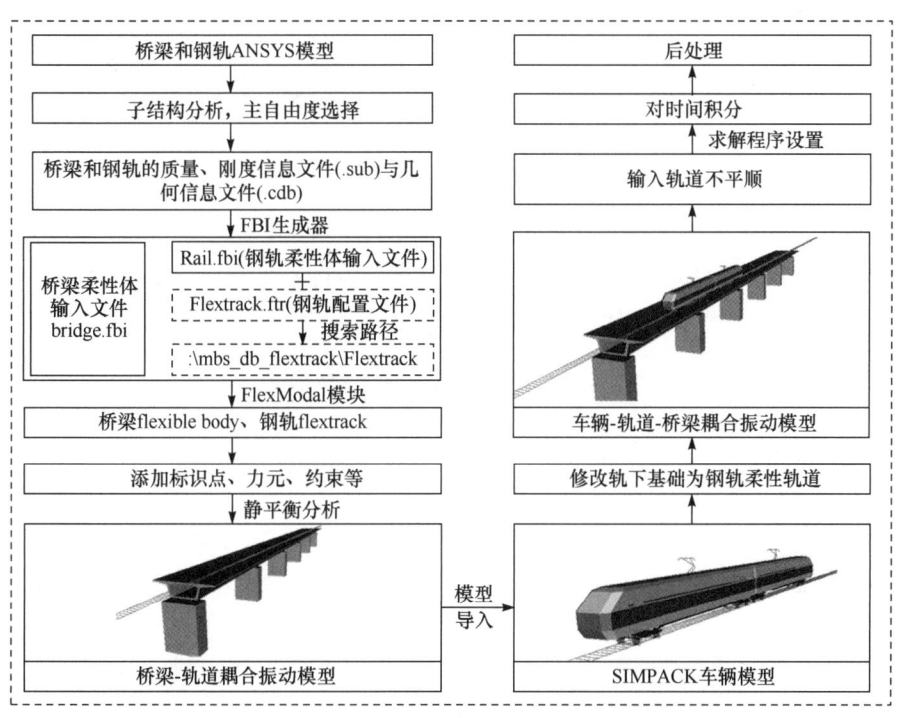

图 6-12 列车-轨道-桥梁耦合振动分析实现流程

6.7 系 统 激 励

引起列车-轨道-桥梁系统振动的激励源有多种形式，包括轨道随机不平顺、桥梁附加变形、横风、地震和碰撞等外部荷载激励源等。

轨道随机不平顺是系统最重要的激励源之一，可采用各种等级的轨道谱或从线路上实测得到的轨道几何不平顺样本作为激励输入。桥梁附加变形主要包括墩台基础不均匀沉降、徐变上拱、梁端转角等，可通过桥梁-轨道变形映射模型求解得到钢轨产生的附加不平顺作为激励输入。

本节主要讨论以上两种系统激励,并将两种不平顺叠加作为系统扰源。

6.7.1 轨道随机不平顺

轨道随机不平顺是引起轮轨间动力作用变化进而导致列车-轨道-桥梁系统耦合振动的主要激励,直接影响高速列车运行安全性和乘坐舒适性。

对于随机过程就需要用统计函数描述,而功率谱密度函数常作为轨道随机不平顺的统计函数,即轨道谱。常用的轨道谱包括美国轨道谱、德国轨道谱、中国既有铁路干线轨道不平顺拟合谱等。本节采用 SIMPACK 自带的德国低干扰轨道谱(适合 250km/h 及以上速度)生成轨道随机不平顺样本,选择空间频率(F)范围为 $0.04\sim0.333\mathrm{m}^{-1}$,即波长范围 3~25m。德国采用的轨道随机不平顺功率谱密度函数如下:

$$S(\Omega) = \frac{b_0 + b_2\Omega^2}{a_0 + a_2\Omega^2 + a_4\Omega^4 + a_6\Omega^6} \tag{6-74}$$

式中,$\Omega=2\pi F$;$S(\Omega)$的单位为 $\mathrm{m}^2/(\mathrm{rad/m})$(高低、方向不平顺)和 $\mathrm{rad}^2/(\mathrm{rad/m})$(水平、轨距不平顺);其余参数取值见表 6-6。

表 6-6 德国低干扰轨道谱参数取值

不平顺类型	b_0	b_2	a_0	a_2	a_4	a_6
方向不平顺	1.440846×10⁻⁷	0	0.00028855	0.6803895	1	0
高低不平顺	2.741619×10⁻⁷	0	0.00028855	0.6803895	1	0
水平、轨距不平顺	0	4.87399×10⁻⁷	5.535659×10⁻⁵	0.1308172	0.8722335	1

注:①方向不平顺是由于左、右股钢轨横向偏移引起线路中心线的横向偏移;②高低不平顺是由于左、右钢轨顶面垂向偏移引起轨道中心线的垂向偏移;③水平不平顺是由于左、右钢轨的垂向偏移引起的轨面高差;④轨距不平顺是由于左、右两股钢轨横向偏移而引起的轨距变化,在轨顶下 16mm 位置处测量。

采用德国低干扰轨道谱生成的轨道随机不平顺样本见图 6-13。

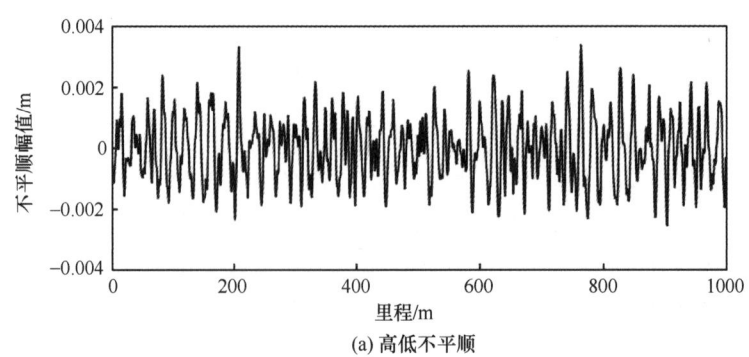

(a) 高低不平顺

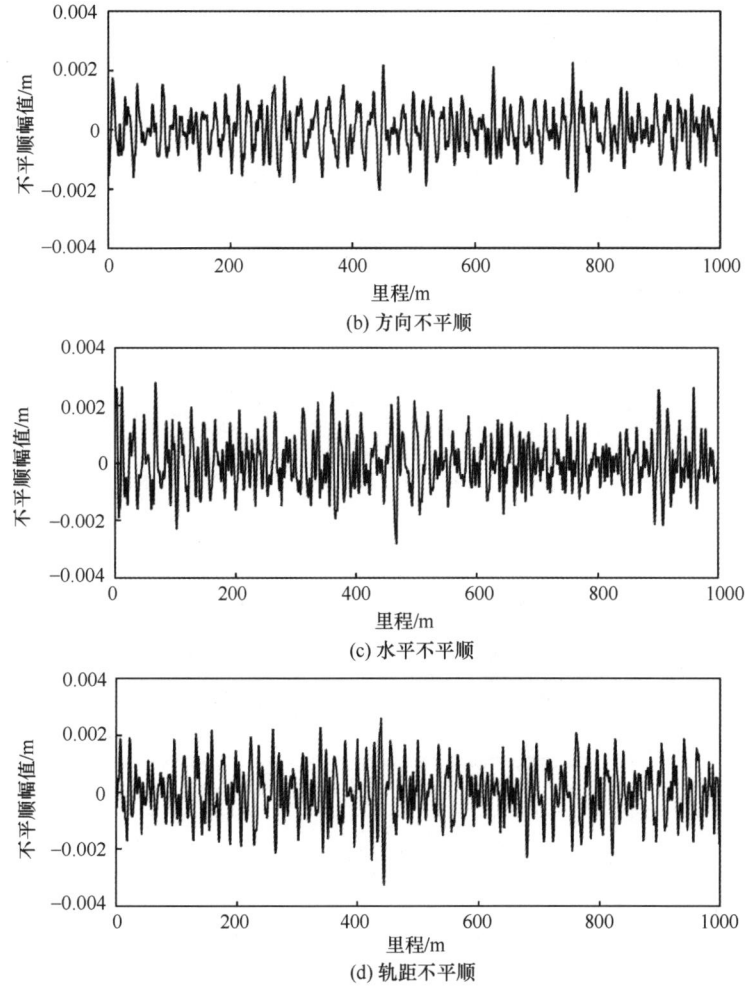

图 6-13 轨道随机不平顺样本

6.7.2 轨道附加不平顺

本节主要根据第 4 章介绍的桥梁-CRTS Ⅱ 型板式无砟轨道变形映射模型，计算得到不同桥梁附加变形(桥墩沉降、梁端转角、梁体错台及梁体徐变上拱)引起的轨道附加不平顺。

根据相关文献的研究[31,99,121]，针对铺设 CRTS Ⅱ 型板式无砟轨道的高速铁路 32m 简支梁桥，本节在研究桥梁附加变形引起的轨道附加不平顺时，桥墩沉降量取 5mm、10mm、15mm、20mm、25mm、30mm 六个等级；梁端转角量取 0.2‰rad、0.4‰rad、0.6‰rad、0.8‰rad、1.0‰rad 五个等级；梁体错台量取 2mm、4mm、6mm、8mm、10mm、12mm 六个等级；梁体徐变上拱量取 5mm、10mm、15mm、

20mm、25mm、30mm 六个等级。不同桥梁附加变形幅值工况下的钢轨变形(轨道附加不平顺)如图 6-14 所示。

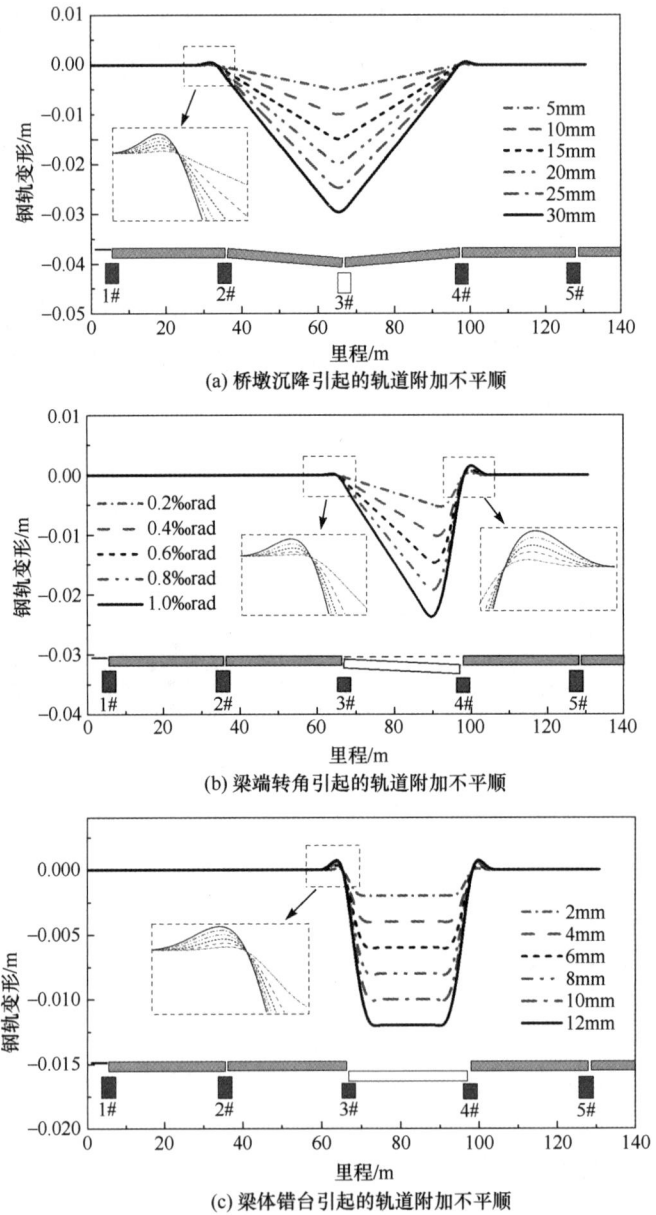

(a) 桥墩沉降引起的轨道附加不平顺

(b) 梁端转角引起的轨道附加不平顺

(c) 梁体错台引起的轨道附加不平顺

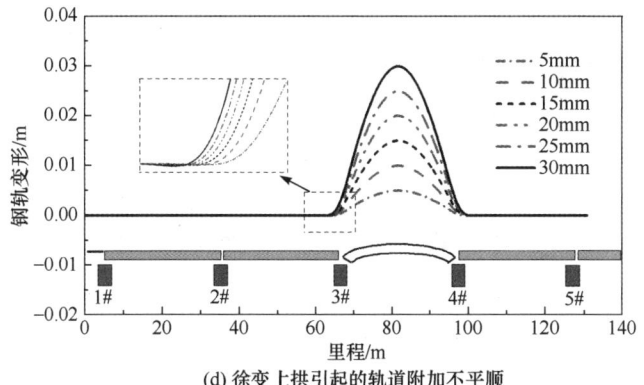

(d) 徐变上拱引起的轨道附加不平顺

图 6-14 桥梁附加变形引起的轨道附加不平顺

6.8 列车运行安全性和舒适性评价指标

列车的动力学性能主要包括行车安全性和行车舒适性。行车安全性主要考虑脱轨及倾覆等危及运营安全的问题，常用脱轨系数和轮重减载率等指标来评定。行车舒适性主要考虑运行车辆的振动程度，反映乘坐舒适度，常用车体的加速度指标和舒适度指标来评定。根据《铁道机车动力学性能试验鉴定方法及评定标准》(TB/T 2360—1993)[137]、《高速铁路设计规范》(TB 10621—2014)等规范[20]，在列车-轨道-桥梁系统动力学仿真分析中，列车运行安全性及行车舒适性的评价指标选取如下。

1) 脱轨系数

脱轨系数是评定防止车轮脱轨稳定性的指标。脱轨系数定义为轮对一侧车轮的侧向压力(Q)与动轮重(P)之比，记作 Q/P。本章脱轨系数限值采用 $Q/P \leqslant 0.8$。

2) 轮重减载率

轮重减载率定义为一侧车辆轴重减载量(ΔP)与左右侧平均轮重(P)之比，记为 $\Delta P/P$。本章轮重减载率限值采用 $\Delta P/P \leqslant 0.6$。

3) 轮轨垂向力

轮轨垂向力限值 $P \leqslant 170 \text{kN}$。

4) 轮轨横向力

车辆在运行过程中，过大的横向力可能导致轨距扩大、轨排横移、无缝铁路失稳等问题。本章轮轨横向力限值采用 $Q \leqslant 10 + P_0/3$(P_0 为静轴重，单位为 kN)。针对本章车辆类型，对于 CRH380B 型列车，$Q \leqslant 53.33 \text{kN}$，对于 CRH2 型列车，$Q \leqslant 48.64 \text{kN}$。

5) 车体加速度

当采用车体加速度作为车辆运行平稳性评定指标时，车辆加速度限值如下：

(1) 车体竖向振动加速度 $a_z \leqslant 1.3\text{m/s}^2$。
(2) 车体横向振动加速度 $a_y \leqslant 1.0\text{m/s}^2$。

6.9 本章小结

基于列车-轨道-桥梁相互作用理论，本章主要通过多体动力学软件 SIMPACK 和有限元软件 ANSYS 联合仿真建立了高速铁路列车-轨道-桥梁系统耦合动力学分析模型，模型包括列车车辆、轨道及桥梁三个子系统。在 SIMPACK 中将车辆模型简化为 42 自由度的多刚体系统，通过 Hertz 弹性接触理论和 Kalker 非线性简化理论定义了车辆与轨道的轮轨接触关系，通过弹簧阻尼单元模拟轨道和桥梁之间的相互作用。钢轨和桥梁分别以柔性轨道和柔性体的形式导入多体动力学系统实现列车-轨道-桥梁耦合。

第7章 关键因素对高速列车时频域动力学性能的影响

基于以上列车-CRTS Ⅱ型纵连板式无砟轨道-32m 简支梁桥耦合振动分析模型,以轨道附加不平顺和随机不平顺叠加作为系统激励,本章主要分析典型桥梁附加变形模式、不同车速和车型以及层间联结失效对列车时频域动力学性能的影响规律。

7.1 桥梁附加变形对车辆时域动力学性能的影响

本节以 CRH2 列车在 350km/h 的速度下通过发生了附加变形的 32m 简支梁桥为例,讨论桥梁附加变形对车辆时域动力学响应的影响。

图 7-1 为有无桥墩沉降时车辆的各动力学指标响应时程曲线。从图 7-1 可以看出,当桥墩发生沉降时,车辆的垂向加速度受到的影响很大,轮轨垂向力有一定增幅,但变化量较小,轮重减载率与轮轨垂向力变化一致。车体横向加速度、轮轨横向力及脱轨系数对桥墩沉降极不敏感,基本未发生变化,其原因在于桥墩沉降

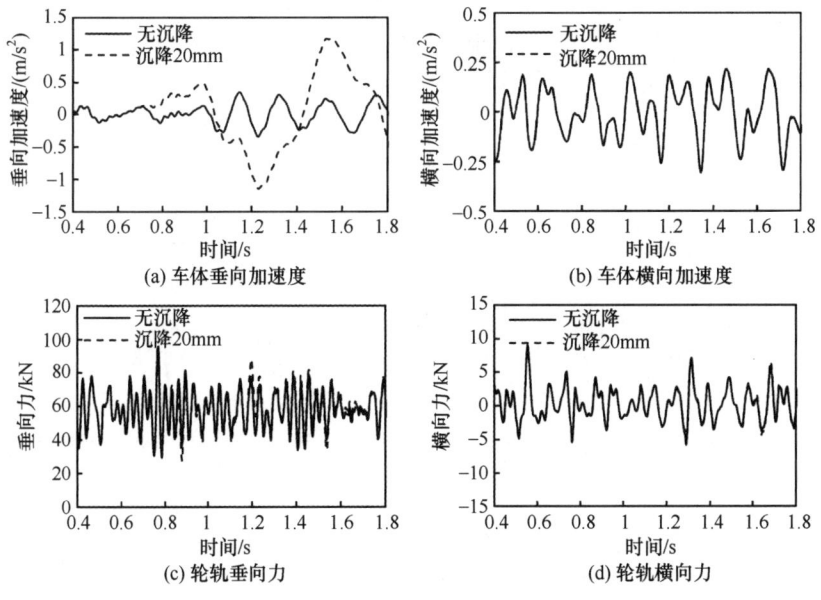

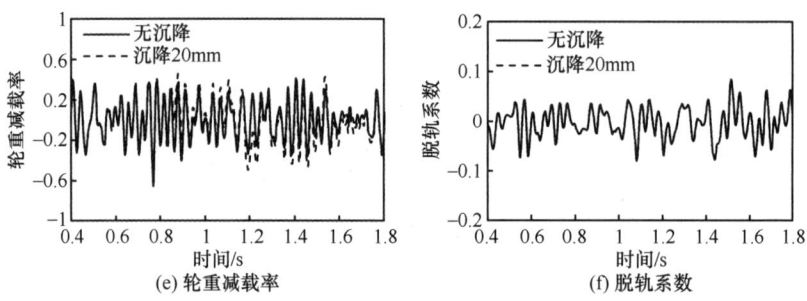

图 7-1 桥墩沉降对车辆动力学响应的影响

仅引起了钢轨竖向变形,该变形主要对系统的垂向动力学性能产生影响,而对系统横向振动的影响较小。

图 7-2 为有无梁端转角时车辆的各动力学指标响应时程曲线。从图 7-2 可以

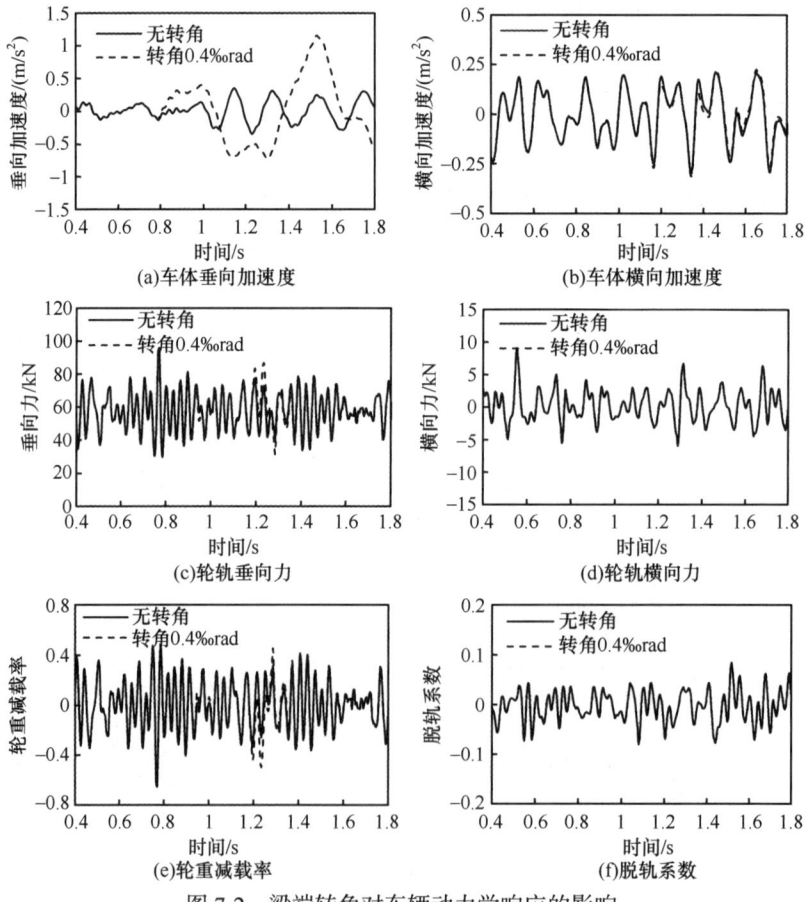

图 7-2 梁端转角对车辆动力学响应的影响

看出，在梁端发生转角时，同样仅车体垂向加速度、轮轨垂向力和轮重减载率有所增大，而车辆的横向动力学指标受到的影响很小。梁体错台和徐变上拱也是竖向变形，同样仅引起车辆垂向动力学响应的变化，不再一一赘述。

7.1.1 桥墩沉降对车辆时域响应的影响

由于桥梁竖向附加变形仅对车辆的车体垂向加速度、轮轨垂向力及轮重减载率有较大影响，而轮重减载率与轮轨垂向力变化有关，故此处仅选择车体垂向加速度和轮轨垂向力就桥梁附加变形对车辆动力学响应的影响做进一步讨论。本节采用的系统激励为桥梁附加变形引起的轨道附加不平顺，不含轨道随机不平顺。

图 7-3 和图 7-4 分别给出了 CRH2 列车以车速 350km/h 经过无桥墩沉降和桥墩沉降 10mm、20mm 及 30mm 的 32m 简支梁桥时轮轨垂向力(第四轮对)和车体垂向加速度时程曲线。

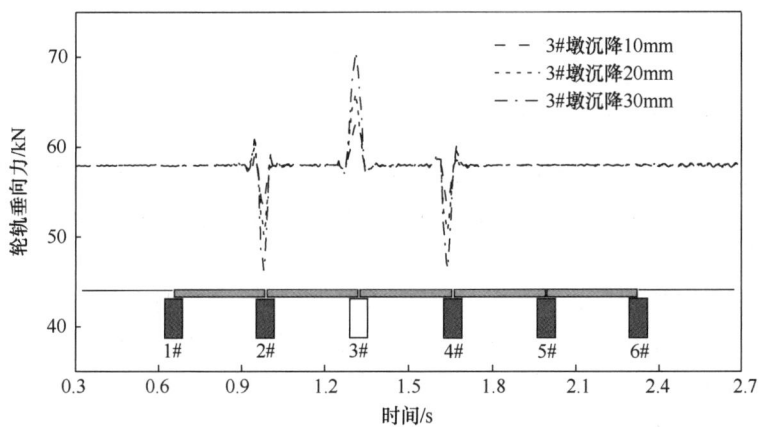

图 7-3 桥墩沉降对列车轮轨垂向力的影响

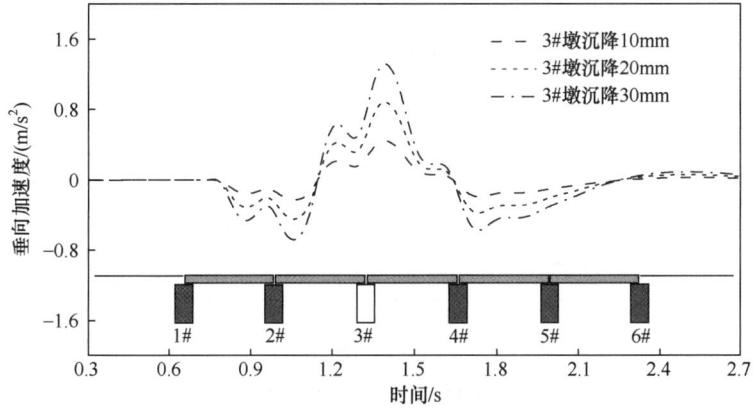

图 7-4 桥墩沉降对列车车体垂向加速度的影响

从图 7-3 可以看出，列车经过沉降墩位置时，轮轨垂向力随着沉降量增加而增大；当列车经过相邻桥墩时，轮轨垂向力随着沉降量增加而减小。列车的轮轨垂向力基本只在桥墩位置附近产生明显变化，而在远离桥墩位置处，轮轨垂向力几乎不产生变化。其原因在于：当桥墩发生沉降时，沉降墩及相邻墩处的钢轨均发生了折角变形，该变形会加剧轮轨相互作用，导致轮轨垂向力产生剧烈变化，而远离桥墩位置的钢轨线形较为平顺，对轮轨作用的影响较小。

从图 7-4 可以看出，随桥墩沉降量增大，车体垂向加速度响应明显增大，且在沉降墩位置附近的变化最剧烈；同时在两相邻墩位置处，车体垂向加速度也发生了较为明显的增加。列车经过桥墩沉降区域时，因前后转向架先后驶过各桥墩，故车体垂向加速度曲线会产生两个重复的波形。当列车后转向架经过沉降墩后，车体垂向加速度达到最大值。

总体上看，车体垂向加速度和轮轨垂向力的变化趋势具有一致性，轮轨垂向力变化量较大的位置，车体垂向加速度变化量也较大，说明轮轨作用力会影响车体加速度。

7.1.2 梁端转角对车辆时域响应的影响

图 7-5 和图 7-6 分别给出了 CRH2 列车以车速 350km/h 经过无梁端转角发生和梁端转角 0.2‰rad、0.4‰rad 及 0.8‰rad 的 32m 简支梁桥时轮轨垂向力(第四轮对)和车体垂向加速度时程曲线。

从图 7-5 可以看出，列车经过发生梁端转角的桥跨左侧桥墩时，轮轨垂向力减小；而经过右侧桥墩时，轮轨垂向力先增大后减小。此外，随梁端转角增大，轮轨垂向力变化量也随之增大。

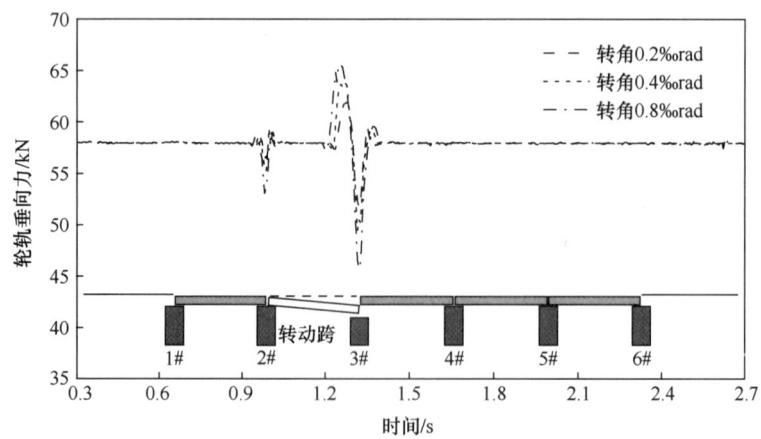

图 7-5 梁端转角对列车轮轨垂向力的影响

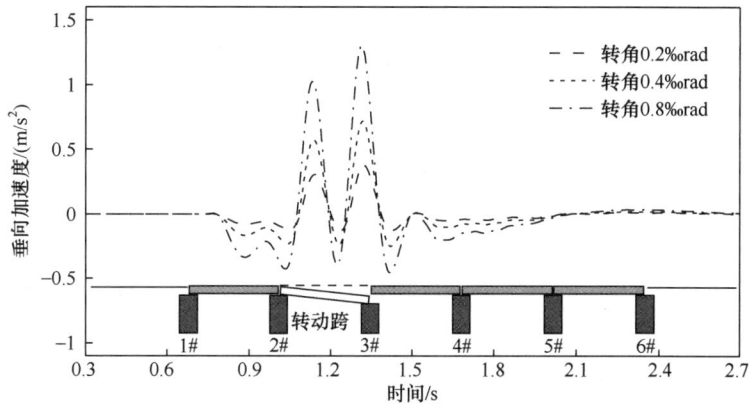

图 7-6 梁端转角对列车车体垂向加速度的影响

从图 7-6 可以看出，车体垂向加速度曲线和轮轨垂向力曲线变化规律一致，因前后转向架先后驶过各桥墩，车体垂向加速度曲线包含两个重复波形。轮轨垂向加速度随转角的增大而增大，车体垂向加速度在后转向架经过右侧桥墩后达到最大值。

7.1.3 梁体错台对车辆时域响应的影响

图 7-7 和图 7-8 分别给出了 CRH2 列车以车速 350km/h 经过无梁体错台和梁体错台 4mm、8mm 及 12mm 的 32m 简支梁桥时轮轨垂向力(第四轮对)和车体垂向加速度时程曲线。

从图 7-7 可以看出，列车经过发生梁体错台的桥跨左侧桥墩时，轮轨垂向力先减小后增大；而经过右侧桥墩时，轮轨垂向力先增大后减小。此外，随错台量增大，轮轨垂向力变化量也随之增大。

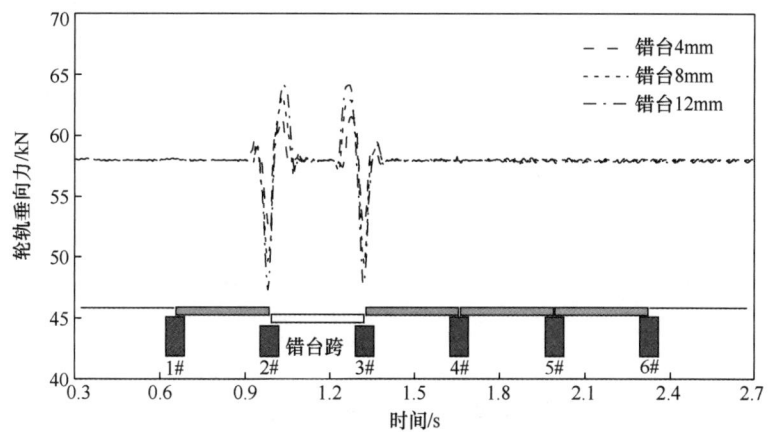

图 7-7 梁体错台对列车轮轨垂向力的影响

从图 7-8 可以看出，列车经过发生梁体错台桥跨的桥墩位置时，车体垂向加速度变化规律与轮轨垂向力类似，而因前后转向架先后驶过各桥墩，车体垂向加速度曲线包含两个重复波形。随错台量增大，车体垂向加速度随之增大，车体垂向加速度在前转向架经过右侧桥墩后达到最大值。

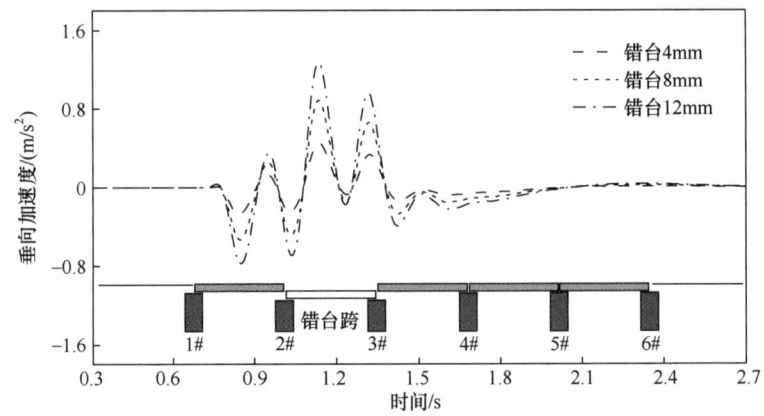

图 7-8　梁体错台对列车车体垂向加速度的影响

7.1.4　徐变上拱对车辆时域响应的影响

图 7-9 和图 7-10 分别给出了 CRH2 列车以车速 350km/h 经过无梁体徐变上拱和徐变上拱 10mm、20mm 及 30mm 的 32m 简支梁桥时轮轨垂向力(第四轮对)和车体垂向加速度时程曲线。

从图 7-9 可以看出，列车在经过桥跨两侧桥墩附近时，轮轨垂向力增大；经过跨中附近时，轮轨垂向力减小。列车轮轨垂向力在两侧桥墩处增大是受钢轨转

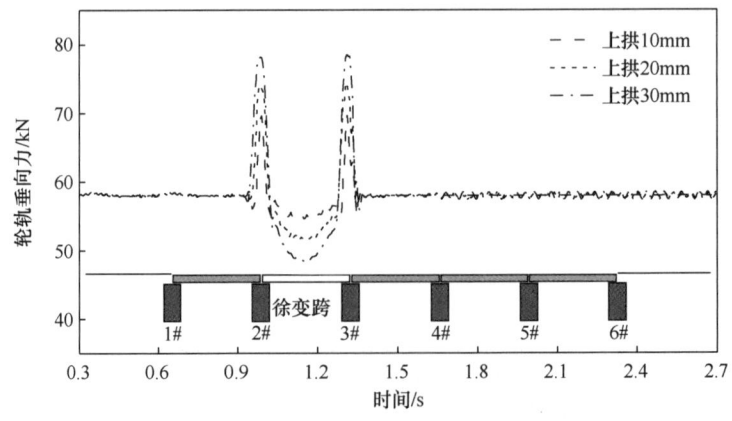

图 7-9　徐变上拱对列车轮轨垂向力的影响

角变形冲击作用导致的,而在桥跨内轮轨垂向力减小可能是因为徐变上拱使梁体线形类似一个凸起的圆弧,当列车经过时产生离心力所致。此外,随徐变上拱量增大,轮轨垂向力变化量也随之增大。

从图 7-10 可以看出,随梁体徐变上拱量的增大,车体垂向加速度响应明显增大。车体垂向加速度曲线同样包含两个重复波形,且在列车前转向架经过右侧桥墩后,车体垂向加速度达到最大值。

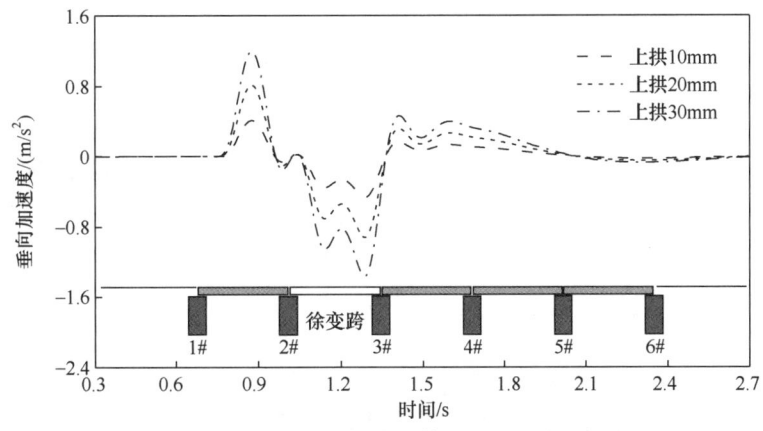

图 7-10　徐变上拱对列车车体垂向加速度的影响

7.2　桥梁附加变形对车辆频域动力学性能的影响

为了进一步研究桥梁附加变形对车辆动力学性能的影响,本节计算 CRH2 列车以 350km/h 的车速经过有无桥梁附加变形的 32m 简支梁时的频域动力学响应。图 7-11～图 7-14 分别为列车经过有无桥墩沉降、梁端转角、梁体错台和梁体徐变上拱区域时,车辆车体垂向加速度和轮轨垂向力的频谱。从图 7-11～图 7-14 可以看出,考虑桥梁附加变形影响得到的车辆动力学响应频谱与不考虑桥梁附加变形影响得到的车辆动力学响应频谱存在明显的差异,且主要体现在 3.9Hz 以下的低

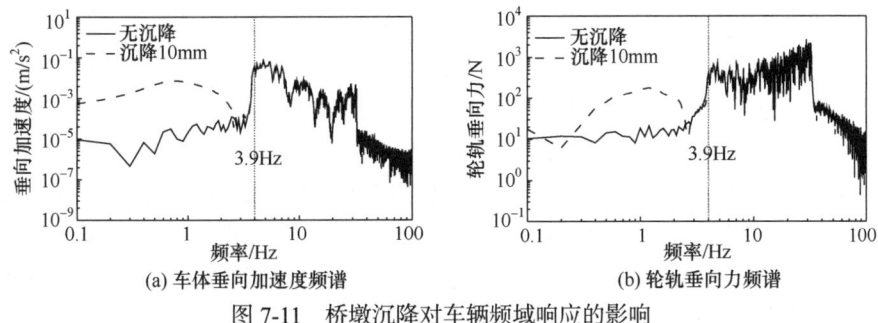

图 7-11　桥墩沉降对车辆频域响应的影响

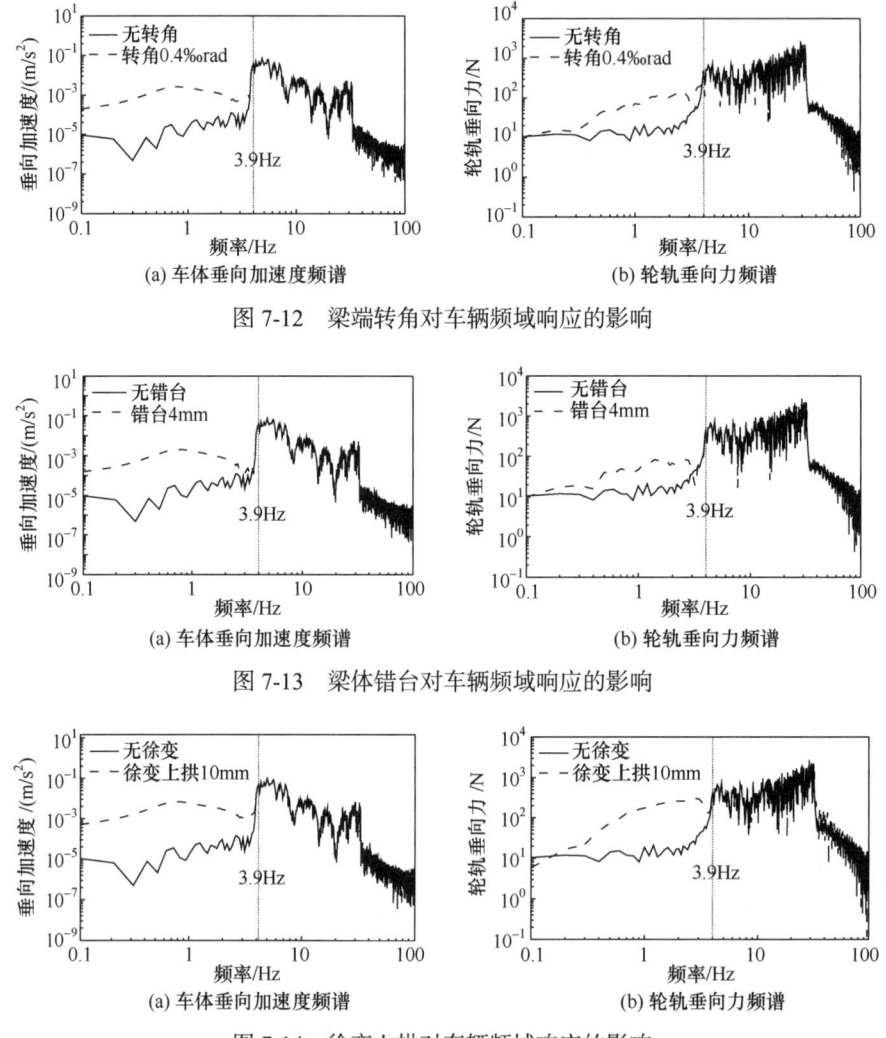

图 7-12 梁端转角对车辆频域响应的影响

图 7-13 梁体错台对车辆频域响应的影响

图 7-14 徐变上拱对车辆频域响应的影响

频范围。而 3.9Hz 刚好为轨道随机不平顺所含最大波长(25m)对车速为 350km/h 的列车造成的激励频率,说明桥梁附加变形主要影响车辆的低频振动。

此外,为了探明桥梁附加变形对车辆频域响应的影响规律,仅将桥梁附加变形引起的轨面不平顺作为系统激励,计算不同桥梁变形幅值条件下,CRH2 列车以 350km/h 的车速经过 32m 简支梁的频域响应。图 7-15 为不同桥梁附加变形幅值对应的列车车体垂向加速度响应。从图 7-15 可以看出,不同幅值桥梁附加变形产生的激励频率基本相同,桥墩沉降引起的激励频率主要集中在 1Hz(波长 97.2m)和 4.6Hz(波长 21.1m)附近,且在 1Hz 附近的加速度幅值明显较大。梁端转角和梁体错台引起的激励频率集中在 1Hz(波长 97.2m)和 5.2Hz(波长 18.7m)附近,且两个频率处的加速度幅值接近。徐变上拱引起的激励频率主要集中在 1Hz(波长 97.2m)、3.6Hz(波长 27m)及 5.6Hz(波长 17.4m)附近，且在 1Hz 附近的加速度幅值较大。而列车车体垂向自振频率接近 1Hz，表明桥梁附加变形有可能加剧车体垂向振动。

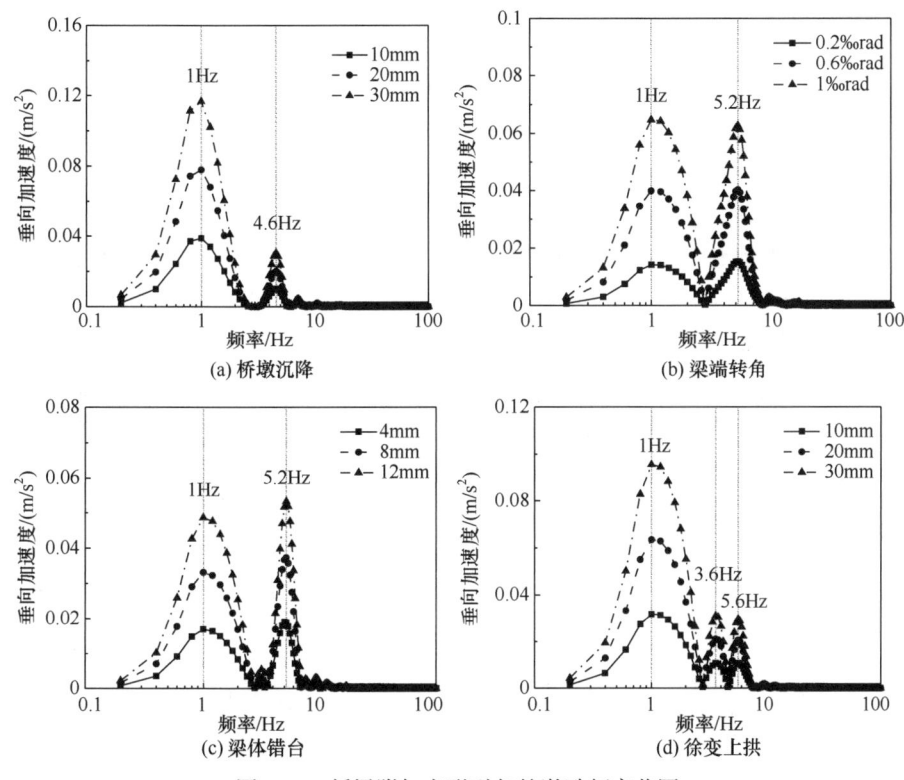

图 7-15　桥梁附加变形引起的激励频率范围

7.3 不同车速和不同车型对车辆动力学性能的影响

本节选取 CRH2 和 CRH380B 两种车型，将钢轨附加变形和轨道随机不平顺叠加作为系统激励源，计算不同桥梁附加变形幅值及不同车速工况下车辆的各项动力学指标最大响应值，并根据车辆动力学指标限值规定，确定桥梁附加变形评价指标体系阈值。列车的行驶速度选择 250km/h、300km/h 及 350km/h 三个等级，桥梁附加变形考虑桥墩沉降、梁端转角、梁体错台、梁体徐变上拱四种工况。同时，前面的研究表明，桥梁竖向附加变形仅对车体垂向加速度、轮轨垂向力及轮重减载率有明显影响，其他车辆动力学指标对桥梁附加变形不敏感。因此，本节仅探讨桥梁附加变形工况下不同车速和车型对列车车体加速度、轮轨垂向力及轮重减载率的影响规律。

7.3.1 桥墩沉降

在桥墩沉降工况下，不同车速和不同车型对车辆的车体垂向加速度、轮重减载率及轮轨垂向力的影响如图 7-16～图 7-18 所示。由图 7-16 可知，CRH2 列车和 CRH380B 列车的车体垂向加速度随着桥墩沉降量的增大几乎呈线性增大。此时，车体垂向加速度受车速影响较大，具体表现为：较大车速下的车体垂向加速度明显更大，且随车速增加加速度曲线斜率也随之增大。因此，当车速较大时，随桥墩沉降量的增加，车体垂向加速度的增量也增加。此外，CRH2 高速列车的车体垂向加速度相比于 CRH380B 高速列车受桥墩沉降的影响明显大得多，说明 CRH2 列车相比 CRH380B 列车对桥墩沉降更加敏感。CRH2 列车的车体垂向加速度在桥墩沉降量达到 22.6mm 时超限，而 CRH380B 列车的车体垂向加速度在本节桥墩沉降计算范围内均未超限。

从图 7-17 和图 7-18 可以看出，CRH2 列车和 CRH380B 列车的轮重减载率及轮轨垂向力随桥墩沉降量增加几乎没有变化，且在本节桥墩沉降计算范围内

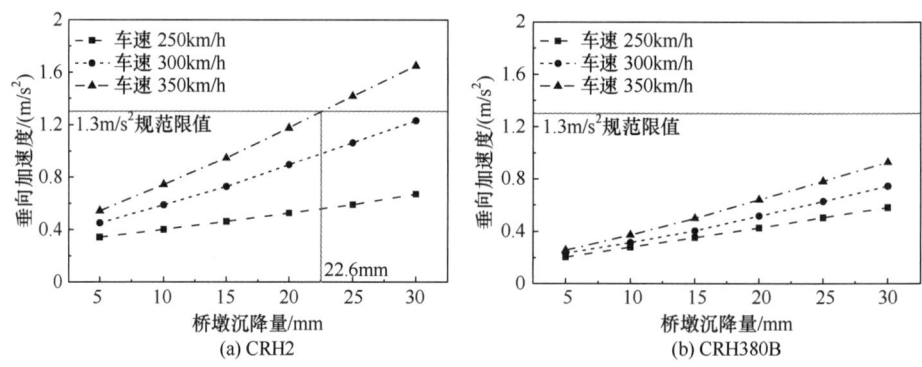

图 7-16 桥墩沉降工况下不同车速和不同车型对车体垂向加速度的影响

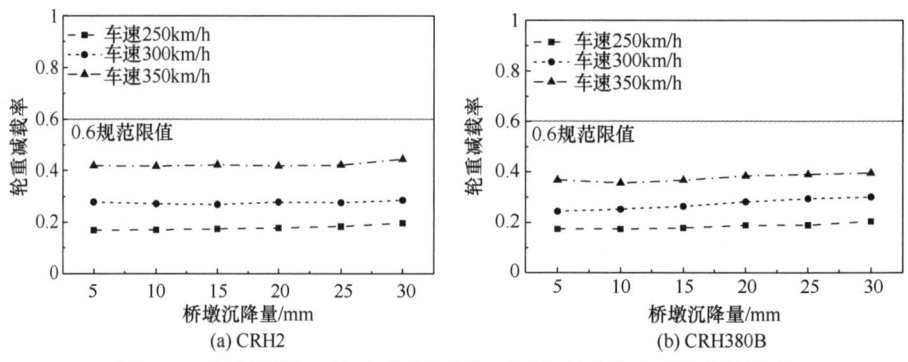

图 7-17 桥墩沉降工况下不同车速和不同车型对轮重减载率的影响

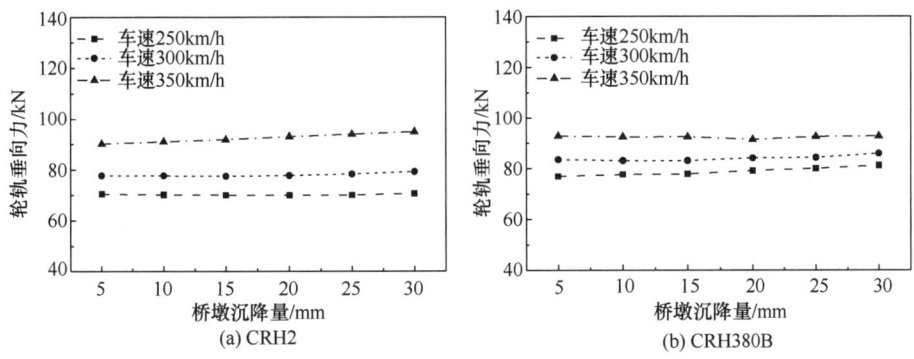

图 7-18 桥墩沉降工况下不同车速和不同车型对轮轨垂向力的影响

CRH2 列车和 CRH380B 列车的轮重减载率及轮轨垂向力均未超限，说明列车轮轨垂向力对桥墩沉降不敏感。还有一个原因是桥墩沉降引起的轮轨力变化量相对于轨道随机不平顺引起的轮轨作用力变化量较小，轮轨垂向力主要受轨道随机不平顺影响。但是，随着车速增加，CRH2 列车和 CRH380B 列车的轮重减载率及轮轨垂向力均明显增大。

7.3.2 梁端转角

在梁端转角工况下，不同车速和不同车型对车辆的车体垂向加速度、轮重减载率及轮轨垂向力的影响如图 7-19～图 7-21 所示。由图 7-19 可知，CRH2 列车和 CRH380B 列车的车体垂向加速度随着梁端转角的增大几乎呈线性增大。同时，车体垂向加速度随车速增大明显增大。CRH2 列车的车体垂向加速度在梁端转角达到 0.7‰rad 时超标，而 CRH380B 列车的车体垂向加速度在本节梁端转角计算范围内均未超限，说明 CRH2 列车相比 CRH380B 列车对梁端转角更加敏感。

从图 7-20 和图 7-21 可以看出，CRH2 列车的轮重减载率随梁端转角增大有

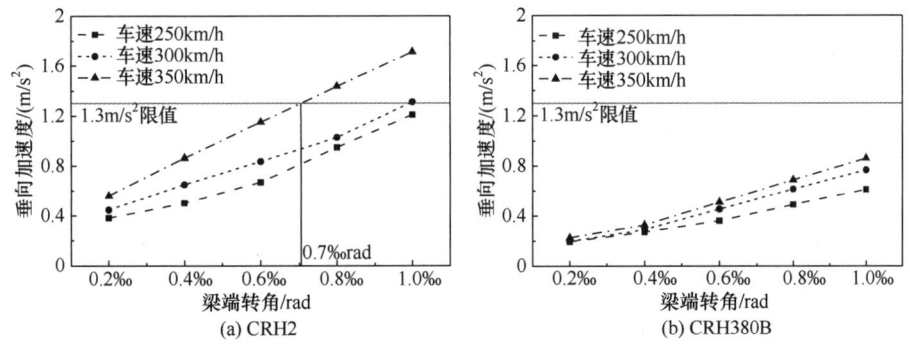

图 7-19 梁端转角工况下不同车速和不同车型对车体垂向加速度的影响

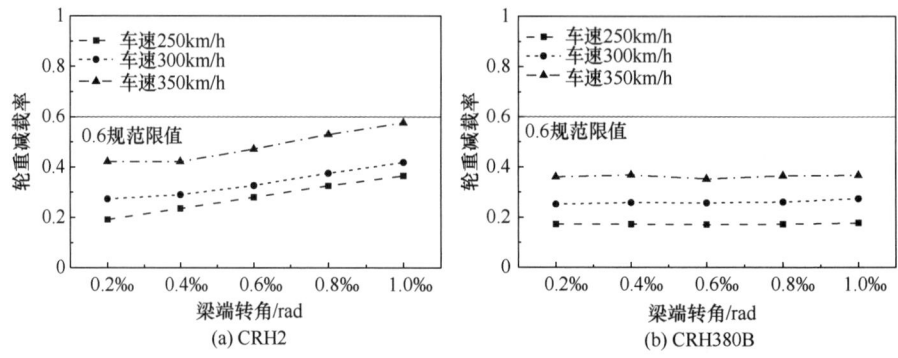

图 7-20 梁端转角工况下不同车速和不同车型对轮重减载率的影响

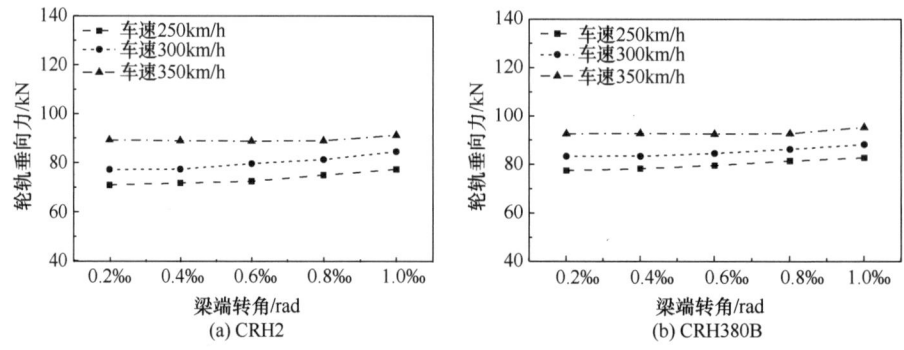

图 7-21 梁端转角工况下不同车速和不同车型对轮轨垂向力的影响

所增加,但 CRH2 列车的轮轨垂向力随梁端转角增大变化不大;CRH380B 列车的轮重减载率和轮轨垂向力随梁端转角增大几乎没有变化。然而,随着车速增加,CRH2 列车和 CRH380B 列车的轮重减载率和轮轨垂向力均明显增大。在本节梁端转角计算范围内,CRH2 列车和 CRH380B 列车的轮重减载率及轮轨垂向力均未超限。

7.3.3 梁体错台

在梁体错台工况下,不同车速和不同车型对车辆的车体垂向加速度、轮重减载率及轮轨垂向力的影响如图 7-22～图 7-24 所示。由图 7-22 可知,CRH2 列车和 CRH380B 列车的车体垂向加速度随着梁体错台量的增大而增大,且车体垂向加速度随车速增大而增大。CRH2 列车的车体垂向加速度在梁体错台量达到 11.2mm 时超标,而 CRH380B 列车的车体垂向加速度在本节梁体错台计算范围内均未超限。CRH380B 列车相较于 CRH2 列车受到梁体错台的影响小得多,说明 CRH2 列车相比 CRH380B 列车对梁体错台更加敏感。

从图 7-23 和图 7-24 可以看出,CRH2 列车和 CRH380B 列车的轮重减载率及轮轨垂向力随梁体错台量增加变化较小。而随车速增加，CRH2 列车和 CRH380B 列车的轮重减载率及轮轨垂向力均明显增大。在本节梁体错台计算范围内，CRH2 列车和 CRH380B 列车的轮重减载率及轮轨垂向力均未超限。

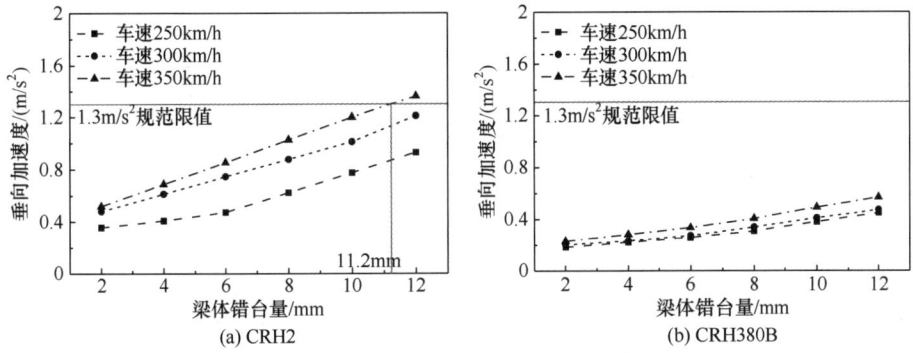

图 7-22 梁体错台工况下不同车速和不同车型对车体垂向加速度的影响

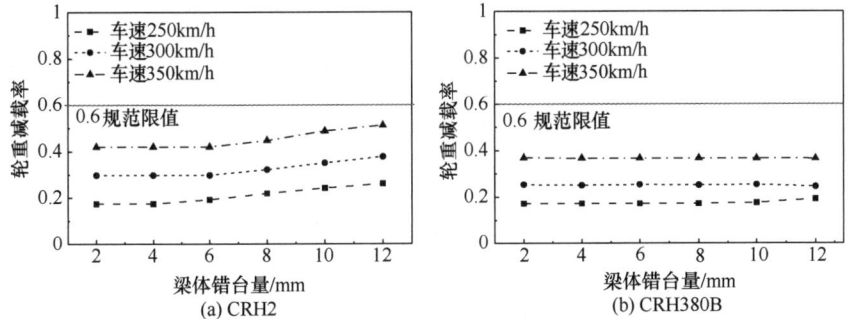

图 7-23 梁体错台工况下不同车速和不同车型对轮重减载率的影响

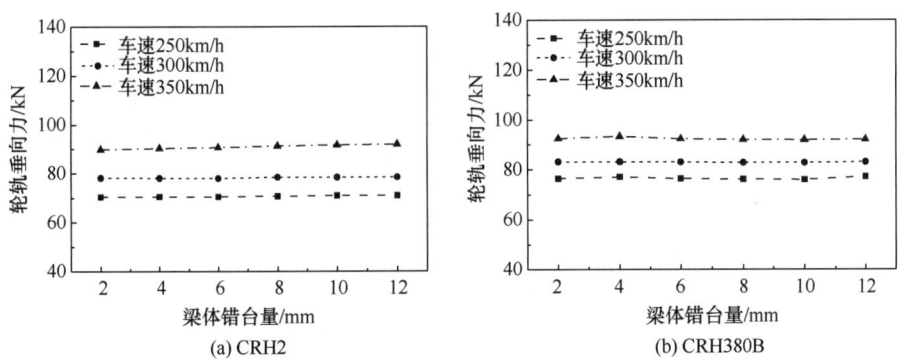

图 7-24 梁体错台工况下不同车速和不同车型对轮轨垂向力的影响

7.3.4 徐变上拱

在徐变上拱工况下，不同车速和不同车型对车辆的车体加速度、轮重减载率及轮轨垂向力的影响如图 7-25～图 7-27 所示。由图 7-25 可知，CRH2 列车和 CRH380B 列车的车体垂向加速度随着梁体徐变上拱量的增大几乎呈线性增大，且车体垂向加速度随车速增大明显增大。CRH2 列车的车体垂向加速度在梁体徐变上拱量达到 15.6mm 时超限，而 CRH380B 列车的车体垂向加速度在本节徐变上拱计算范围内均未超限。CRH2 列车的车体垂向加速度相比于 CRH380B 列车受梁体徐变上拱的影响明显更大，说明 CRH2 列车相比 CRH380B 列车对徐变上拱更加敏感。

从图 7-26 和图 7-27 可以看出，随梁体徐变上拱量增大，CRH2 列车的轮重减载率有所增加，轮轨垂向力变化不大；CRH380B 列车的轮重减载率和轮轨垂向力随梁体徐变上拱量增大变化较小。而随车速增加，CRH2 列车和 CRH380B 列车的轮重减载率及轮轨垂向力均明显增大。CRH2 列车的轮重减载率在梁体徐变上拱量达到 27.1mm 时超限，CRH2 列车的轮轨垂向力和 CRH380B 列车的轮重减载率及轮轨垂向力在本节徐变上拱计算范围内均未超限。

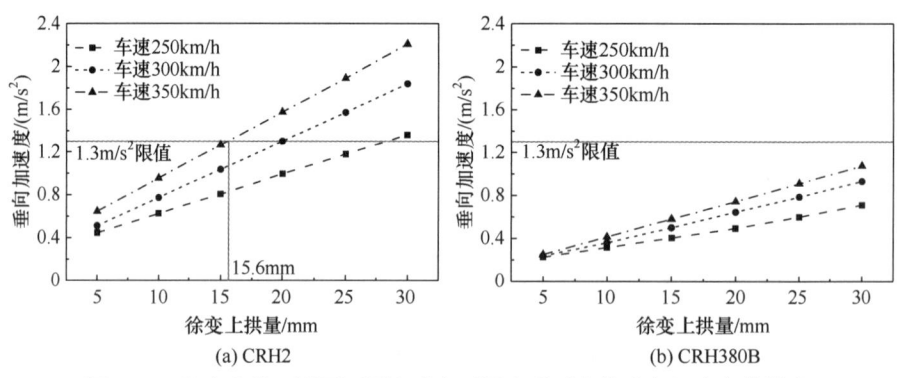

图 7-25　徐变上拱工况下不同车速和不同车型对车体垂向加速度的影响

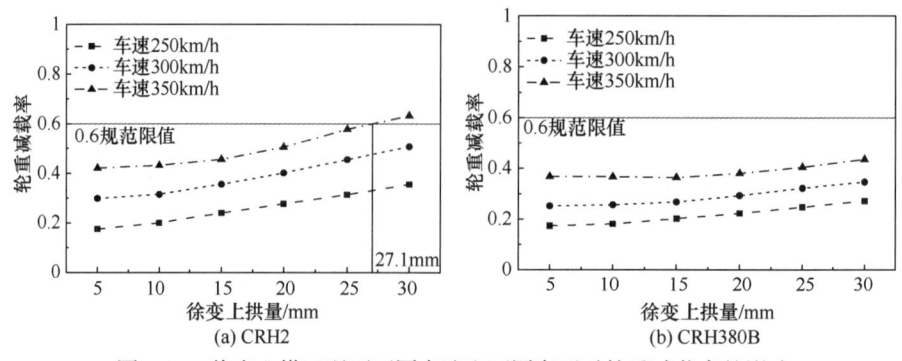

图 7-26　徐变上拱工况下不同车速和不同车型对轮重减载率的影响

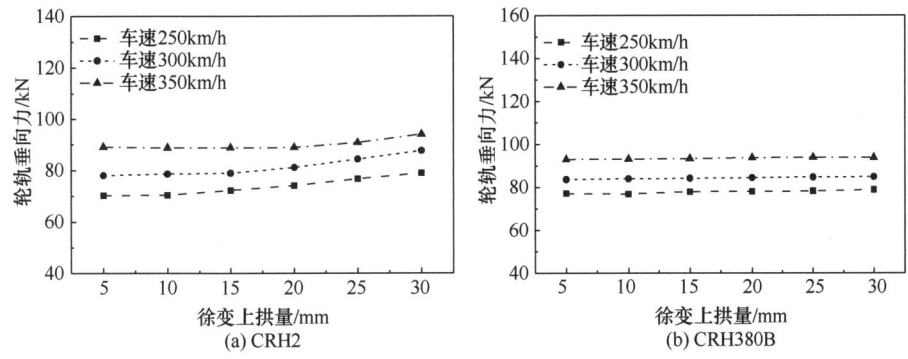

图 7-27 徐变上拱工况下不同车速和不同车型对轮轨垂向力的影响

7.4 层间联结失效对车辆动力学性能的影响

进一步地，为探究层间联结失效对车辆动力学性能的影响，本节基于 6.7.2 节针对不同桥梁附加变形幅值工况下的轨面变形研究，以桥墩沉降为例，把 3 号桥墩沉降 10mm，2 号桥墩(相邻墩)处板底脱空 3m、5m 及 6m 或扣件断裂 5 个、7 个及 10 个工况下轨面变形作为系统激励，计算列车的动力学响应。

3 号桥墩沉降 10mm，2 号桥墩处不同板底脱空范围及不同扣件断裂范围工况下，列车的车体垂向加速度时程曲线如图 7-28 所示。从图 7-28 可以看出，板底脱空和扣件断裂均对列车车体垂向加速度影响较小，仅在层间联结失效区域引起车体垂向加速度有小幅变化。通过比较图 7-28 (a)和(b)可以发现，以上两种层间联结失效模式对车体垂向加速度影响规律是一致的。

3 号桥墩沉降 10mm，2 号桥墩处不同板底脱空范围及不同扣件断裂范围工况下，列车的轮轨垂向力时程曲线如图 7-29 所示。从图 7-29 可以看出，板底脱空和扣件断裂均对列车轮轨垂向力影响较大，轮轨垂向力在层间联结失效区域产生

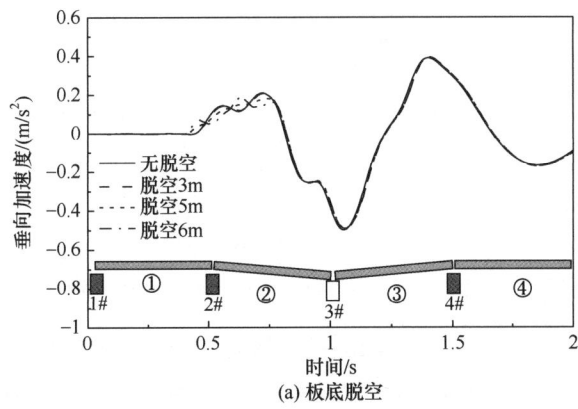

(a) 板底脱空

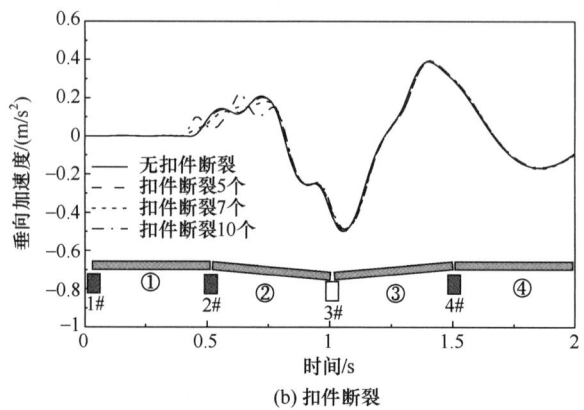

图 7-28 桥墩沉降工况下板底脱空和扣件弹条断裂对列车车体垂向加速度的影响

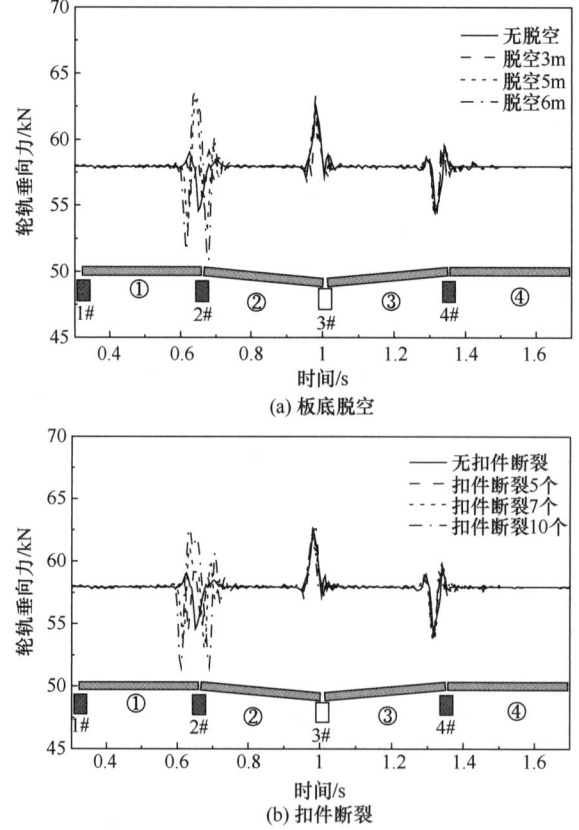

图 7-29 桥墩沉降工况下板底脱空和扣件弹条断裂对列车轮轨垂向力的影响

了剧烈的变化。其原因在于：层间联结失效造成轨面局部区域凹陷，从而产生一个短波激励，对轮轨作用力影响较大，但对车体加速度影响较小。此外，通过比较图 7-29(a)和(b)可以发现，板底脱空和扣件断裂对列车轮轨垂向力影响规律是一致的，且引起的轮轨垂向力变化量较为接近。其原因在于，10个扣件(扣件的间距为 0.65m)断裂引起的层间联结失效范围和脱空 6m 引起的层间联结失效范围接近，从而引起的轨面变形接近，因此两者引起的轮轨垂向力变化量也较为接近。

7.5 本章小结

本章主要研究了高速列车在典型桥梁附加变形模式、不同车速和车型以及层间联结失效三个方面影响下的时频域动力学性能，可得到结论如下：

(1) 对于铺设 CRTS II 型纵连板式无砟轨道的 32m 简支梁桥，桥梁竖向附加变形，包括桥墩沉降、梁端转角、梁体错台及徐变上拱，主要影响车辆的车体垂向加速度、轮重减载率及轮轨垂向力等垂向动力学指标，而对车辆的车体横向加速度、轮轨横向力及脱轨系数等横向动力学指标影响较小。

(2) 随桥墩沉降量增大，列车的轮轨垂向力和车体垂向加速度也随之增大。轮轨垂向力在沉降墩处增加，在两相邻墩处减小；车体垂向加速度变化受轮轨垂向力变化的影响，两者变化规律较一致。列车经过桥墩沉降区域时，因前后转向架先后驶过各桥墩，车体垂向加速度曲线产生两个重复的波形，车体垂向加速度在后转向架经过沉降墩后达到最大值。

(3) 随梁端转角增大，列车的轮轨垂向力和车体垂向加速度随之增大。列车经过发生梁端转角的桥跨左侧桥墩时，轮轨垂向力减小；经过右侧桥墩时，轮轨垂向力先增大后减小。车体垂向加速度在后转向架经过右侧桥墩后达到最大值。

(4) 随梁体错台量增大，列车的轮轨垂向力和车体垂向加速度随之增大。列车经过发生梁体错台的桥跨左侧桥墩时，轮轨垂向力先减小后增大，经过右侧桥墩时，轮轨垂向力先增大后减小。车体垂向加速度与轮轨垂向力变化一致，在前转向架经过右侧桥墩后达到最大值。

(5) 随梁体徐变上拱量的增大，轮轨垂向力和车体垂向加速度响应明显增大。列车在经过桥跨两侧桥墩时轮轨垂向力增大，经过跨中附近时，轮轨垂向力减小。车体垂向加速度在前转向架经过右侧桥墩后达到最大值。

(6) 在 350km/h 车速条件下，桥墩沉降产生的激励频率主要集中在 1Hz 及 4.6Hz 附近，梁端转角和梁体错台产生的激励频率主要集中在 1Hz 及 5.2Hz 附近，徐变上拱产生的激励频率主要集中在 1Hz、3.6Hz 及 5.6Hz 附近。而列车车体垂向自振频率接近 1Hz，表明桥梁附加变形有可能加剧车体垂向振动。

(7) 随着桥墩沉降量、梁端转角、梁体错台量及徐变上拱量的增加，CRH2 列车和 CRH380B 列车的车体垂向加速度、轮轨垂向力及轮重减载率均随之线性增大；随车速增大，车辆各动力学指标也随之增大。CRH380B 列车的动力学响应相较于 CRH2 列车受桥梁附加变形影响小得多，且在本章桥梁附加变形计算范围内，其车辆动力学指标均未超过规范限值，说明 CRH380B 列车对桥梁附加变形有较好的适应性，而 CRH2 列车对桥梁附加变形较为敏感。

(8) 板底脱空和扣件断裂对车辆动力学性能的影响类似，且在板底脱空和扣件断裂范围相同的情况下，两者引起的列车动力学响应变化量也较为接近。层间联结失效对列车车体垂向加速度影响较小，仅在层间联结失效区域引起车体垂向加速度的小幅变化，但层间联结失效对列车轮轨垂向力影响较大，轮轨垂向力在层间联结失效区域产生剧烈变化。

第8章 多指标高速铁路桥梁服役安全评价准则

在高速铁路"以桥代路"大背景下，桥梁附加变形是影响轨面几何形态极其关键的因素之一，也是高速铁路长期安全运营需要考虑的关键核心问题。针对高速铁路桥梁变形安全阈值体系不完善的问题，本章建立桥梁附加变形与车辆动力学指标变化量的定量映射关系，基于映射关系法研究得到一套较完整的高速铁路桥梁附加变形安全阈值体系。然后采用参数讨论法，考虑有无层间联结失效，获得桥梁附加变形安全阈值。最后将以上两种方法得到的桥上行车安全评价阈值进行对比，验证映射关系法的准确性。

8.1 高速铁路桥梁附加变形与行车安全的映射关系

本节首先将有、无附加变形时的车辆动力学指标如车体垂向加速度以及轮轨垂向力相减，得到仅由附加变形引起的车辆动力学指标变化量。然后将车辆动力学指标变化量与钢轨变形对里程各阶导数的对比拟合，基于桥梁附加变形与钢轨变形的映射关系，研究桥梁附加变形与车辆动力学指标变化量的定量映射关系。本节主要介绍桥墩沉降和徐变上拱两种典型的桥梁附加变形模式，对于梁端转角和梁体错台，可采用类似的方法求解，此处不再赘述。

此外，由7.3节研究结果可知，由于CRH2列车相比于CRH380B列车对桥梁附加变形更为敏感，且列车在350km/h车速条件下的响应最大，因此本节选取CRH2型列车，运行速度350km/h为计算工况。

8.1.1 桥墩沉降与车辆响应变化量的定量映射关系

将有、无桥墩沉降时的车辆动力学指标相减，得到仅由桥墩沉降导致的车辆响应变化量，见图8-1。由图8-1可以看出，列车垂向加速度和轮轨垂向力在沉降桥墩和相邻桥墩位置均产生了较为剧烈的变化，且随沉降量增加，列车垂向加速度和轮轨垂向力变化量均随之增大。

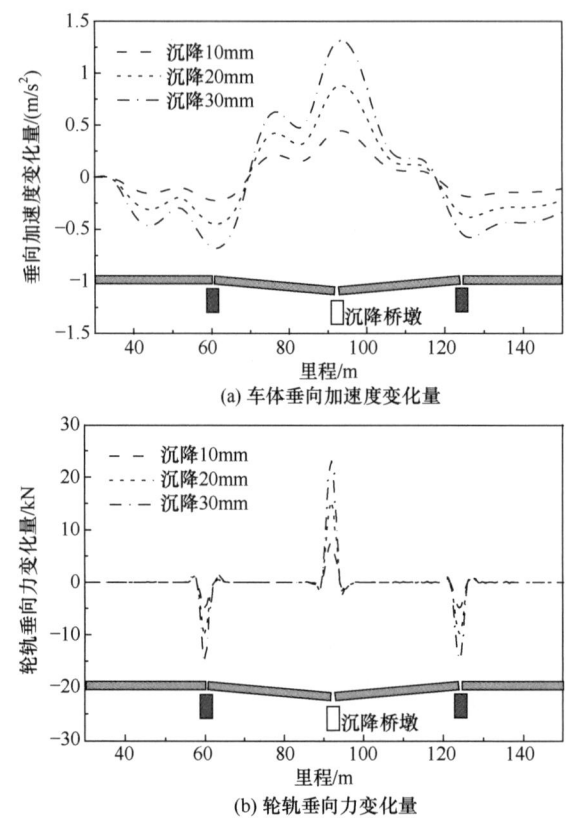

图 8-1 桥墩沉降导致的车辆响应变化

列车经过沉降区域的桥墩位置时,轮轨垂向力发生突变,并在桥墩位置产生一个峰值,在车轮驶过桥墩位置后,轮轨垂向力变化量快速衰减。而列车车体垂向加速度变化量曲线则较为平滑,当列车前转向架经过沉降区域的桥墩位置时,车体垂向加速度开始增加,并逐渐达到第一个峰值,然后开始衰减,而当后转向架经过该桥墩位置时,车体垂向加速度又开始增加,达到第二个峰值。因此,车体垂向加速度变化量曲线在列车经过沉降区域的每个桥墩位置后均产生了两个峰值。列车车体垂向加速度和轮轨垂向力均在经过沉降墩时,达到正峰值,在经过相邻墩时,达到负峰值。两者变化规律较为一致,说明车体垂向加速度变化受到轮轨垂向力变化的影响。

图 8-2 为桥墩沉降引起的钢轨变形对里程的一、二阶导数。从图 8-2 可以看出,钢轨变形的一、二阶导数在沉降桥墩及相邻桥墩处均产生了剧烈变化,且随沉降量增加,钢轨变形各阶导数值随之增大。

图 8-3 为桥墩沉降引起的钢轨变形对里程的各阶导数与车辆响应变化量的对比。由图可知,车辆响应变化量与钢轨变形二阶导数的变化趋势较为一致,且轮

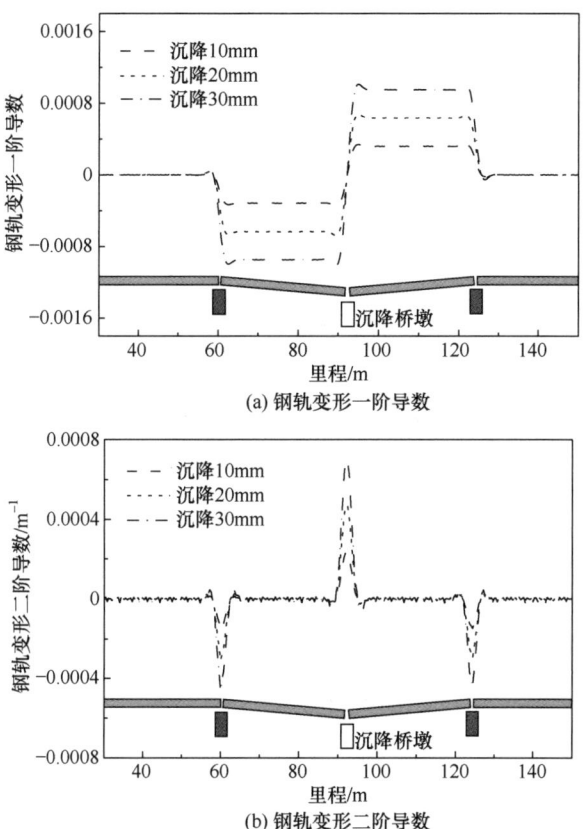

图 8-2 桥墩沉降引起的钢轨变形对里程的各阶导数

轨垂向力变化量与钢轨二阶导数的线形吻合得较好,而车体垂向加速度变化量与钢轨变形各阶导数的线形差别较大。

从图 8-3 的结果可以看出,轮轨垂向力变化量和钢轨变形二阶导数之间存在

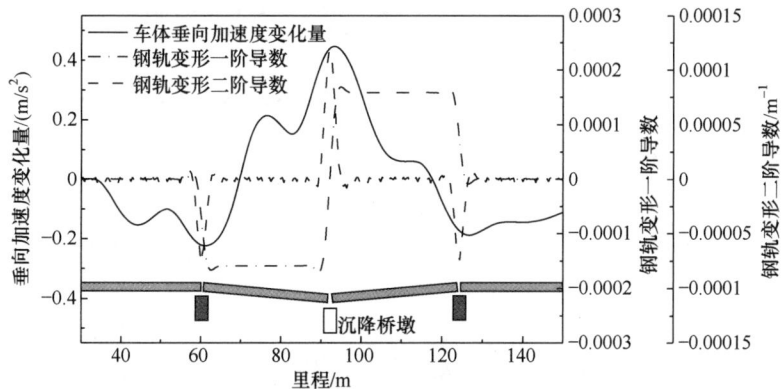

(a) 桥墩沉降引起的钢轨变形对里程的各阶导数与车体垂向加速度变化量的对比

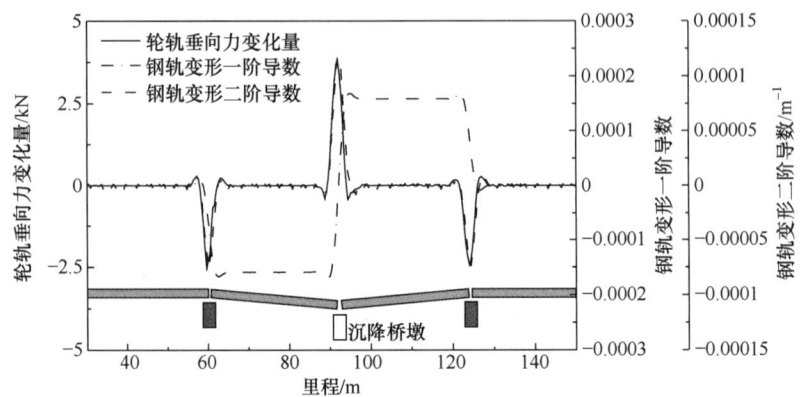

(b) 桥墩沉降引起的钢轨变形对里程的各阶导数与轮轨垂向力变化量的对比

图 8-3　桥墩沉降引起的钢轨变形对里程的各阶导数与车辆响应变化量的对比

较强的对应关系,将图 8-3(b)中轮轨垂向力变化量和钢轨变形二阶导数进行线性拟合,可以得到图 8-4 的结果。图中,ΔQ 代表轮轨垂向力变化量(单位为 kN),Y_r'' 代表钢轨变形二阶导数,R^2 为拟合相关系数。从图 8-4 可以看出,轮轨垂向力变化量与钢轨变形二阶导数呈正比关系,拟合相关系数为 0.9766,相关性较强。

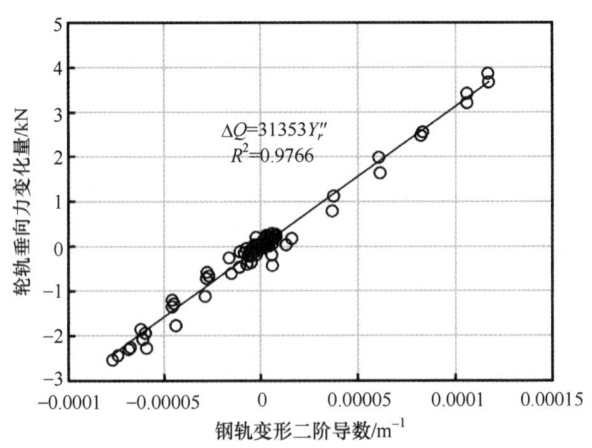

图 8-4　桥墩沉降引起的轮轨垂向力变化量与钢轨变形二阶导数的拟合关系

基于上述所获得的轮轨垂向力变化量与钢轨变形二阶导数的关系式,根据轮重减载率与轮轨垂向力的关系及轮重减载率规范限值,可以得到轮轨垂向力变化量的限值,从而获得钢轨变形二阶导数的限值。进而通过钢轨变形与桥墩沉降间的映射关系最终确定桥墩沉降量的限值。

根据前面动力学计算结果可知,CRH2 列车静轮重为 57.96kN,无桥梁附加变形工况下,最小轮轨垂向力为 33.56kN,根据轮重减载率限值有

$$[57.96-(33.56+\Delta Q)]/57.96 \leqslant 0.6 \tag{8-1}$$

图 8-4 中的拟合关系式为

$$\Delta Q = 31353 Y_r'' \tag{8-2}$$

根据前面的结果可知,轮轨垂向力在钢轨变形二阶导数达到最小值时减小量最大,即轮重减载率和钢轨变形二阶导数最小值相关,因此要确定桥墩沉降阈值,需要得到钢轨变形二阶导数最小值与桥墩沉降的定量关系。各桥墩沉降量条件下钢轨变形二阶导数最小值可通过钢轨变形与桥梁变形映射关系获得,将钢轨变形二阶导数最小值与沉降量进行线性拟合,其拟合关系见图 8-5。图中,$Y_{r\min}''$ 代表钢轨变形二阶导数最小值,d 代表沉降量(单位为 mm)。拟合相关系数为 0.9989,相关性较强。

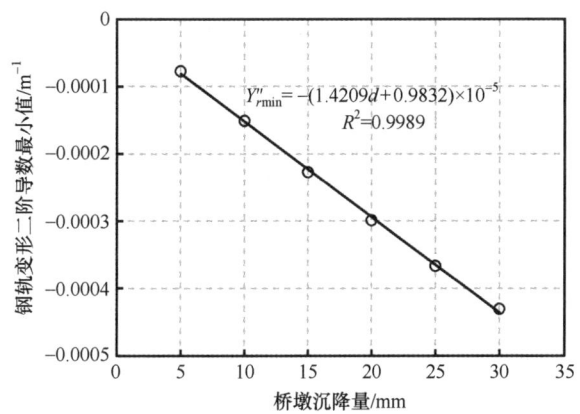

图 8-5 钢轨变形二阶导数最小值与桥墩沉降量的拟合关系

图 8-5 中的拟合关系式为

$$Y_{r\min}'' = -(1.4209d + 0.9832) \times 10^{-5} \tag{8-3}$$

结合式(8-2)和式(8-3)可以得到轮轨垂向力减小量和桥墩沉降量的定量关系为

$$\Delta Q = -0.4455d - 0.3083 \tag{8-4}$$

将式(8-4)代入式(8-1)可以得到桥墩沉降阈值为

$$d \leqslant 22.6\text{mm} \tag{8-5}$$

8.1.2 徐变上拱与车辆响应变化量的定量映射关系

图 8-6 为梁体徐变上拱引起的钢轨变形对里程的二阶导数与轮轨垂向力变化量的对比。由图可知,梁体徐变上拱工况下,轮轨垂向力变化量与钢轨二阶导数

的线形吻合得较好。

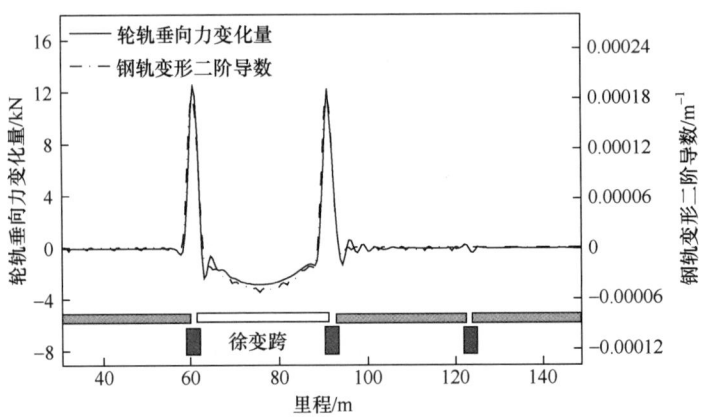

图 8-6 梁体徐变上拱引起的钢轨变形对里程的二阶导数与轮轨垂向力变化量的对比

将梁体徐变上拱引起的轮轨垂向力变化量和钢轨变形二阶导数进行线性拟合，得到图 8-7 中的关系式：

$$\Delta Q = 59747 Y_r'' \tag{8-6}$$

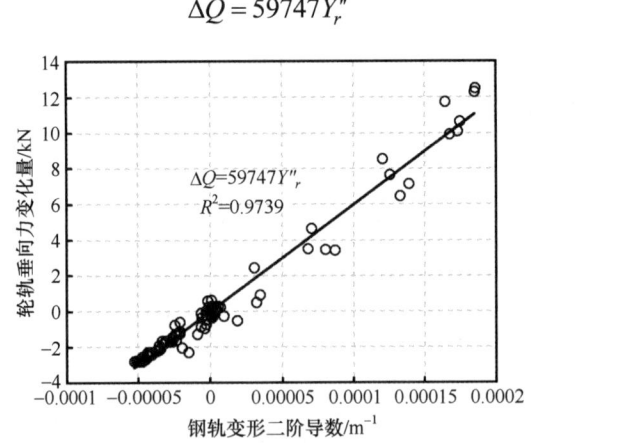

图 8-7 梁体徐变上拱引起的轮轨垂向力变化量与钢轨变形二阶导数的拟合关系

将钢轨变形二阶导数最小值与梁体徐变上拱量进行线性拟合，其拟合关系见图 8-8。图中，C 代表徐变上拱量(单位为 mm)。结合图 8-8 中的拟合关系式和式 (8-6)可以得到轮轨垂向力减小量和徐变上拱量的定量关系为

$$\Delta Q = -0.5947 C - 0.1750 \tag{8-7}$$

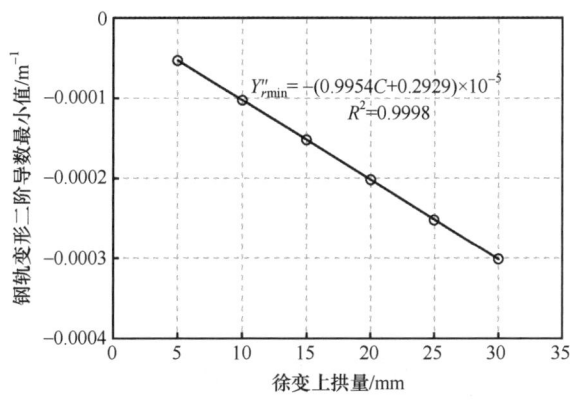

图 8-8 钢轨变形二阶导数最小值与徐变上拱量的拟合关系

将式(8-7)代入式(8-1)，可以得到梁体徐变上拱阈值为

$$C \leqslant 17.2 \text{mm} \tag{8-8}$$

同理，可计算得到梁端转角和梁端错台的安全阈值分别为 0.92‰rad 和 7.8mm。

基于桥梁附加变形与行车安全的动态映射关系和实测桥梁附加变形，即可计算得到车辆响应变化量，从而快速评价桥上行车安全性，避免了烦琐复杂的列车-轨道-桥梁耦合计算，大大降低了计算分析规模。

8.2 基于参数讨论法的桥梁附加变形安全阈值

除了通过映射关系法求解变形安全阈值，本节以桥梁附加变形最敏感的轮重减载率指标作为控制条件，通过参数讨论求解阈值，以期对比验证映射关系法的准确性和有效性。

参数讨论法是指基于 SIMPACK 与 ANSYS 建立的列车-轨道-桥梁耦合振动分析模型，以轨道随机不平顺与桥梁附加变形映射至轨道的附加不平顺作为系统激励，研究不同桥梁附加变形、不同车速及车型等参数对高速列车动力学指标的影响规律，进而得到桥梁附加变形安全阈值。由于 CRH2 型列车对附加变形更为敏感，且在 350km/h 速度通过时为最不利工况，因此本节分别讨论 CRH2 型列车以 350km/h 速度通过桥梁时，考虑或不考虑层间联结失效时桥梁附加变形安全阈值。

常见的层间联结失效模式有板底脱空、层间离缝和扣件断裂。由于层间离缝对轨面变形影响较小，板底脱空和扣件断裂对列车动力学性能有较大且相似的影响[138]，因此本节着重讨论板底脱空对变形安全阈值的影响效应。由于 CRTS Ⅱ 型板扣件间距为 0.65m，考虑单块轨道板纵向 10 个扣件全部断裂和板底脱空范围

6m 的轮轨垂向力变化量较为接近[97]，本节主要考虑板底脱空范围（沿桥纵向）为 6m 这一层间联结失效情况。

8.2.1 桥墩沉降阈值

本节考虑有无板底脱空 6m 这一层间联结失效情况，分析 CRH2 型列车以 350km/h 速度经过桥梁时对桥墩沉降阈值的影响，进而探讨层间联结失效(板底脱空 6m)对高速行车安全性的影响规律。

图 8-9 对比了列车经过有无板底脱空的桥墩沉降区域时，轮重减载率变化情况。不考虑板底脱空时，轮重减载率随着桥墩沉降量的增大呈线性增大。从图 8-9(a)可以看出，左侧相邻墩(2 号桥墩)处板底脱空在桥墩沉降量较小时对列车轮重减载率影响较大，随着桥墩沉降量增大，脱空的影响逐渐减小。从图 8-9(b)可以看出，3 号桥墩(沉降墩)板底脱空对列车轮重减载率影响相对小很多，在沉降量达到 15mm 时，可忽略板底脱空的影响。原因在于：随着沉降量增大，桥墩沉

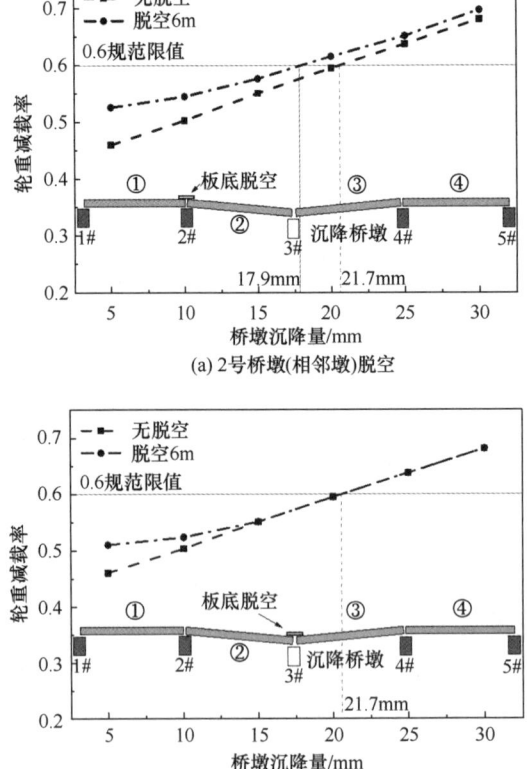

图 8-9 板底脱空对不同桥墩沉降量工况下列车轮重减载率的影响

降对轨面变形的影响作用逐渐增大,脱空的影响逐渐被削弱;同时,随桥墩沉降量增大,轨道结构变形增大,脱空引起的层间间隙逐渐减小直至重新接触。

基于行车安全性评价指标限值(轮重减载率 0.6),在轨道结构无损伤情况下,桥墩沉降安全阈值为 21.7mm;在轨道结构存在板底脱空的情况下,桥墩沉降安全阈值为 17.9mm。

8.2.2 徐变上拱阈值

本节考虑有无板底脱空 6m 这一层间联结失效情况,分析 CRH2 型列车以 350km/h 速度经过桥梁时对梁体徐变上拱阈值的影响,进而探讨层间联结失效(板底脱空 6m)对高速行车安全性的影响规律。

图 8-10 对比了列车经过有无板底脱空的徐变上拱区域时,轮重减载率随徐变上拱量的变化规律。不考虑板底脱空时,轮重减载率随着徐变上拱量的增加呈线性增大。从图 8-10(a)可以看出,徐变上拱梁左侧墩处板底脱空对列车轮重减载率影响较小,且在徐变上拱量达到 15mm 后,可忽略脱空的影响。而从图 8-10(b)可

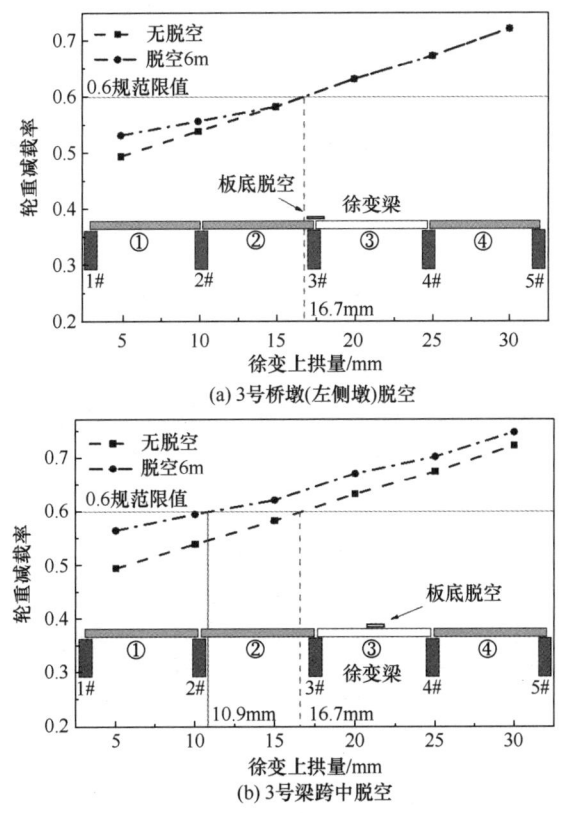

图 8-10 板底脱空对不同梁体徐变上拱量工况下列车轮重减载率的影响

以看出，徐变上拱梁在跨中处的板底脱空对列车轮重减载率影响较大。原因在于：当徐变上拱量达到 15mm 后，跨中处徐变上拱引起的轮轨垂向力减小量超过了左侧桥墩处徐变上拱和板底脱空共同引起的轮轨垂向力减小量。

基于行车安全性评价指标限值(轮重减载率 0.6)，在轨道结构无损伤情况下，徐变上拱安全阈值为 16.7mm；在轨道板板底脱空情况下，徐变上拱安全阈值减小为 10.9mm。

8.2.3 梁端转角和梁体错台阈值

基于前面的分析，同理也可以采用参数讨论法得到轨道结构无损伤时梁端转角和梁体错台的阈值，分别为 0.79‰rad 和 7.3mm；而层间联结失效(板底脱空 6m)时梁端转角和梁体错台的阈值分别为 0.58‰rad 和 6.8mm。

综上所述，层间联结失效主要影响列车轮轨垂向作用力，对车体加速度的影响较小。同时，车辆动力学性能也因层间联结失效位置的不同而不同。若层间联结失效发生在列车垂向轮轨力波动较大的位置，可能会加剧轮轨垂向作用，影响列车运行安全。因此，在研究高速铁路桥梁附加变形安全阈值和桥上行车安全时，轨道结构层间联结失效是一个不可忽略的因素。

8.3 基于桥梁附加变形的多指标桥上行车安全评价准则

8.1 节和 8.2 节基于映射关系法和参数讨论法求解了不同桥梁附加变形的安全阈值，同时也考虑了层间联结失效（这里以板底脱空为例）情况，汇总结果见表 8-1。由表 8-1 可知，两种方法得到的安全阈值结果吻合良好，说明通过映射关系法来计算桥梁附加变形安全阈值是可行的。此外，当考虑层间联结失效后，桥梁附加变形安全阈值计算结果明显减小。因此，在对桥上行车安全进行评价时，应考虑层间联结失效特征效应。

表 8-1 基于桥梁附加变形的多指标桥上行车安全评价准则

桥梁附加变形评价准则	轨道结构无损伤		层间联结失效(板底脱空)
	映射关系法	参数讨论法	
桥墩沉降量/mm	22.6	21.7	17.9
梁端转角/rad	0.92‰	0.79‰	0.58‰
梁体错台量/mm	7.8	7.3	6.8
徐变上拱量/mm	17.2	16.7	10.9

8.4 本章小结

本章以国家重大战略需求——复杂条件下高速铁路运营安全为背景，系统地研究了桥梁变形-车辆响应的定量映射关系与桥上行车安全评价准则。然后采用参数讨论法，根据有无层间联结失效情况，求解出不同桥梁附加变形评价阈值。对比两种方法的研究结果，得到结论如下：

(1) 充分考虑桥梁附加变形对列车-基础结构耦合动力作用的影响，依据高速列车运行安全性要求，系统地揭示了高速铁路桥梁附加变形与行车安全的定量映射关系，提出了基于桥梁附加变形的桥上行车安全评价准则：桥墩沉降安全阈值为 22.6mm，梁端转角为 0.92‰rad，梁体错台为 7.8mm，徐变上拱为 17.2mm。

(2) 基于参数讨论法，在轨道结构完好无损伤时计算得到桥墩沉降安全阈值为 21.7mm，梁端转角为 0.79‰rad，梁体错台为 7.3mm，徐变上拱为 16.7mm。参数讨论法与映射关系法得到的结果吻合良好，说明通过动态映射关系法计算桥梁附加变形安全阈值是可行的，这为复杂条件下高速铁路桥上行车安全快速精准评价提供了新的思路。

(3) 考虑层间联结失效后，桥梁附加变形安全阈值明显减小，层间联结失效对桥梁附加变形安全阈值的影响不可忽略。在对桥上行车安全进行评价时，可根据实际运营情况，考虑层间联结失效特征效应。

本章研究仅适用于高速铁路简支梁桥，且主要针对桥墩沉降、徐变上拱等永久变形模式。今后可针对大跨度桥梁的动态多变温度变形模式，继续开展建管养全生命周期桥梁-轨道变形映射及行车安全评价等关键技术研究。

参 考 文 献

[1] 翟婉明, 赵春发. 现代轨道交通工程科技前沿与挑战[J]. 西南交通大学学报, 2016, 51(2): 209-226.
[2] 何华武. 灾害对铁路影响及其防御对策[J]. 中国铁路, 2008, (10): 1-8.
[3] 庄立科. 杭甬高铁桥墩基础偏移及纠偏处理[J]. 铁道建筑技术, 2014, (6): 34-38.
[4] Ju S H. 3D analysis of high-speed trains moving on bridges with foundation settlements[J]. Archive of Applied Mechanics, 2013, 83(2): 281-291.
[5] 王昆鹏, 夏禾, 郭薇薇, 等. 桥墩不均匀沉降对高速列车运行安全影响研究[J]. 振动与冲击, 2014, 33(6): 137-142, 155.
[6] Lee W K, Billington S L. Modeling residual displacements of concrete bridge columns under earthquake loads using fiber elements[J]. Journal of Bridge Engineering, 2010, 15(3): 240-249.
[7] 翟婉明, 赵春发, 夏禾, 等. 高速铁路基础结构动态性能演变及服役安全的基础科学问题[J]. 中国科学(技术科学), 2014, (7): 645-660.
[8] 刘丹, 苏成光, 张四放, 等. 板端脱空对 CRTS Ⅰ 型板式轨道动力特性影响试验研究[J]. 铁道学报, 2017, 39(2): 99-104.
[9] 刘钰, 赵国堂. CRTS Ⅱ 型板式无砟轨道结构层间早期离缝研究[J]. 中国铁道科学, 2013, 34(4): 1-7.
[10] 李凯强. 多次地震作用下高速铁路桥墩残余变形累积效应及影响因素研究[D]. 成都: 西南交通大学, 2017.
[11] 张耀辉, 王海林, 秦志宇. 高铁桥梁灾后应急抢修与恢复技术探讨[J]. 国防交通工程与技术, 2015, 13(6): 22-25.
[12] Chen R P, Chen J M, Zhao X, et al. Cumulative settlement of track subgrade in high-speed railway under varying water levels[J]. International Journal of Rail Transportation, 2014, 2(4): 205-220.
[13] 潘昱行. 高速铁路桥梁徐变上拱及墩台沉降监测与分析[D]. 长沙: 中南大学, 2014.
[14] Bian X C, Jiang H G, Chen Y M. Accumulative deformation in railway track induced by high-speed traffic loading of the trains[J]. Earthquake Engineering and Engineering Vibration, 2010, 9(3): 319-326.
[15] 郭宇, 高建敏, 孙宇, 等. 高速铁路板式轨面垂向变形与路基不均匀沉降的映射关系[J]. 西南交通大学学报, 2017, 52(6): 1-9.
[16] Yau J D. Response of a train moving on multi-span railway bridges undergoing ground settlement[J]. Engineering Structures, 2009, 31(9): 2115-2122.
[17] 黎国清, 刘秀波, 杨飞, 等. 高速铁路简支梁徐变上拱引起的高低不平顺变化规律及其对行车动力性能的影响[J]. 中国科学(技术科学), 2014, 44(7): 786-792.
[18] 鉄道総合技術研究所. 鉄道構造物等設計標準・同解説——耐震設計[S]. 東京: 丸善(株)出版事業部, 1999.
[19] Bahn D. Railway Bridges (and Special Engineering Structures), Design, Construction and Maintain: DS804.5401[S]. Berlin: Deutsche Bahn AG. Press, 2013.

[20] 国家铁路局. 高速铁路设计规范: TB 10621—2014[S]. 北京: 中国铁道出版社, 2016.
[21] 国家铁路局. 高速铁路无砟轨道线路维修规则: TG/GW 115—2012[S]. 北京: 中国铁道出版社, 2012.
[22] 広井生馬. 狂いの最大值[J]. 鉄道線路, 1962, 10(3): 55-57.
[23] 高建敏, 翟婉明. 车辆-轨道耦合动力学在轨道下沉研究中的应用[J]. 西南交通大学学报, 2007, 42(4): 431-435.
[24] 高建敏, 翟婉明, 徐涌. 铁路有砟轨道下沉及高低不平顺发展预测研究[J]. 中国铁道科学, 2009, 30(6): 132-134.
[25] 李再帏, 练松良. 武广高速铁路轨道不平顺谱特征分析[J]. 郑州大学学报(工学版), 2013, 34(5): 52-55.
[26] 练松良, 刘扬, 杨文忠. 沪宁线轨道不平顺谱的分析[J]. 同济大学学报(自然科学版), 2007, 35(10): 1342-1346.
[27] 陈兆玮, 孙宇, 翟婉明. 高速铁路桥墩沉降与钢轨变形的映射关系(Ⅰ): 单元板式无砟轨道系统[J]. 中国科学(技术科学), 2014, 44(7): 770-777.
[28] 陈兆玮, 孙宇, 翟婉明. 高速铁路桥墩沉降与钢轨变形的映射关系(Ⅱ): 纵连板式无砟轨道系统[J]. 中国科学(技术科学), 2014, 44(7): 778-785.
[29] 勾红叶, 冉智文, 蒲黔辉, 等. 高速铁路桥梁竖向变形与轨面几何形态的通用映射解析模型研究[J]. 工程力学, 2019, 36(6): 227-238.
[30] Gou H Y, Yang L C, Leng D, et al. Effect of bridge lateral deformation on track geometry of high-speed railway[J]. Steel and Composite Structures, 2018, 29(2): 219-229.
[31] 许会燕. 高速铁路桥梁结构变形映射至轨面几何形态的定量化研究[D]. 成都: 西南交通大学, 2017.
[32] Feng Y L, Jiang L Z, Zhou W B, et al. An analytical solution to the mapping relationship between bridge structure vertical deformation and rail deformation of high-speed railway[J]. Steel and Composite Structures, 2019, 33(2): 209-224.
[33] 蔡小培, 刘薇, 王璞, 等. 地面沉降对路基上双块式无砟轨道平顺性的影响[J]. 工程力学, 2014, 31(9): 160-165.
[34] 赵立宁, 蔡小培, 曲村. 地面沉降对路基上单元板式无砟轨道平顺性的影响分析[J]. 铁道标准设计, 2013, 57(10): 15-18.
[35] 郭宇, 高建敏, 孙宇, 等. 路基沉降与双块式无砟轨道轨面几何变形的映射关系[J]. 铁道学报, 2016, 38(9): 92-100.
[36] 蔡小培, 梁延科, 谭诗宇, 等. 路基冻胀地区CRTSⅠ型板式无砟轨道结构变形与离缝特征分析[J]. 北京交通大学学报, 2017, 41(1): 7-13.
[37] 郭毅. 高速铁路路基冻胀变形引起的轨道结构变形特性及其对行车的动力影响研究[D]. 成都: 西南交通大学, 2016.
[38] Yang S, Xiao H, Huang L W. Effects on mechanical properties of track structure and running safety caused by uneven settlement of bridge pier[J]. Sensors & Trans, 2014, 183(12): 265-272.
[39] 何春燕, 陈兆玮, 翟婉明. 高速铁路路桥过渡段不均匀沉降与钢轨变形的映射关系及动力学应用[J]. 中国科学(技术科学), 2018, 48(8): 881-890.
[40] Xiong Z W, Liang X L, Dai X X, et al. Numerical analysis of bridge expansion-induced rail

deformation of ballast truck[J]. Applied Mechanics & Materials, 2014, 580-583: 3208-3214.
[41] Chen Z W. Evaluation of longitudinal connected track under combined action of running train and long-term bridge deformation[J]. Journal of Vibration and Control, 2020, 26: 599-609.
[42] Chen Z W, Zhai W M, Yin Q. Analysis of structural stresses of tracks and vehicle dynamic responses in train-track-bridge system with pier settlement[J]. Proceedings of the Institution of Mechanical Engineers Part F: Journal of Rail and Rapid Transit, 2018, 232(2): 421-434.
[43] Chen Z W, Zhai W M. Theoretical method of determining pier settlement limit value for China's high-speed railway bridges considering complete factors[J]. Engineering Structures, 2020, 209: 109998.
[44] 康熊, 刘秀波, 李红艳, 等. 高速铁路无砟轨道不平顺谱[J]. 中国科学(技术科学), 2014, 44(7): 687-696.
[45] 赵国堂, 刘秀波, 高亮, 等. 哈大高速铁路路基冻胀区轨道不平顺特征分析[J]. 铁道学报, 2016, 38(7): 105-109.
[46] 田国英, 高建敏, 翟婉明. 高速铁路轨道不平顺管理标准的对比分析[J]. 铁道学报, 2015, 37(3): 64-71.
[47] 吕宏, 李再帏, 何越磊. 考虑波长因素的轨道不平顺预测研究[J]. 铁道科学与工程学报, 2015, 12(6): 1312-1318.
[48] Xu L, Zhai W M. A novel model for determining the amplitude-wavelength limits of track irregularities accompanied by a reliability assessment in railway vehicle-track dynamics[J]. Mechanical Systems and Signal Processing, 2017, 86: 260-277.
[49] 赵磊. 高速铁路无砟轨道空间精细化分析方法及其应用研究[D]. 北京: 北京交通大学, 2015.
[50] 阮庆伍. 温度与列车作用下 CRTS Ⅱ 型板式轨道损伤特性研究[D]. 北京: 北京交通大学, 2018.
[51] 胡华锋. 高速铁路 CRTS Ⅰ 板式无砟轨道充填层力学性能分析及试验研究[D]. 北京: 北京交通大学, 2013.
[52] 吴青松. 层间连接对 CRTS Ⅲ 型板式轨道结构受力特性影响研究[D]. 成都: 西南交通大学, 2015.
[53] 杨政. CRTS Ⅲ 型板式轨道层间离缝下的受力及维修限值研究[D]. 成都: 西南交通大学, 2014.
[54] 黄林. CRTS Ⅲ 型板式轨道翘曲变形及层间连接试验研究[D]. 成都: 西南交通大学, 2014.
[55] 洪康. CRTS Ⅲ 型板式轨道层间连接状态及改进措施研究[D]. 成都: 西南交通大学, 2015.
[56] 李培刚. CRTS Ⅱ 型板式轨道层间损伤及其影响研究[D]. 成都: 西南交通大学, 2015.
[57] 刘洋. 砂浆离缝脱空对桥上纵连板式无砟道岔的受力影响研究[D]. 成都: 西南交通大学, 2013.
[58] 王雪松. CRTS Ⅱ 型板式轨道砂浆离缝计算及其对轨道动力学特性影响[D]. 长沙: 中南大学, 2014.
[59] 张广义. 砂浆充填层劣化对 CRTS Ⅱ 型板式无砟轨道力学特性影响的研究[D]. 长沙: 中南大学, 2013.
[60] Zheng W Q, Sheng X W, Zhu Z H, et al. Experimental study on deformation characteristics of

ballastless tracks under downward bending deformation of long-span cable-stayed bridge[J]. Engineering Structures, 2020, 210: 110363.

[61] 赵磊. 高速铁路 CRTS II 型板式无砟轨道结构失效分析与伤损试验研究[D]. 南京: 东南大学, 2017.

[62] 张明兴. CA 砂浆离缝脱空对桥上纵连板式无砟轨道结构影响分析[D]. 石家庄: 石家庄铁道大学, 2017.

[63] 王涛. 轨道板脱空状态下无砟轨道结构的力学行为研究[D]. 石家庄: 石家庄铁道大学, 2017.

[64] 陈龙. CRTS II 型板式无砟轨道砂浆离缝产生规律及影响研究[D]. 石家庄: 石家庄铁道大学, 2015.

[65] 杉山德平, 家田仁. 軌道狂い状態を考慮した軌道破壞の要因分析[J]. 鉄道線路, 1986, 34(9): 8-12.

[66] Kawaguchi A, Miwa M, Terada K. Actual data analysis of alignment irregularity growth and its prediction model[J]. Quarterly Report of RTRI, 2005, 46(4): 262-268.

[67] Esveld C. Modern Railway Track[D]. Delft: Delft University of Technology, 2001.

[68] Cantero D, Arvidsson T, Obrien E, et al. Train-track-bridge modelling and review of parameters[J]. Structure and Infrastructure Engineering, 2016, 12(9): 1051-1064.

[69] 罗林. 轮轨系统轨道平顺状态的控制[M]. 北京: 中国铁道出版社, 2006.

[70] 徐金辉, 王平, 汪力, 等. 轨道高低不平顺敏感波长的分布特征及其影响因素的研究[J]. 铁道学报, 2015, 37(7): 72-78.

[71] 陈嵘, 李帅, 王源, 等. 基于轨道局部波动的高速铁路轨道平顺状态评估方法[J]. 铁道学报, 2017, 39(2): 105-111.

[72] Xu P, Sun Q, Liu R, et al. A short-range prediction model for track quality index[J]. Proceedings of the Institution of Mechanical Engineers, Part F: Journal of Rail and Rapid Transit, 2011, 225(3): 277-285.

[73] Guler H. Prediction of railway track geometry deterioration using artificial neural networks: A case study for Turkish state railways[J]. Structure and Infrastructure Engineering, 2014, 10(5): 614-626.

[74] Liu R K, Xu P, Wang F T. Research on a short-range prediction model for track irregularity over small track lengths[J]. Journal of Transportation Engineering, 2010, 136(12): 1085-1091.

[75] 陈宪麦, 王澜, 杨凤春, 等. 用于铁路轨道不平顺预测的综合因子法[J]. 中国铁道科学, 2006, 27(6): 27-31.

[76] 康熊, 王卫东, 刘金朝. 基于 RAMS 的高速铁路轨道平顺状态综合评价体系研究[J]. 中国铁道科学, 2013, 34(2): 13-17.

[77] Bai L, Liu R K, Sun Q X, et al. Markov-based model for the prediction of railway track irregularities[J]. Proceedings of the Institution of Mechanical Engineers, Part F: Journal of Rail and Rapid Transit, 2015, 229(2): 150-159.

[78] Li H J. Application of the grey system theory in analysis of track irregularity[J]. Journal of Computational Science & Engineering, 2013, (9): 314-319.

[79] Xin T, Famurewa S M, Gao L, et al. Grey-system-theory-based model for the prediction of track

geometry quality[J]. Proceedings of the Institution of Mechanical Engineers, Part F: Journal of Rail and Rapid Transit, 2016, 230(7): 1735-1744.

[80] 韩晋, 杨岳, 陈峰, 等. 基于非等时距加权灰色模型与神经网络的轨道不平顺预测[J]. 铁道学报, 2014, 36(1): 81-87.

[81] 蔡成标, 翟婉明. 机车-轨道-桥梁垂向耦合动力学分析[J]. 西南交通大学学报, 1997, 32(6): 56-60.

[82] Zhai W M, Han Z L, Chen Z W, et al. Train-track-bridge dynamic interaction: A state-of-the-art review[J]. Vehicle System Dynamics, 2019, 57(7): 984-1027.

[83] Zhai W M, Xia H, Cai C B, et al. High-speed train-track-bridge dynamic interactions—Part I: Theoretical model and numerical simulation[J]. International Journal of Rail Transportation, 2013, 1(1-2): 3-24.

[84] 翟婉明, 蔡成标, 王开云. 高速列车-轨道-桥梁动态相互作用原理及模型[J]. 土木工程学报, 2005, 38(11): 132-137.

[85] 蔡成标, 翟婉明, 王开云. 高速列车与桥上板式轨道动力学仿真分析[J]. 中国铁道科学, 2004, 25(5): 57-60.

[86] 蔡成标. 高速铁路列车-线路-桥梁耦合振动理论及应用研究[D]. 成都: 西南交通大学, 2004.

[87] 翟婉明. 车辆-轨道耦合动力学[M]. 3 版. 北京: 科学出版社, 2007.

[88] 翟婉明, 夏禾, 等. 列车-轨道-桥梁动力相互作用理论与工程应用[M]. 北京: 科学出版社, 2011.

[89] Wu Y S, Yang Y B, Yau J D. Three-dimensional analysis of train-rail-bridge interaction problems[J]. Vehicle System Dynamics, 2001, 36(1): 1-35.

[90] 高芒芒, 李永强, 许兆军, 等. 高速列车作用下的芜湖长江大桥车桥耦合振动分析[J]. 中国铁道科学, 2001, 22(5): 34-40.

[91] Gao M M, Pan J Y. Coupling vibration analysis for train-track-bridge system[C]. The 6th International Symposium on Structural Dynamics, 2005: 1-6.

[92] 陈潜, 张楠, 夏禾, 等. 考虑制动条件的高速列车-轨道-桥梁系统动力响应分析[J]. 中国铁道科学, 2013, 34(1): 8-14.

[93] 刘德军, 李小珍, 马松华, 等. 沪通长江大桥主航道桥风-车-轨-桥耦合振动研究[J]. 桥梁建设, 2015, 45(6): 24-29.

[94] Gou H Y, Liu C, Zhou W, et al. Dynamic responses of a high-speed train passing a deformed bridge using a vehicle-track-bridge coupled model[J]. Proceedings of the Institution of Mechanical Engineers, Part F: Journal of Rail and Rapid Transit, 2020, DOI: 10.1177/0954409720944337.

[95] 向俊, 曾庆元, 周智辉. 桥上列车脱轨的力学机理、能量随机分析理论及其应用[J]. 铁道学报, 2004, 26(2): 97-104.

[96] 周智辉, 曾庆元. 桥上列车脱轨计算分析[J]. 中国铁道科学, 2004, 25(4): 46-49.

[97] Gou H Y, Yang L C, Mo Z X, et al. Effect of long-term bridge deformations on safe operation of high-speed railway and vibration of vehicle-bridge coupled system[J]. International Journal of Structural Stability and Dynamics, 2019, 19(9): 1950111.

[98] 魏亚辉. 高速铁路无砟轨道桥梁梁端变形相关问题研究[D]. 北京: 中国铁道科学研究院,

2012.

[99] 石晓宇. 桥墩不均匀沉降与梁体徐变上拱对高速铁路行车安全的影响研究[D]. 成都: 西南交通大学, 2018.

[100] Mohammadzadeh S, Sangtarashha M, Molatefi H. A novel method to estimate derailment probability due to track geometric irregularities using reliability techniques and advanced simulation methods[J]. Archive of Applied Mechanics, 2011, 81(11): 1621-1637.

[101] Cho T, Song M K, Lee D H. Reliability analysis for the uncertainties in vehicle and high-speed railway bridge system based on an improved response surface method for nonlinear limit states[J]. Nonlinear Dynamics, 2009, 59(1-2): 1-17.

[102] 何华武. 高速铁路运行安全检测监测与监控技术[J]. 中国铁路, 2013, (3): 1-7.

[103] Chong S Y, Lee J, Shin H. A review of health and operation monitoring technologies for trains[J]. Smart Structures and Systems, 2010, 6(9): 1079-1105.

[104] Pinto N, Ribeiro C A, Gabriel J, et al. Dynamic monitoring of railway track displacement using an optical system[J]. Proceedings of the Institution of Mechanical Engineers, Part F: Journal of Rail and Rapid Transit, 2015, 229(3): 280-290.

[105] Grond F. Safety Certificate: An audification performance of high-speed trains[J]. AI & Society, 2012, 27(2): 293-295.

[106] Hu N, Dai G L, Yan B, et al. Recent development of design and construction of medium and long span high-speed railway bridges in China[J]. Engineering Structures, 2014, 74: 233-241.

[107] 陈杨. 桥上 CRTS Ⅰ 型板式无砟轨道纵向力分析[D]. 成都: 西南交通大学, 2009.

[108] 杨露. 基于无砟轨道结构静力性能的桥梁梁端变形容许值改进措施研究[D]. 长沙: 中南大学, 2013.

[109] 高睿. CRTS Ⅱ 型板式无砟轨道轨道板离缝上拱整治及效果研究[D]. 成都: 西南交通大学, 2014.

[110] 国家铁路局. 铁路桥涵混凝土结构设计规范: TB 10092—2017[S]. 北京: 中国铁道出版社, 2017.

[111] 刘玉祥. 铁路板式无砟轨道结构分析方法的研究[D]. 长沙: 中南大学, 2006.

[112] 徐浩. CRTS Ⅰ 型板式轨道 CA 砂浆动态力学性能试验及理论研究[D]. 成都: 西南交通大学, 2015.

[113] 粟淼. 高速铁路桥上纵连板式无砟轨道层间界面工作性能初探[D]. 长沙: 中南大学, 2014.

[114] 胡所亭. 京津城际铁路 CRTS Ⅱ 型板式无砟轨道设计原理与方法总结[R]. 北京: 中国铁道科学研究院, 2008.

[115] 苏乾坤, 杨荣山. CRTS Ⅱ 型板式无砟轨道凸形挡台树脂离缝成因分析[J]. 铁道标准设计, 2016, 60(1): 43-47, 48.

[116] 王平, 陈嵘, 杨荣山, 等. 桥上无缝道岔设计理论[M]. 成都: 西南交通大学出版社, 2011.

[117] 赵勇, 张欢, 李子睿, 等. 高速铁路无砟轨道扣件弹条失效标准研究[J]. 铁道建筑, 2018, 58(6): 125-128, 151.

[118] 鲍国, 杨春艳. 京津城际高速铁路 CRTS Ⅱ 型板式无砟轨道底座板铺设技术[J]. 中国高新技术企业, 2009, (5): 50-52.

[119] 潘鹏. 制动荷载作用下桥上无砟轨道动力特性分析[D]. 南昌: 华东交通大学, 2017.
[120] 国家铁路局. 铁路桥涵设计规范: TB 10002—2017[S]. 北京: 中国铁道出版社, 2017.
[121] 陈兆玮. 高速铁路桥墩沉降对行车性能影响的研究[D]. 成都: 西南交通大学, 2017.
[122] 李培刚, 刘学毅, 黎国清. CA 砂浆脱空对桥上单元板式轨道动力特性的影响研究[J]. 中国铁道科学, 2014, 35(3): 20-27.
[123] 上海铁路局. 京沪高铁上行线 K1308+733.919～K1309+159.71375 轨道检测数据汇总表[R]. 上海: 上海铁路局, 2016.
[124] 李帅. 高速铁路轨道谱典型特征辨识及演化规律分析[D]. 成都: 西南交通大学, 2018.
[125] 王嘉斌. 高速条件下路基上 CRTS Ⅱ 型无砟轨道频谱特性研究[D]. 北京: 北京交通大学, 2017.
[126] 刘铁旭. 高速铁路无砟轨道无挡肩扣件弹条疲劳与断裂研究[D]. 北京: 北京交通大学, 2018.
[127] 夏禾, 张楠. 车辆与结构动力相互作用[M]. 2 版. 北京: 科学出版社, 2005.
[128] 曾庆元, 杨平. 形成矩阵的"对号入座"法则与桁梁空间分析的桁段有限元法[J]. 铁道学报, 1986, 8(2): 48-58.
[129] 邓朋儒. 基于多体动力学的铁路斜拉桥车-桥耦合分析及疲劳损伤评估[D]. 长沙: 中南大学, 2014.
[130] 许慰平. 大跨度铁路桥梁车桥空间耦合振动研究[D]. 北京: 铁道部科学研究院, 1988.
[131] Yang H Y, Chen Z J, Zhang H L, et al. Dynamic analysis of train-rail-bridge interaction considering concrete creep of a multi-span simply supported bridge[J]. Advances in Structural Engineering, 2014, 17(5): 709-720.
[132] Hertz H. Über die berührung fester elastischer körper[J]. Journal für die Reine und Angewandte Mathematik, 1881, 92: 156-171.
[133] Kalker J J. A fast algorithm for the simplified theory of rolling contact[J]. Vehicle System Dynamics, 1982, 11(1): 1-13.
[134] Kalker J J. Three-Dimensional Elastic Bodies in Rolling Contact[M]. Dordrecht: Springer Netherlands, 1990.
[135] 崔圣爱. 基于多体系统动力学和有限元法的车桥耦合振动精细化仿真研究[D]. 成都: 西南交通大学, 2009.
[136] 缪炳荣. 应用 Simpack 对复杂机车多体系统建模与分析方法的研究[J]. 机械科学与技术, 2006, 25(7): 813-816.
[137] 中华人民共和国铁道部. 铁道机车动力学性能试验鉴定方法及评定标准: TB/T 2360—1993[S]. 北京: 中国铁道出版社, 1994.
[138] Jiang L Z, Zheng L, Feng Y L, et al. Mapping the relationship between the structural deformation of a simply supported beam bridge and rail deformation in high-speed railways[J]. Proceedings of the Institution of Mechanical Engineers, Part F: Journal of Rail and Rapid Transit, 2020, 234(10): 1081-1092.